新时代教育学进展丛书
主编：崔景贵

高职院校教学名师能力素质模型研究

俞亚萍 ◎ 著

知识产权出版社
全国百佳图书出版单位
—北京—

图书在版编目（CIP）数据

高职院校教学名师能力素质模型研究/俞亚萍著. —北京：知识产权出版社，2024.1

ISBN 978 – 7 – 5130 – 9038 – 4

Ⅰ.①高… Ⅱ.①俞… Ⅲ.①高等职业教育—教师素质—研究 Ⅳ.①G715

中国国家版本馆 CIP 数据核字（2023）第 232970 号

责任编辑：杨 易　　　　　　　　责任校对：谷 洋
封面设计：邵建文　　　　　　　　责任印制：孙婷婷

高职院校教学名师能力素质模型研究
俞亚萍　著

出版发行：	知识产权出版社有限责任公司	网　址：	http://www.ipph.cn
社　址：	北京市海淀区气象路50号院	邮　编：	100081
责编电话：	010 – 82000860 转 8789	责编邮箱：	35589131@qq.com
发行电话：	010 – 82000860 转 8101/8102	发行传真：	010 – 82000893/82005070/82000270
印　刷：	北京建宏印刷有限公司	经　销：	新华书店、各大网上书店及相关专业书店
开　本：	720mm × 1000mm　1/16	印　张：	14.75
版　次：	2024 年 1 月第 1 版	印　次：	2024 年 1 月第 1 次印刷
字　数：	234 千字	定　价：	89.00 元

ISBN 978 – 7 – 5130 – 9038 – 4

出版权专有　侵权必究
如有印装质量问题，本社负责调换。

前　言

　　高职院校的发展事关高等教育体系建设，加快教育强国战略目标的实现。加强师资队伍建设、提高管理的科学化水平是办好高职院校的当务之急。通过对高职院校教学名师的能力素质及其内涵、维度等问题进行深入探究，为高职院校优秀教师培养和人力资源管理找到依据与标准，进而促进高职院校教师的专业化发展，实现高职院校教育质量与办学水平的提升，是需要我们着力解决的重要课题。

　　本书以教师专业发展理论和能力素质模型理论为研究理论基础。首先运用行为事件访谈法对样本区域20名获得省级及以上教学名师称号的高职院校教师进行访谈，了解他们在成长为教学名师过程中的成功与失败经历，以及对教学名师的认识与定位；继而运用扎根理论研究法对访谈资料进行分析编码，提炼出23类教学名师的能力素质特征要素，在此基础上构建了高职院校教学名师的能力素质模型。能力素质包括外显性能力素质和内隐性能力素质两大类。外显性能力素质包括教学科研能力、管理能力、实践能力和发展能力。其中，教学科研能力包括专业能力、指导学生、课堂教学、教学改革、科学研究五项能力素质特征要素；管理能力包括领导团队、沟通协调、统筹规划、合作分享、执行能力五项能力素质特征要素；实践能力包括校企合作、企业实践、竞赛指导三项能力素质特征要素；发展能力包括总结思考、学习提升、探索创新三项能力素质特征要素。内隐性能力素质包括个性特质和内在动机。其中，个性特质包括责任担当、锲而不舍、良好心态、上进心强四项能力素质特征要素；内在动机包括爱岗敬业、成就需要、目标追求三项能力素质特征要素。

　　根据初步构建的能力素质模型，编制《高职院校教师能力素质状况调查问卷》，内含每类能力素质特征要素的结构化问题，对123名高职院校教学名师和 877 名非教学名师进行了问卷调查。问卷数据分析表明，问卷的结构、信度和效度良好，验证了高职院校教学名师能力素质模型的有效性，为研究高职院校教师能力素质提供了可靠的研究工具。通过对高职院校教学名师能力素质的现状分析，探讨了年龄、性别、学历、职称等变量对教学名师能力素质水平的影响，得出高职院校教学名师的能力素质具有显著性、内发性和特殊性等特点。

依据教学名师访谈资料的质性分析和问卷数据的量化分析结果，本书认为影响教学名师成长的主要因素有发展平台、发展环境、关键人物和关键事件。发展平台主要包括学校层次、重点学科（专业）、高级别团队、岗位职务、高级别项目等因素；发展环境主要包括团队氛围、学校政策、职教背景、行业发展等因素；关键人物主要包括领导、导师、同事、专家、亲人等因素；关键事件主要包括职称提升、学历提升、发展机遇、职务提升等因素。

依据上述研究结果，本书尝试运用高职院校教学名师能力素质模型，对高职院校教师的招聘甄选、绩效管理、职业规划、培训提升等人力资源管理环节进行创新优化，以提升高职院校师资队伍建设和管理的科学化水平。主要举措为运用能力素质模型对高职院校教师进行测评，测评结果可以作为招聘选拔教师以及对教师工作进行绩效管理的科学依据；高职院校教师可以根据能力素质测评结果，及时发现自身的优势与不足，为职业生涯发展做好规划；高职院校可以针对岗位发展需求和在岗教师的能力素质现状进行有针对性的培训，促进高职院校教师的专业化发展和职业教育的高质量发展。

著　者

2023 年 11 月

CONTENTS
目 录

绪 论 ··· 1
　第一节　研究缘起与价值 ······················· 1
　　一、研究缘起 ······································ 1
　　二、研究价值 ······································ 2
　第二节　核心概念 ································· 5
　第三节　研究问题、思路与方法 ··············· 7
　　一、研究问题 ······································ 7
　　二、研究思路 ······································ 7
　　三、研究方法 ······································ 7
　第四节　本书架构 ································ 10

第一章　文献综述与理论基础 ···················· 12
　第一节　文献综述 ································ 12
　　一、关于教学名师的研究 ····················· 12
　　二、关于高职院校教师能力素质的研究 ··· 19
　　三、关于高职院校教师能力素质模型的研究 ··· 27
　　四、已有研究的不足 ···························· 35
　第二节　理论基础 ································ 37
　　一、教师专业发展理论 ························· 37
　　二、能力素质模型理论 ························· 40

第二章　高职院校教学名师能力素质模型构建 ··· 44
　第一节　教学名师能力素质模型构建设计 ··· 44

一、模型构建方法 ……………………………………… 44
　　二、模型构建对象 ……………………………………… 45
　　三、模型构建流程 ……………………………………… 47
　第二节　教学名师能力素质模型构建结果 ……………… 52
　　一、外显性能力素质 …………………………………… 54
　　二、内隐性能力素质 …………………………………… 55
　　三、高职院校教学名师能力素质模型 ………………… 55
　第三节　教学名师能力素质模型特征要素内涵解析 …… 56
　　一、教学科研能力 ……………………………………… 56
　　二、管理能力 …………………………………………… 71
　　三、实践能力 …………………………………………… 81
　　四、发展能力 …………………………………………… 87
　　五、个性特质 …………………………………………… 94
　　六、内在动机 …………………………………………… 103
　第四节　分析与讨论 ……………………………………… 110

第三章　高职院校教学名师能力素质模型验证及现状分析 …… 112
　第一节　教学名师能力素质模型验证 …………………… 112
　　一、验证设计 …………………………………………… 113
　　二、验证结果 …………………………………………… 115
　　三、分析与讨论 ………………………………………… 132
　第二节　教学名师能力素质现状分析 …………………… 133
　　一、研究方法 …………………………………………… 134
　　二、研究结果 …………………………………………… 134
　　三、分析与讨论 ………………………………………… 145

第四章　高职院校教学名师成长的影响因素分析 ………… 147
　第一节　教学名师成长影响因素数据统计 ……………… 147
　　一、编码统计 …………………………………………… 147
　　二、问卷量化统计 ……………………………………… 148
　第二节　发展平台因素分析 ……………………………… 150
　　一、学校层次 …………………………………………… 152

  二、重点学科（专业） ……………………………………… 153
  三、高级别团队 …………………………………………… 154
  四、岗位职务 ……………………………………………… 155
  五、高级别项目 …………………………………………… 155
  六、其他 …………………………………………………… 156
 第三节 发展环境因素分析 ………………………………… 157
  一、团队氛围 ……………………………………………… 158
  二、学校政策 ……………………………………………… 159
  三、行业发展 ……………………………………………… 160
  四、职教背景 ……………………………………………… 161
 第四节 关键人物因素分析 ………………………………… 162
  一、领导 …………………………………………………… 164
  二、导师 …………………………………………………… 166
  三、同事 …………………………………………………… 167
  四、专家 …………………………………………………… 167
  五、亲人 …………………………………………………… 168
 第五节 关键事件因素分析 ………………………………… 168
  一、职称提升 ……………………………………………… 170
  二、学历提升 ……………………………………………… 171
  三、发展机遇 ……………………………………………… 172
  四、职务提升 ……………………………………………… 173
  五、其他 …………………………………………………… 173
 第六节 分析与讨论 ………………………………………… 174

第五章 高职院校教学名师能力素质模型的应用分析 ………… 177
 第一节 招聘甄选优秀职教师资 ……………………………… 177
  一、基于能力素质模型的招聘甄选特点 ………………… 177
  二、能力素质测评方法 …………………………………… 178
  三、招聘甄选的流程与方法设计 ………………………… 181
 第二节 有效管理岗位工作绩效 ……………………………… 184
  一、基于能力素质模型的绩效管理特点 ………………… 185

二、绩效管理的流程与方法设计 …………………………………… 185
　　三、绩效管理的举例分析 …………………………………………… 187
第三节　合理规划教师职业生涯 ………………………………………… 189
　　一、基于能力素质模型的教师职业规划特点 …………………… 189
　　二、职业规划的流程与方法设计 ………………………………… 191
第四节　科学设计培训提升体系 ………………………………………… 193
　　一、基于能力素质模型教师培训的特点 ………………………… 193
　　二、培训提升体系的流程与方法设计 …………………………… 194
第五节　分析与讨论 ……………………………………………………… 197

第六章　研究结论 …………………………………………………………… 199
第一节　主要结论与创新 ………………………………………………… 199
　　一、高职院校教学名师能力素质模型的构建与验证 …………… 199
　　二、高职院校教学名师的能力素质现状 ………………………… 200
　　三、高职院校教学名师成长的影响因素 ………………………… 200
　　四、高职院校教学名师能力素质模型的应用 …………………… 201
　　五、研究创新 ……………………………………………………… 201
第二节　研究不足与展望 ………………………………………………… 201
　　一、研究样本的覆盖面和代表性不够 …………………………… 202
　　二、能力素质模型的有效性尚未在实践中进一步验证 ………… 202

参考文献 ……………………………………………………………………… 203

附录一　高职院校教学名师访谈提纲 …………………………………… 218
附录二　高职院校教学名师访谈协议 …………………………………… 219
附录三　高职院校教师能力素质状况调查问卷 ………………………… 220
附录四　高职院校教师成长影响因素调查问卷 ………………………… 225
后　　记 ……………………………………………………………………… 226

绪 论

本绪论主要阐述了研究的缘起、价值及核心概念,提出本研究试图解决的问题、思路和方法,形成本书整体的逻辑架构。

第一节 研究缘起与价值

一、研究缘起

作为高等教育的重要组成部分,高等职业教育旨在培养服务于经济社会发展的技术技能型人才,具有"高等性、职业性、实践性、开放性"等特点。高职院校师资队伍的建设水平,尤其是专业教师的能力素质是实现高职教育的办学宗旨与服务特色的关键。教师作为学生学习的指导者、智力的开发者、未来发展的设计者,承担着时代赋予的教育、学术、服务责任。

通过加强师资队伍建设提高教育教学质量越来越受到学校、政府部门和国内外学者的高度重视,在《国家中长期教育改革和发展规划纲要(2010—2020年)》《现代职业教育体系建设规划(2014—2020年)》《国务院关于加快发展现代职业教育的决定》《国务院关于加强教师队伍建设的意见》《高等职业教育创新发展行动计划(2015—2018年)》等重要文件中都强调了高职院校教师队伍建设,对高素质、专业化、创新型教师队伍都提出了明确的要求,计划打造数以百万计的骨干教师、数以十万计的卓越教师、数以万计的教育家型教师,借此推动高水平高职院校教师队伍建设和教师群体的专业发展。2019年颁布的《国家职业教育改革实施方案》明确提出,要把职业教育摆在经济社会发展和教育改革创新更加突出的位置。职业教育将迎来快速发展和巨大变革,师资队伍建设质量是职业教育改革成败的重要因素之一，职教教师能力素质培养在其中发挥着关键性、基础性作用。

高职院校教师专业成长由低到高大致分为5个阶段，分别为新手教师、教学能手、骨干教师、专业带头人、教学名师，体现出一个由适应、合格向更高专业水平不断跃升、完善的过程。教学名师是高职院校教师群体的中流砥柱和领军人物，一般都是教学团队、学术梯队、重点专业、精品课程建设等的带头人，对教师群体的专业化发展具有引领、示范和辐射等重要作用，其数量与质量决定了学校的办学实力。回顾近年来高职院校教师队伍建设的实践过程，教育部、地方教育行政部门先后实施了"教学名师培育工程"，进行各类名师评选活动，很多优秀教师由此脱颖而出成为教学名师。然而，从全国各地教学名师成长和培育的实际情况来看，由于缺少规范的教学名师能力素质标准的理论界定和实践研究，还没能很好地回答"教学名师的能力素质主要体现在哪些方面""影响教学名师成长的主要因素有哪些""教学名师对师资队伍建设能发挥什么作用"这样一些问题。大部分优秀教师的专业成长还停留在一般的经验认知、自我摸索和行为模仿的水平上，因而很有必要对高职院校教学名师的能力素质的维度、内涵、影响因素和作用发挥进行系统、深入探究。

基于这种认知，本研究尝试通过能力素质模型的构建与应用来解答上述问题，进而探索高职院校人力资源科学管理的有效途径，为教学名师的选拔和培养提供标准，促进高职院校教师的专业化发展，为高职院校的高质量发展奠定基础。

二、研究价值

1. 促进高职教育改革的政策推进

近年来，在教育行政部门的宏观引导和高职院校的创新实践下，高职教育相关政策和管理理论得到了快速的发展，高职教育改革也进入了更具挑战性的阶段。高职教育改革成败的关键就在于能否把握高职教育管理的发展规律，通过创新体制机制、管理教学资源、凝聚师资力量、培养优秀人才，最大限度发挥教育功能，以实现社会价值的最大化。这些关键举措的有效实施都离不开教师这第一资源要素。❶ 由于历史原因，我国的高职教育起步较晚，基础较弱，在《中华人民共和国教育法》《中华人民共和国职业教育法》等政策法规中，虽然对高职院校师资队伍提出了相应要求，但都没有明确高职院校教师的职业资格条件和标准。近年来，随着国家对职业教育的高度重视，政府和教育主管部门出台了一系列大力发展职业教育包括高职教育的政策，也包含着师资队伍建设的相关要求，如图1所示。❷ 但这些政策要求还比较原则笼统，需要更科学细致的政策来帮助落实生效。教学名师是高职院校教师中的优秀代表，对整个教师队伍的发展起着专业引领和示范辐射作用。本研究将能力素质理论与高职院校教师的特点相结合，构建高职院校教学名师的能力素质标准，为教育行政主管部门制定高职院校师资队伍建设和培养选拔教学名师的相关政策提供依据和参考。

2. 推进高职院校教师的专业化发展

专业化是职业发展的结果，指一个职业群体从进入职业，到符合专业标准，并最终获得相应职业地位的动态发展过程。作为职业发展的高级阶段，专业化的门槛和标准是很明确的，必须具备四方面的要素：一是要通过养成教育和专门训练具有从事特定职业相应的理论知识和技术技能；二是要有职业道德、服务理念和敬业精神；三是要有区别其他行业的相对专业能力；四是要有相应的专业组织团体。❸ 教师专业化也是伴随着教师职业化概念而来的，是教师通过持续不断的学习和研究，具备许多基准性条件，并将教育的专业性和教师个体的特殊性统一起来谋求发展的过程。这些基准性条件、专业性和特殊性实际上就是教师应具备的能力素质。能力素质的高低决定着教师专业化发展的水平，决定着教师能否胜任工作岗位，对教师个体的成长和群体的发展都十分重要。本研究通过科学的方法提炼高职院校教学名师共性的能力素质特征、构建教学名师的能力素质模型，从理论上来说，有利于进一步完善高职院

---

❶ 陈艺文. 高职院校教师人力资源管理研究［D］. 桂林：广西师范大学，2008.
❷ 朱建柳. 高职院校专业教师职业能力模型建构及其应用［D］. 上海：华东师范大学，2016.
❸ 教育部师范教育司. 教师专业化的理论与实践：修订版［M］. 2版. 北京：人民教育出版社，2003：45.

文件编号/名称	时间	主要内容
	2011年6月	教职成〔2011〕6号《教育部关于充分发挥行业指导作用推进职业教育改革发展的意见》
教职成〔2011〕9号《教育部关于推进中等和高等职业教育协调发展的指导意见》	2011年8月	通过在企业创立教师实践基地等策略，促进高职院校教师和企业技术工作者的岗位互换，实现企业与职业学校的全面合作。
加强师资队伍建设，注重教师培养训练。高职院校教师的聘请、奖励等仍作为全面开展高等教育革新的计划之中；通过在企业创立教师实践基地进一步促进高职院校教师到企业实践，加强高职院校教师的专业知识和技术水平。激励中、高级职业院校教师合作开展企业技术应用活动。同时各地职业院校应创建高职院校教师评聘标准，要求新进教师需要具备足够的实践经验才可任职。	2011年9月	教职成〔2011〕12号《教育部关于推进高等职业教育改革创新引领职业教育科学发展的若干意见》
		所有高职院校都要加强教师管理体制，依据国家相关要求，全面完善职业教育特色和专业教师评定准则，将教师参与到企业中的实践经验作为教师评聘和绩效考核的一部分。继续推进新进专业教师应巧拥有时间经验的人事管理改革制度。同时在学校创建高级教师和技术大师培训工作室，加强高职院校初级教师和普通教师的培养体系。
教高〔2012〕4号《教育部关于全面提高高等教育质量的若干意见》	2012年3月	
提高教师专业技术水平和教学能力，增强中青年高职院校教师的专业技术水平和教学能力，研究分析科学评价教学能力的方式。要求高职院校教师定期到企业参与实践活动。	2014年6月	国发〔2014〕19号《国务院关于加快发展现代职业教育的决定》
		全面建设"双师型"教师队伍。完善并实施专业教师评定标准。增加高职院校教师聘请方案，研究在职业院校设定教师级别的方案。促进教师到企业实践，提高职业技术师范学校的建设水平。增强职业教育教研队伍的建设，全面提升科研能力和教研水平。
教师〔2016〕3号《职业学校教师企业实践规定》	2016年5月	
需要按照专业特征每五年积累不低于六个月到公司或者生产性的工作经验，没有公司工作经验的新任课老师需要先进行实践，再进行工作。公共基础课老师也需要定期到公司展开考察工作、调研工作。	2019年1月	国发〔2019〕4号《国家职业教育改革实施方案》
		"双师型"教师（同时具备理论教学和实践教学能力的教师）占专业课教师总数超过一半，分专业建设一批国家级职业教育教师教学创新团队。探索组建高水平、结构化教师教学创新团队，定期组织选派职业院校专业骨干教师赴国外研修访学。

图1 国家政策文件中对职教师资队伍要求的表述

校教师专业化的理论基础，丰富教师教育研究的理论成果；从实践上来说，有助于高职院校教师找到进步和成长的方向，通过组织培养与自身努力，加快专业化进程，提升专业化水平。

3. 实现高职院校人力资源的科学化管理

教育部《2022年全国教育事业发展统计公报》显示，随着高等职业教育的快速发展，高职（专科）院校数量已达1489所，高职院校教师群体已成为一个庞大的职业群体。从制度层面加强教师的科学化管理并使其发挥最大的效益，事关整个国家的教育发展、人才培养和社会进步，是摆在我们面前的迫切任务。本研究将常用于人力资源开发与管理的能力素质模型与高职院校具体要求相结合，聚焦高职院校师资队伍最具代表性的教学名师进行研究，不仅能为教学名师的培育和管理提供科学可行的理论指导和操作流程，促进教学名师数量和质量的提升；而且有助于高职院校管理者转变传统人事管理的落后观念，掌握人力资源管理的科学方法，推动高职院校师资队伍素质的整体提高。

第二节　核心概念

本研究主要针对高职院校教学名师开展能力素质研究，通过能力素质模型的构建与应用，探索高职院校优秀教师培养和人力资源管理的有效途径。研究涉及的核心概念如下。

高职院校：是高等职业院校的简称。20世纪末，教育部要求规范专科层次全日制普通高等学校校名，师范、医学、公安类等专科院校统一后缀名为"高等专科学校"，而非师范、非医学、非公安类等专科院校统一后缀名为"职业技术学院"或"职业学院"。[1] 根据研究需求，本研究选择非师范、非医学、非公安类的专科层次全日制普通高等学校作为研究领域，这类学校以培养具备综合职业能力和全面素质的高等技术应用型人才为宗旨，是我国高等教育的重要组成部分。

教学名师：《辞海》对名师的解释是"著名的教师"，新版的《现

---

[1] 贺津津. 建设教育强省背景下江西民办高职院校"双师型"教师队伍建设体系研究[D]. 南昌：江西科技师范大学，2018.

代汉语词典》认为名师即"有名的教师或师傅"。在现代教育领域，教学名师是指引导学生成长、传播科学知识、领军科学研究、创新教育改革的实践者，是把教书育人作为终身事业的优秀教师代表。❶本研究特指在高职院校中从事专业课教学，并在教学、科研、社会服务等方面发挥示范引领作用，荣获校级及以上教学名师称号的优秀教师。

能力素质：能力素质概念广泛应用于多个研究领域，从教育学、心理学、管理学等不同视角解读能力素质，其定义和内涵都有所不同。本研究主要从人力资源管理这个视角来分析和定义，认为能力素质要与特定岗位和相关性任务联系起来，是指一个人在特定岗位或组织环境中实现目标任务的个人条件和行为特征，一般包括知识、技能、自我理念、特质、动机等要素。

能力素质模型（Competency Model）：指担任某一特定任务角色所需要具备的能力素质特征的总和❷，能清楚界定担任特定角色所必备的能力素质结构，并以量化的标准测评该角色从外部表象到内部特质的能力素质，进行组织层面的资源优化配置，实现提升工作绩效的目的。❸ Competency Model 的中文译名有很多，常用的有胜任力模型、素质模型、胜任素质模型和能力素质模型等。❹本研究以高职院校教学名师为任务角色构建模型，所以选用能力素质模型这个译名。

人力资源管理：是指通过招聘甄选、绩效管理、职业规划、培训提升等管理形式对组织内外相关人力资源进行有效运用，满足组织当前及未来发展的需要，保证组织目标实现与成员顺利发展的一系列活动的总称。❺本研究主要运用构建的教学名师能力素质模型，对高职院校人力资源管理的程序和方法提出创新优化，以提高师资管理的科学化水平。

---

❶ 王楠."高等学校教学名师"工程研究［D］. 武汉：中南民族大学，2010.

❷ SHI K. Human resource development based on competency model［J］. Advances in psychological science，2006，14（4）：586－595.

❸ 刘烨. ZS职业技术学院教师岗位能力素质模型的构建与应用研究［D］. 成都：电子科技大学，2012.

❹ 丁少春. 教师岗位能力素质模型在研究型高校中的构建［D］. 兰州：兰州大学，2011.

❺ 王德志，孙永生，赵文澜，等. 企事业单位人力资源管理状况分析［J］. 管理观察，2013（30）：153－154.

第三节 研究问题、思路与方法

一、研究问题

本研究尝试解决以下四个问题：

第一，弄清高职院校教学名师的内涵和能力素质特征要素；

第二，实证构建并验证所选样本区域内高职院校教学名师能力素质模型，分析高职院校教学名师能力素质的发展现状；

第三，实证研究影响高职院校教学名师成长的主要因素；

第四，如何运用教学名师能力素质模型对高职院校人力资源管理进行创新优化，以提高高职院校人力资源管理的科学性，提升高职院校师资队伍建设的成效。

二、研究思路

本研究按照"理论研究、实证研究、应用研究"三个层面的逻辑思路进行研究。理论研究层面主要通过文献研究梳理各类教学名师和能力素质模型的理论基础及研究现状，初步提炼高职院校教学名师的内涵和能力素质特征要素；实证研究层面通过对样本区域高职院校教学名师的行为事件访谈、扎根理论编码和问卷调查，构建并验证教学名师的能力素质模型，总结教学名师能力素质的发展现状和影响教学名师成长的主要因素；应用研究层面基于教学名师能力素质模型探索高职院校人力资源管理的改革创新，在招聘选拔、绩效管理、职业规划和培训提升等方面提出程序和方法上的操作性建议。具体技术路线与实施步骤如图 2 所示。

三、研究方法

本研究不仅注重理论研究与定性分析，更注重实证研究与定量分析，主要研究方法如下。

1. 文献研究法

文献研究法是指针对某个特定的研究课题进行相关的文献检索、资

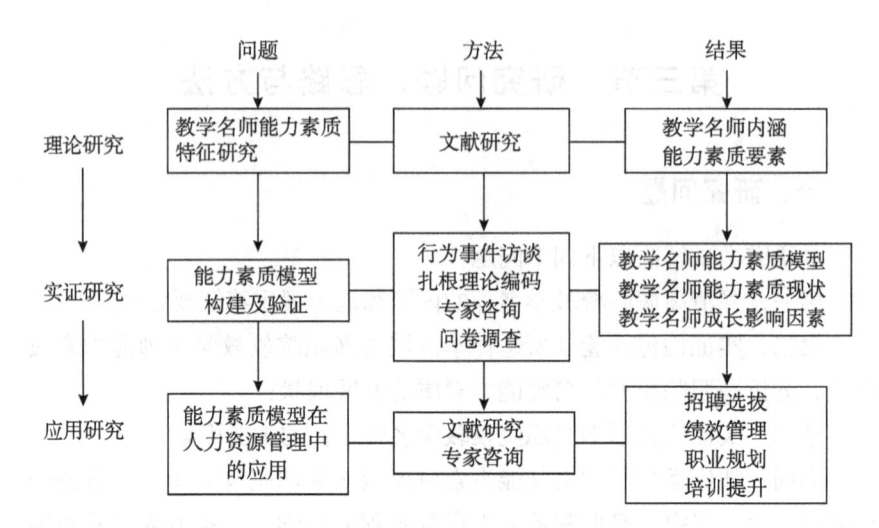

```
        问题              方法              结果
         ↓                ↓                ↓
理论   ┌─────────┐    ┌────────┐    ┌──────────┐
研究   │教学名师能力│────│文献研究 │────│教学名师内涵│
       │素质特征研究│    └────────┘    │能力素质要素│
       └─────────┘         │        └──────────┘
            ↓              ↓
实证   ┌─────────┐    ┌────────┐    ┌──────────────┐
研究   │能力素质模型│────│行为事件访谈│──│教学名师能力素质模型│
       │构建及验证 │    │扎根理论编码│  │教学名师能力素质现状│
       └─────────┘    │专家咨询   │  │教学名师成长影响因素│
            ↓         │问卷调查   │  └──────────────┘
                      └────────┘
应用   ┌─────────┐    ┌────────┐    ┌──────┐
研究   │能力素质模型在│──│文献研究 │────│招聘选拔│
       │人力资源管理中│  │专家咨询 │    │绩效管理│
       │的应用    │    └────────┘    │职业规划│
       └─────────┘                   │培训提升│
                                     └──────┘
```

图 2　本研究的技术路线与实施步骤

料收集、信息加工、鉴别整理，并在此基础上形成对事实的科学认识或归纳出新的观点和结论的方法。文献研究有助于掌握同类研究课题的现状和进展，进一步明确研究价值。本研究在文献综述和理论基础研究阶段主要采用这一方法。

2. 行为事件访谈法

行为事件访谈法是由麦克利兰（McClelland）于20世纪70年代开发出来的开放式行为回顾式探索技术，英文为Behavioral Event Interview，简称BEI。该方法帮助访谈对象对自己成长为教学名师过程中影响最大的事件进行回忆和阐述，包括最成功（最有成就感）的三件事和最失败（最有挫败感）的三件事，以及这些事件发生的背景、过程、个人的行为、结果及感悟等，通过对访谈资料的分析提炼出访谈对象的能力素质特征。[1] 实践表明，行为事件访谈法是当前公认揭示能力素质特征的有效工具[2]，也是本研究主要采用的研究方法。其优点有：运用该方法所建模型信度高，能很好地匹配实际胜任岗位的能力素质要素；该访谈法

---

[1] MCCLELLAND D C. Testing for competence rather than for "intelligence" [J]. American psychologist, 1973, 28 (1): 1-14.

[2] 时勘. 基于胜任特征模型的人力资源开发 [J]. 心理科学进展, 2006, 14 (4): 586-595.

获取信息全面，有助于涵盖完整的能力素质要素；基于被访谈者的真实行为所构建的模型更符合实际，应用性强。❶ 本研究选定高职院校 20 名教学名师实施行为事件访谈法，以此获得开展研究的基础性资料。

3. 扎根理论研究法

扎根理论研究法是安塞尔姆·斯特劳斯（Anselm Strauss）和巴尼·格拉泽（Barney Glaser）在 1967 年提出的一种自下而上进行归纳编码的质性研究方法，事先不设理论假设，以原始资料为依托，从中归纳、概括、提炼概念与范畴，逐步构建出相应的理论。❷ 英文为 Grounded theory。该方法非常适用于访谈资料的分析。本研究通过此方法分析访谈资料，并以此为基础构建教学名师能力素质模型。

4. 问卷调查法

问卷调查法是在社会调查研究活动中用来收集资料的一种常用工具。问卷是一组与研究目标有关的问题，问卷调查是指通过制定详细周密的问卷，要求被调查者据此进行回答，并应用社会学统计方法进行量的描述和分析，获取所需要的调查资料的方法。❸ 问卷法的主要优点在于标准化和成本低。本研究编制《高职院校教师能力素质状况调查问卷》和《高职院校教师成长影响因素调查问卷》，在江苏省高职院校选取样本开展调查，验证教学名师能力素质模型，了解高职院校教学名师能力素质现状及主要影响因素。

5. 专家咨询法

专家咨询法又称德尔菲法（Delphi），由赫尔默（Helmer）和戈登（Gordon）首创于 20 世纪 40 年代，广泛应用于预测、评价、决策和规划等工作。❹ 专家咨询法主要利用专家的经验和学识，采用匿名或背靠背的方式向专家单独咨询，通过几轮反馈得到逐渐趋同的专家意见。本

---

❶ 冯明，尹明鑫. 胜任力模型构建方法综述［J］. 科技管理研究，2007，27（9）：229－230.

❷ GLASER B G, STRAUSS A L. The discovery of grounded theory: strategies for qualitative research［J］. Nursing research, 1968, 17（4）: 377－380.

❸ 萧浩辉. 决策科学辞典［M］. 北京：人民出版社，1995.

❹ 寸雪涛. 应用德菲尔法预测东盟国家语种专业发展趋势的探讨［J］. 高教论坛，2012（1）：61－63.

书研究的是一个理论和实践相结合的问题，咨询高职教育专家的意见建议，是提高研究质量至关重要的途径。本研究就部分高职院校的发展状况、教学名师的能力素质表现、培育与管理的现状以及问卷设计等方面对部分高职院校领导、教育行政部门领导和职教研究专家进行咨询。

第四节　本书架构

本研究按照逻辑维度可以分为五个部分。

第一部分为绪论部分。主要阐述研究的缘起、价值、核心概念、试图解决的问题、思路和方法，明确研究的主要内容。

第二部分为理论研究部分，即第一章。分析前期相关研究的现状和不足，并在此基础上确定本研究的理论基础。

第三部分为实证研究部分，包括第二、三、四章。第二章主要选择样本区域和确定研究对象，综合运用行为事件访谈法和扎根理论研究法收集、分析数据资料，深度挖掘教学名师能力素质特征要素的概念和内涵，初步构建高职院校教学名师的能力素质模型。第三章根据初建的高职院校教学名师能力素质模型，对样本区域高职院校的教学名师和普通教师设计问卷开展调查统计，通过数据比对进一步验证高职院校教学名师能力素质模型，分析高职院校教学名师能力素质的发展现状。第四章运用扎根理论研究法和问卷调查法对访谈资料中有关影响教学名师成长的数据资料进行编码和统计，归纳高职院校教学名师成长的影响因素，并进行相应的分析解读。

第四部分为应用研究部分，即第五章。运用高职院校教学名师能力素质模型，探索高职院校人力资源管理的创新优化，围绕招聘甄选、绩效管理、职业规划和培训提升等方面提出程序和方法上的操作性建议。

第五部分为研究结论部分。对本研究全面回顾总结，进一步梳理研究结论，分析研究不足，提出后期研究设想。

本研究的逻辑结构如图3所示。

绪论	阐述研究的缘起、价值、核心概念，明确研究的问题、方法、思路及内容	
主要研究内容	理论研究 开展研究综述，确定研究理论基础	第一章
	实证研究 运用行为事件访谈和扎根理论研究，构建高职院校教学名师能力素质模型	第二章
	运用问卷调查法验证高职院校教学名师能力素质模型，分析高职院校教学名师能力素质的现状	第三章
	运用扎根理论研究与问卷调查分析教学名师成长的影响因素	第四章
	应用研究 基于高职院校教学名师能力素质模型，探索高职院校人力资源管理的创新优化	第五章
结论	总结论文的主要成果及创新点，并提出研究的不足及后续研究的展望	

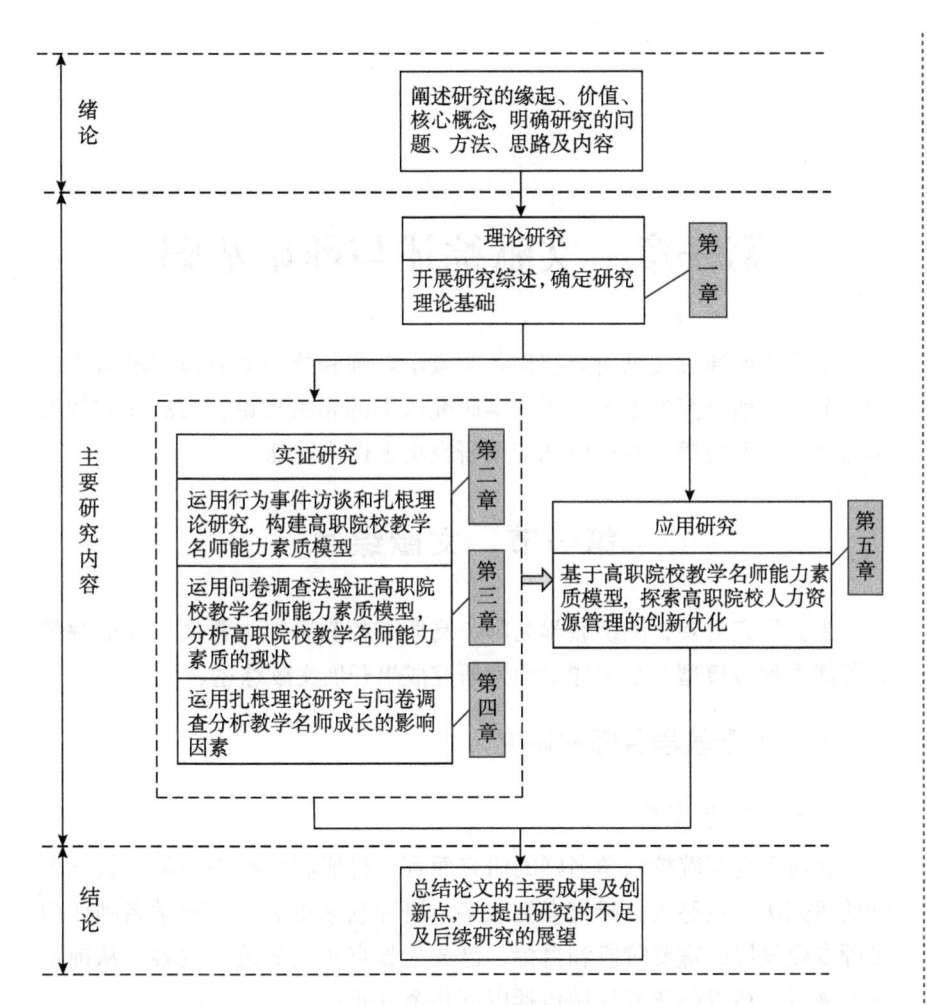

图3 本研究的逻辑结构

第一章 文献综述与理论基础

本章主要通过文献研究梳理各类教学名师和能力素质模型的研究现状,分析目前研究的不足,提出本研究依据的相关理论,为高职院校教学名师能力素质模型的构建和应用研究奠定理论基础。

第一节 文献综述

根据研究需要,围绕教学名师、高职院校教师能力素质、高职院校教师能力素质模型三个主题对前期研究成果开展文献综述。

一、关于教学名师的研究

(一)教学名师

相对于高职院校教学名师的研究而言,普通高校和中小学对教学名师的研究历史更悠久,研究者更众多,研究领域更宽广。教学名师作为教师专业发展的重要阶段和目标,已成为教育研究的重要内容。从前期文献来看,热点的研究领域包括以下几个方面。

1. 教学名师的内涵特征

国内学者从学术、名望、特征、作用以及培养考核的标准等不同角度阐述了教学名师的内涵。杜贤兵等认为,高校教学名师是指那些知识渊博、学术造诣高深、教育教学成就突出的高校教师,具备一定的知名度、美誉度和广泛的影响力。[1] 蔡琼等认为,教学名师应该是长期身处教学一线,为培养青少年做出突出贡献,具有创新教育理念和教育方

---

[1] 杜贤兵,姚建青. 高校教学名师的统计学特征和教学特质:以第四届、第五届全国教学名师为样本 [J]. 新课程研究(中旬刊),2012 (2):15-17.

法，在教育领域享有较高声望的教师。❶ 张意忠等认为，教学名师是指为学与为人方面均表现优异，得到同行广泛尊重和认可的优秀教师，应具备"人格完善、学识渊博、教艺精湛、业绩超群"等特征。❷ 魏莹莹等认为，教学名师应该做到以下几点：一是对学生充满爱，无私、真诚、普遍且持久；二是有渊博的专业学识，教育教学工作业绩显著；三是具有良好的教育科研能力，教育经验丰富且不断创新；四是师德高尚、为人师表；五是在行业内具有较高的声望和社会影响力。❸ 王丽荣认为，教学名师的特征体现为政治坚定、师德高尚、为人师表、教风端正、创新精神。❹ 周红认为，教学名师的特征体现为德高望重、学识渊博、见解独到、学术造诣高、教学效果好等。❺ 学者们对教学名师的定义和内涵分析有许多共性的地方，集中于教师的师德高尚、教学能力、科研能力出众和社会影响力广泛等方面。

2. 教学名师成长的影响因素

众多关于教师发展影响因素的研究，第一步都是对影响因素进行分类，比如有从微观、中观、宏观三个角度将影响因素划分为个人因素、学校因素及社会因素；还有从教师个人发展的角度把影响因素分为内在因素和外在因素，或自身因素和非自身因素，这也是大多数学者所采取的角度，只是称呼和包含内容不同而已。如史华瑾认为，内在影响因素主要指个人特征，包括科学的教育理念、宽博的专业知识、优秀的专业能力、积极发展的态度和意识、对职业的认同及强烈的责任感；外在影响因素指环境因素，主要包括社会环境和学校环境。❻ 林雪把教学名师成长的影响因素分为内源性因素和外源性因素。内源性因素包括个人努力、职业道德和敬业精神；外源性因素则包括学校整体的文化氛围、管

---

❶ 蔡琼，宋洁绚. 高校教学名师的成长与培育路径 [J]. 教育研究，2016 (12)：126–128.

❷ 张意忠，宋彦婷. 高校教学名师及其生成机制 [J]. 江西师范大学学报（哲学社会科学版），2011，44 (4)：39–44.

❸ 魏莹莹，韦娇艳，罗秋兰. 依托高校教学名师的教师教学培训探析 [J]. 高教论坛，2012 (10)：36–38.

❹ 王丽荣. 当前高校教学名师评选指标体系的变化与趋势展望 [J]. 黑龙江教育：高教研究与评估，2007 (10)：84–85.

❺ 周红. 高等学校教学名师内涵辨析 [J]. 煤炭高等教育，2004 (4)：65–67.

❻ 史华瑾. 中等职业学校教学名师群体特征研究 [D]. 大连：辽宁师范大学，2010.

理体制机制、优秀团队和教师的引领以及定期的总结反思。❶ 杜华把高校教学名师的成长影响因素分为自身因素和非自身因素。自身因素包括教师的人格与职业理想、终身学习和探索创新的能力、勤于总结反思等；非自身因素包括良好的学术氛围、适度的外部压力、团队同人的帮助、学生的良性反馈。❷ 樊小杰、张红霞认为，教学名师成长因素主要体现在个人因素、环境因素、关键事件三个方面。个人因素主要包括责任心、教学反思和研究、人生态度、口才、教学和科研的融合、宽博的知识结构、学习经历等；环境因素主要包括学校环境、领导支持、老教师引领和指导、同事或团队的帮助、教学互动、教改、课题研究等；第三方面是关键事件，包括第一次上课、教学上的挫折、自尊心的伤害、与学生的冲突经历等。❸

3. 教学名师专业发展阶段

国外学者富勒（Fuller）最早将教师发展阶段分为教学前关注、早期生存关注、教学情境关注、关注学生四个阶段。❹ 美国学者卡茨（Katz）提出了将教师成长分为求生存时期、巩固时期、更新时期和成熟时期的四阶段理论。❺ 费斯勒（Fessler）提出了教师生涯循环论，认为教师发展经历多个阶段，即职前教育阶段、引导阶段、能力建立阶段、热心和成长阶段、生涯挫折阶段、稳定和停滞阶段、生涯低落阶段和生涯退出阶段。❻ 伯利纳（Berliner）则认为教师教学专业发展将经历新手型教师、熟练新手型教师、胜任型教师、业务精干型教师和专家型

---

❶ 林雪. 辽宁省中职"教学名师"成长的内源性影响因素研究［D］. 大连：辽宁师范大学，2013.

❷ 杜华. 名师成长的影响因素分析：以首届全国高校教学名师奖获得者于洪珍教授为例［J］. 煤炭高等教育，2006（6）：111-112.

❸ 樊小杰，张红霞. 国家级教学名师的成因条件分析［J］. 大学（学术版），2009（6）：44-49.

❹ FULLER F F. Concerns of teachers: a developmental conceptualization［J］. American educational research journal，1969，6（2）：207-226.

❺ KATZ L G. Developmental stages of preschool teachers［J］. The elementary school journal，1972，73（1）：50-54.

❻ FESSLER R. Dynamics of teacher career stages［M］. New York：Teachers College Press，1995：171-192.

教师五个阶段。❶ 斯德菲（Steffy）基于费斯勒等人的研究成果，把教师发展成长历程分为预备生涯阶段、专家生涯阶段、退缩生涯阶段、更新生涯阶段、退出生涯阶段。❷

我国学者钟祖荣等按照教师能力素质表现将教师专业发展分为初步适应期、适应和熟练期、探索和定期、教学成熟期、专家期五个阶段。❸ 张妍等将教师的成长阶段大致分为学徒期、成长期、成熟期、成名期。❹ 刘永和认为，教学名师成长一定是循序渐进、逐步成长的，一般教师、骨干教师、市青年优秀教师、学科带头人、特级教师、著名教师是大部分教学名师成长的路径。❺ 邱强将教学名师的成长阶段分为积累、成熟和创造三个阶段，并在此基础上总结出不同阶段的特点：积累阶段体现为热爱本职工作、人际关系良好、形成自己的教学风格、渴求学习现代教育理念与他人经验；成熟阶段体现为有强烈的事业心和责任感，取得一定的教学和科研成果，建立了独特的教学风格，在同行中有一定的威信；创造阶段体现为具有很强的创新能力，由教学经验型教师向专家学者型转变。❻

4. 教学名师培育策略

江苏人民出版社 2005 年出版的《名校长名教师成功与发展》、中国青年出版社 2008 推出的"世界名师新经典系列"、西南师范大学出版社 2014 年推出的"名师工程"等系列丛书对基础教育名师的专业化成长道路和培育策略都做了详细的阐述。在高等教育领域，张意忠提出教学名师的培育要有自我生成和外部保障两方面的机制保障，还提出了具体的培育措施，包括：①通过教学观摩互相借鉴，集思广益，进行教学反

---

❶ BERLINER D C. The development of expertise in pedagogy. [J]. Beginning teachers, 1988 (2)：35.

❷ STEFFY B E. Life cycle of the career teacher [J]. Administrator effectiveness, 1999 (10)：146.

❸ 钟祖荣，张莉娜. 教师专业发展阶段的调查研究及其对职后教师教育的启示 [J]. 教师教育研究，2012 (6)：20 - 25.

❹ 张妍，孔繁昌，吴建芳，等. 积累、改革、实践：教学名师成长历程的个案分析 [J]. 现代教育科学（高教研究），2010 (4)：93 - 96.

❺ 刘永和. 名师工作站：教育家成长的宽阔平台：南京市"名师工作站"的建设与思考 [J]. 江苏教育研究，2010 (10)：10 - 13.

❻ 邱强. 高校教学名师阶段性发展规律研究 [J]. 大学教育，2016 (3)：50 - 51.

思,把握教学规律;②通过教学竞赛接受专家同人建议,不断积累经验并内化为专业素养;③建设教学团队,通过集体备课、教研,学会资源共享,团队协作;④设立教师互助平台,建立教师互动机制;⑤倡导民主平等,营造宽松环境。❶ 蔡琼等提出高校教学名师的成长与培育路径包括:①加强对教学学术的认知与理解;②建构高校教学名师成长的支持系统;③完善教学学术交流机制;④遵循教师的自我成长逻辑。❷ 傅建明概括了教师专业发展的七种途径,分别为基于"教历""研究""教学合作""自主""教学反思""同伴互助""专业引领"的教师发展。❸ 岳丽英针对职教名师提出的成长路径主要包括优秀教师的引导、公开课的磨练、教育科研的历练、同行的促进交流、企业的实践锻炼、自我的不断追求。❹ 张淑敏等提出有利于职教名师成长的策略包括构建完备制度体系,培养制度意识;重视指导教师作用,形成新老传承;分类指导教师成长,做到人尽其才;重视营造工作氛围,形成和谐文化等。❺

(二)高职院校教学名师

"高等学校教学名师奖"作为一个国家级表彰奖励项目,自 2003 年设立到 2011 年共评选了 6 届,每届表彰 100 名,先后有 600 名长期在普通高校从事教学而且主要是基础课教学的优秀教师获此殊荣。2007 年,在第三届高等学校教学名师奖评选中,国家教育部结合高职高专学校的特点和发展方向,决定分离本科院校与高职高专学校的名师评选标准,首次颁布了高职高专学校教学名师评选指标体系。整个高职高专院校教学名师评选指标,除要求教师具有丰富的专业知识、切合实际的教学方法和高质量地传授知识以外,更重视的是教师的职业技能及参与企业合作、服务的实践能力。就高职高专院校的教师而言,产学研结合是关

---

❶ 张意忠. 同伴互助、博采众长:高校教学名师生成之道 [J]. 教育研究,2011 (3):49 - 50.

❷ 蔡琼,宋洁绚. 高校教学名师的成长与培育路径 [J]. 教育研究,2016 (12):126 - 128.

❸ 傅建明. 教师专业发展:途径与方法 [M]. 上海:华东师范大学出版社,2007.

❹ 岳丽英. 职教名师成长路径探索 [J]. 当代职业教育,2016 (3):60 - 63.

❺ 张淑敏,蓝欣. 中职教学名师成长的机制环境探析 [J]. 新疆职业教育研究,2010,1 (3):5 - 67.

键。"学"即为教学，是主体；"产"和"研"分别为生产和科研，是两翼。三者的结合是提高教学质量的根本。之后，随着高职教育的发展，各省市教育主管部门和高职院校陆续开展了"高职院校教学名师""名师工作室"等系列评选，相关的研究成果日益丰硕。

本研究于 2017 年 8 月，以"名师 or 卓越教师 or 优秀教师 or 优质教师"为篇名对中国知网（CNKI）进行检索，并在结果中以"高职"为篇名继续检索，共检索文献 52 篇，博硕士论文 0 篇。去除 4 篇"高职名师"情况介绍，共得文献 48 篇，❶ 其中最早的一篇文献是何农、杜政 2002 年发表的文献《关于高职院校实施"名师工程"的思考》。❷ 高职院校教学名师的研究热点主要集中于以下几个方面。

1. 对高职院校教师参与各级教学名师评选的分析评价

庄丽丽等以 20 名荣获全国第四届教学名师奖的高职院校教师为研究对象，统计了他们的性别、年龄、教龄、职称、职业资格等级、代表性成果、获得荣誉等基本情况，分析了他们的成长经历，得出了能力素质的共性特征，主要体现为：长期从事职教实践一线，教学效果显著；积极推动校企合作，社会服务能力强；积极参加职教改革与建设，发挥示范引领作用；学习拓展能力强，推动专业持续发展。在此基础上总结出高职院校教师专业发展的启示：定期自我反思、总结经验是基础；形成专业发展意识是关键；加强进修培训和企业实践是有效路径；运用专业能力服务行业企业发展是重要内容。❸ 蒋玉莲通过分析 2003 年至 2008 年国家级教学名师获奖名额中高职院校教师的比例变化，得出教育部逐步加大了对高等职业教育教师的表彰力度，但总的比例没有超过 20%，在一定程度上也反映出重普通高校、轻高职院校的体制性缺陷仍然存在。❹ 王庆辉等于 2016 年对近五届入选国家级教学名师评审的 79 名高

---

❶ 俞亚萍，刘礼艳. 高职院校教学名师能力素质模型建构［J］. 中国职业技术教育，2019，33（11）：86-92.

❷ 何农，杜政. 关于高职院校实施"名师工程"的思考［J］. 邢台职业技术学院学报，2002（3）：1-3.

❸ 庄丽丽，刘楚佳. 高职教师的专业发展：以教学名师为视角［J］. 广州城市职业学院学报，2009，3（2）：12-17.

❹ 蒋玉莲. 高职院校培养"教学名师"的体制性思考［J］. 学术论坛，2009，32（11）：196-200.

职院校教师进行分析，发现其基本特征与成长规律主要有：呈年轻化趋势，其中女性比例较高；学历层次一般，但职称结构较为合理；基本都担任行政职务，院系负责人、学科领头人的比例高。❶ 孙新凤分析了2003年至2013年高职院校组织开展的各类名师评选表彰活动，指出了名师培养工作中存在的误区，如急功近利、目标脱离实际、内容形式化严重等。❷

2. 高职院校教学名师内涵

宋云华认为，高职教学名师应该是"双师型"教师，服务于教学、科研和实习实训以及行业发展一线，不仅需要拥有丰富的专业知识与技能、一流的教学科研成果、良好的创新思维与团队意识，还应该准确把握学科的发展方向与趋势，创新教育培养模式，为学生指明发展方向。❸ 蒋玉莲认为，高职院校教学名师是经过科学培养和严格考核锻造出来的、专业知识丰富、教学质量高、技术实践过硬、创新能力突出、团队意识强、受学生欢迎的教师。高职教学名师应该具有一流的教学和科研能力，创造优异的教学和科研成果；应该是为学生传道授业解惑的引路人，注重培养学生学习能力、沟通能力、生存能力及掌握技能的能力，引导学生创新创业；应该具有丰富的专业知识、实践性知识和教育学、心理学、教学法等条件性知识，能够因材施教，高质量地传授知识技能，解决实际问题。❹

3. 高职院校教学名师培养策略

周建松通过调查发现，高职院校名师培养存在着不少的现实困难，并从宏观、中观和微观三个维度，提出了以创新的思维和方法推进高职院校教学名师培养工作的相关对策。宏观上，树立人才是第一资源的理念，坚持目标导向，实行自主发展，帮助每一名教师明确其发展目标；

---

❶ 王庆辉，杨荣昌，陈敏. 高职院校国家级教学名师的基本特征研究及启示［J］. 中国职业技术教育，2016（36）：45 – 52.

❷ 孙新凤. 关于高职院校名师培养工作的理性思考［J］. 当代职业教育，2014（5）：103 – 105.

❸ 宋云华. 高职教学名师的内涵及其社会价值［J］. 中国培训，2017（6）：128，130.

❹ 蒋玉莲. 高职院校培养"教学名师"的体制性思考［J］. 学术论坛，2009，32（11）：196 – 200.

中观上，建立和完善考核和激励机制，依靠制度的约束和导向培养教学名师；微观上，改革绩效评价体系，对教学名师实施分类管理，在强化考核的同时完善保障机制。❶ 胡冬艳等在 2011 年选取了江苏省 10 所高职院校的 80 名教学名师开展问卷调查，并从学校、教师、社会、企业等不同角度给出了高职名师培育的相关建议和具体措施。❷ 潘雅玲等提出了构建高职院校名师共育共管体系的设想，认为名师培养要做到组织化、规范化、效益化，要形成教育行政部门、业务管理部门、教育领域专家、院校领导四位一体的培养方案。❸ 冼梨娜在分析高职院校卓越教师培养现状的基础上，从政策、培训、意识、能力等四个方面探索并提出了高职院校卓越教师培育的实施路径。❹ 蒋玉莲分析了高职院校教学名师的培养来源、资源分配、培育体制等方面存在的缺陷，提出了名师工程、精品课程及优秀教学团队三位一体的培养体系，实现教学名师的培养、选拔和管理体制的有机结合。❺

二、关于高职院校教师能力素质的研究

随着越来越多学者对能力素质理论的学习和研究，不少职业教育研究者运用能力素质理论开展高职院校教师能力素质的研究，并取得不少成果。为梳理我国高职院校教师能力素质研究的现状，本研究采用文献计量和 CiteSpace（可视化文献分析软件）分析方法，从文献发表时间、研究热点、研究方法、文献作者及所属机构、发表期刊、文献引用频次及受资助情况等 6 个维度对高职院校教师能力素质研究的有关文献进行分类统计和比较分析。❻

---

❶ 周建松. 关于高职院校培育名师名家的若干思考 [J]. 江苏高教，2011（5）：134 – 136.

❷ 胡冬艳，王浩. 高职院校"教学名师"现状调查分析与思考 [J]. 邢台职业技术学院学报，2012（3）：62 – 64.

❸ 潘雅玲，吴良斌. 加强公安高职院校名师培养机制建设的思考 [J]. 中国职业技术教育，2017（4）：83 – 85.

❹ 冼梨娜. 高职院校卓越教师培养的价值追求与实施路径 [J]. 教育与职业，2017（10）：80 – 82.

❺ 蒋玉莲. 高职院校培养"教学名师"的体制性思考 [J]. 学术论坛，2009，32（11）：196 – 200.

❻ 俞亚萍，刘礼艳. 我国高职教师能力素质研究综述：基于文献计量和 CiteSpace 分析 [J]. 职教论坛，2017（32）：5 – 9.

（一）文献数据搜集与研究方法

本研究于 2017 年 8 月，选取中国知网数据库作为文献资源搜索平台，以"高职 and 教师 and 素质 or 能力 or 胜任力"为题名进行检索，不限时间，共检索到 2170 条记录。为了保证文献的质量，在结果中继续搜索核心期刊和 CSSCI 来源期刊，并通过初步阅读删除研究述评以及主题不符等文献 18 篇，获得有效文献 285 篇。在此基础上采用文献计量法[1]和内容分析法，从文献发表年份、研究内容、研究方法、文献作者及所属机构、发表期刊、文献引用频次及受资助情况等 6 个维度进行统计分析，并在此过程中运用 CiteSpace 的图像生成功能将统计结果可视化。

（二）文献数据统计与分析

1. 基于文献发表时间的分析

文献发表时间主要指文献发表的年份，这一统计数据能比较直观地反映某一学科研究领域的发展现状及未来趋势。从文献样本的情况来看趋势变化可以分为三个阶段：2001—2004 年，研究文献的总量仅有 9 篇，说明该领域研究刚处于萌芽阶段；2005—2006 年，研究文献每年 8~9 篇，进入该领域研究的初级发展阶段；2007—2015 年，研究文献数量有了快速增长，并持续了近十年的关注热度和发展水平，文献总量达到 235 篇，占所有论文总数的 82.5%；近两年研究文献数量有所回落，如表 1-1 和图 1-1 所示。文献数量的发展趋势一般都具有"普赖斯文献指数增长规律"，即从学科初期的起伏增长态势逐步演变为学科发展期的指数型增长态势。[2] 这一点在本领域文献样本统计中表现得非常明显，从 2007 年开始即进入了科学研究的快速发展期。经过检索发现，最早一篇发表在核心期刊上的文献是陈玉珍于 2001 年在《中国成人教育》发表的《高职教师需要提高哪些素质》[3]，开启了高职院校教师能力素质研究，并为之后的研究提供了一定的理论基础。

---

[1] 叶鹰. 文献计量法和内容分析法的理论基础及软件工具比较 [J]. 评价与管理，2003 (3)：24-26.

[2] 丁岚，王成华，冯绍红. 基于文献计量分析的我国高校教师胜任力研究综述 [J]. 南京航空航天大学学报（社会科学版），2015 (1)：39-43.

[3] 陈玉珍. 高职教师需要提高哪些素质 [J]. 中国成人教育，2001 (3)：47.

表1-1 高职院校教师能力素质研究文献发表年份统计

发表时间	数量/篇	百分比/%
2001 年	1	0.3509
2002 年	1	0.3509
2003 年	3	1.0526
2004 年	4	1.4035
2005 年	8	2.8070
2006 年	9	3.1579
2007 年	22	7.7193
2008 年	15	5.2632
2009 年	31	10.8772
2010 年	32	11.2281
2011 年	30	10.5263
2012 年	27	9.4737
2013 年	25	8.7719
2014 年	24	8.4211
2015 年	29	10.1754
2016 年	12	4.2105
2017 年	12	4.2105
合计	285	1

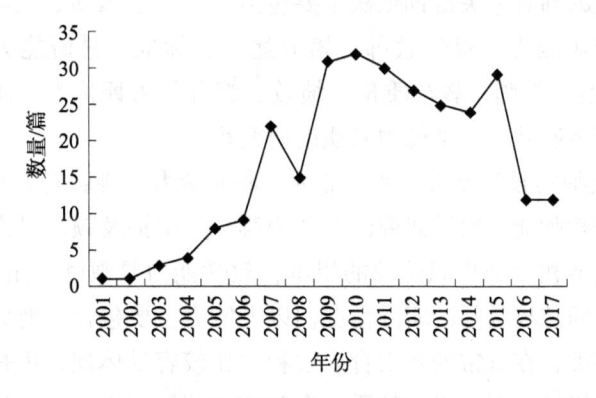

图1-1 高职院校教师能力素质研究文献发表时间分布

2. 基于研究方法的分析

研究方法归类大致可以分为理论研究和实证研究。通过阅读文献统计发现，理论研究的文献共有 238 篇，占文献总量的 83.5%，其中一般思辨类文献达 212 篇，主要采用的研究方法是罗列实然的现象与问题，推演出应然的对策与措施，能达到理论构建层次的文献有 26 篇；实证研究的文献仅有 47 篇，占文献总量的 16.5%，主要的研究方法有个案分析和问卷调查，分别有 18 篇和 29 篇，如表 1-2 所示。这明显地反映出高职院校教师能力素质的研究方法重理论轻实证，所以加强高职院校教师能力素质的实证研究是下一步研究者工作的重点。

表 1-2 高职院校教师能力素质文献的研究方法分析

研究类型	数量/篇	百分比/%	具体研究方面	数量/篇	百分比/%
理论研究	238	83.5	一般思辨	212	74.4
			理论构建	26	9.1
实证研究	47	16.5	个案分析	18	6.3
			问卷调查	29	10.2
合计	285	100		285	100

3. 基于研究热点的分析

以文献样本的关键词作为统计对象，运用 CiteSpace 进行统计和可视化分析，其结果分别如图 1-2 和表 1-3 所示。高职院校、高职院校教师、高等职业教育、教师素质等都反映了统计对象和范围，不作为分析对象。其他的高频率关键词依次主要包括"双师"素质、教学能力、实践能力、职业能力、青年教师、培养途径、标准、科研能力、专业能力、"双师型"教师、教学质量、绩效、综合能力评价等，比较形象地展现了现有高职院校教师能力素质的研究热点。

(1) 教师的教学能力、实践能力、职业能力、科研能力和专业能力是高职院校教师能力素质研究的主要内容。其中提及频次最高的是教学能力，反映出教学是高职院校的根本，教学能力是教师最重要的能力，非常符合高职院校教师的实际情况。以上能力主要包含在能力素质的知识类和技能类，在日常的教书育人过程中比较容易体现，也是教师考核评价的重点指标，而动机、特质、自我理念等深层次的、不易考量的能力素质很少甚至没能体现。

（2）"双师型"教师和教师的"双师"素质是高职院校教师能力素质研究的主要特色。职业能力和实践能力充分体现了高职院校教师的职业性和实践性，这也是高职院校教师的独特之处和需要重点培养的方面。张广红[1]、贾艳萍[2]等学者在文献中重点分析了"双师型"教师的内涵、特征、素质标准和培养途径。

（3）青年教师成为高职院校教师能力素质研究的重点对象。一类是以青年教师的能力素质作为研究对象，如杨华[3]；另一类是给青年教师提供建议指导，加强培训培养，如张龙[4]。

（4）培养途径（对策）、标准建构和绩效评价是高职院校教师能力素质研究的最终落脚点，通过有效的途径、合理的制度科学培养高职院校教师的能力素质，这也是理论研究的最终归宿，即走向应用。

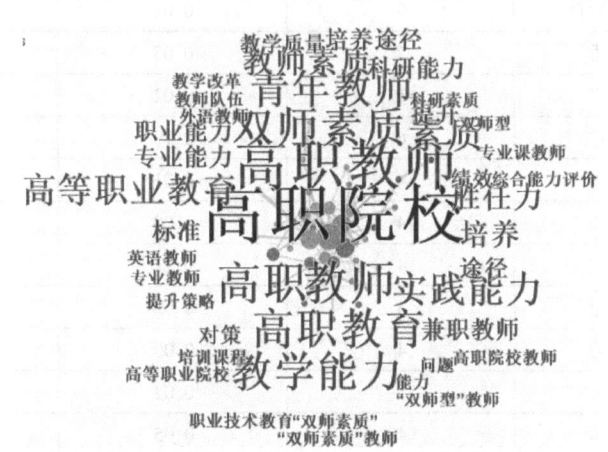

图1-2　高职院校教师能力素质文献的关键词 CiteSpace 分析

---

[1] 张广红. 高职院校"双师型"教师素质的提高 [J]. 教育理论与实践, 2010 (15): 46-48.

[2] 贾艳萍. 高职院校"双师型"教师综合素质及培养办法初探 [J]. 中国成人教育, 2012 (2): 83-85.

[3] 杨华. 高职院校青年教师科研能力现状调查与提升策略 [J]. 教育与职业, 2015 (10): 62-64.

[4] 张龙. 高职院校高素质青年教师培养对策 [J]. 中国职业技术教育, 2009 (34): 55-56.

表 1-3　高职院校教师能力素质文献的关键词 CiteSpace 分析结果输出

关键词	提及次数/人次	中心度	爆发度
高职院校	96	0.75	
高职院校教师	46	0.40	
教师	23	0.35	
高职	21	0.22	
"双师"素质	19	0.36	
高职教育	19	0.23	
教学能力	16	0.11	4.13
青年教师	14	0.09	
素质	12	0.03	
实践能力	11	0.20	
高等职业教育	9	0.01	
教师素质	7	0.03	
培养	6	0.02	
胜任力	6	0.19	
职业能力	4	0.01	
培养途径	4	0.00	
标准	4	0.11	
科研能力	4	0.02	
专业能力	4	0.00	
途径	4	0.02	
提升	4	0.05	

4. 基于文献作者及所属机构的分析

根据文献作者进行统计，独撰文章共有 194 篇，占文献总量的 68.1%，可见，我国高职院校教师能力素质的研究主要以个体开展为主，合作研究的程度还比较低。该研究领域涉及心理学、教育学及人力资源管理等学科内容，因此需要不同学科的学者相互协作。此外，发表 2 篇及以上相关文献的作者有 13 人，发表 3 篇相关文献的作者仅有张洪春和左彩云 2 人，发表 4 篇相关文献的作者仅有涂云海 1 人，如图 1-3 所示。从研究者所属机构来看，主要集中于高等和中等职业技术学校，如图1-4所示，发表文献最多的作者机构是重庆城市管理职业学院。以上数据都说明，高职院校教师能力素质这一研究领域还未形成完善的研究体系和核心作者群，研究的深度、广度和持久度都还不够。

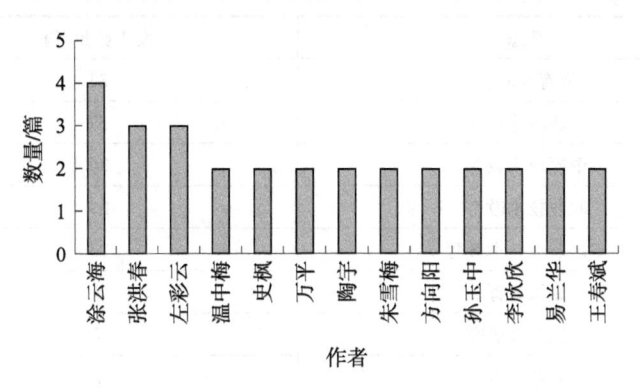

图1-3 高职院校教师能力素质研究作者分布

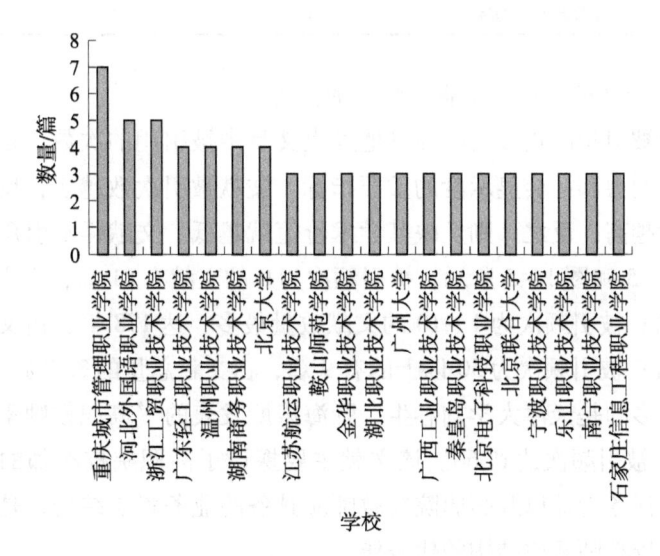

图1-4 高职院校教师能力素质文献作者机构分布

5. 基于发表期刊的分析

文献发表期刊的统计分析如表1-4所示，主要以职业教育类期刊为主，其中发表文献最多的是《教育与职业》，迄今一共发表了83篇有关高职院校教师能力素质的文献。其次是《职教论坛》《中国成人教育》

《职业技术教育》和《中国职业技术教育》，分别发表39篇、34篇、25篇和23篇，以上五类期刊所发表文献数占文献总量的71.6%。

表1-4 高职院校教师能力素质文献的发表杂志分析

杂志	发表数量/篇
教育与职业	83
职教论坛	39
中国成人教育	34
职业技术教育	25
中国职业技术教育	23
成人教育	8
中国高教研究	7
职业时空	7
黑龙江高教研究	5
教育理论与实践	5

6. 基于文献被引及受资助情况的分析

文献被引频次指该文献在其他发表文献中被引用的次数，是彰显文献学术影响力和社会显示度的重要指标。文献被引次数越多，反映其学术价值就越高；反之，则反映其学术价值就越低。文献样本引用频次统计如表1-5和图1-5所示，被引频次为0的文献有51篇，占文献总量的17.9%；被引频次为1~10的文献数量最多，达178篇，占文献总量的62.5%；被引频次为30以上的有9篇，占文献总量的3.2%。其中引用频次最多的是天津大学刘春生、阮海涛所发表的《高职教师素质结构刍议》[1]，被引频次达到60。该文献主要探讨了高职院校教师的角色特征、工作任务特征以及高职院校教师应具备的业务素质结构，是早期论述高职院校教师素质结构的代表作。

另外，在285篇文献样本中，获得各类项目资助的文献仅占文献总量的6.7%。其中，获得国家级项目资助的仅12篇，获得省部级项目资助的仅7篇。显而易见，该研究领域成果受到政府资助的比例很低。

---

[1] 刘春生，阮海涛. 高职教师素质结构刍议 [J]. 教育与职业，2003 (3)：6-9，19.

表1-5 高职院校教师能力素质文献引用频次分析

频次	数量/篇	百分比/%
0	51	17.8947
1~10	178	62.4561
11~20	39	13.6842
21~30	8	2.807
31~40	6	2.1053
41~50	1	0.3509
51~60	2	0.7018

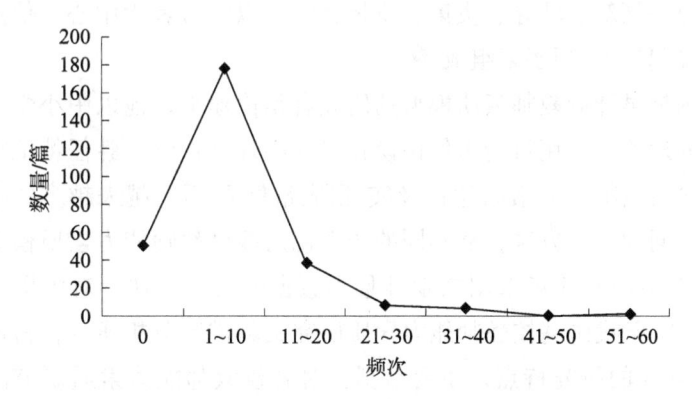

图1-5 高职院校教师能力素质文献引用频次分析

通过以上的研究分析可以发现：高职院校教师能力素质研究逐渐受到重视并于2007年之后得到快速发展；教师的教学能力、实践能力、职业能力、科研能力和专业能力是主要研究内容，"双师型"教师和教师的"双师"素质是主要研究特色，青年教师是重点研究对象，培养途径、标准建构和绩效评价是主要研究应用。

三、关于高职院校教师能力素质模型的研究

1. 教师能力素质模型

针对教师能力素质特征，国内外学者通过定性和定量的分析方法开展了众多的研究，并形成了相应的研究体系。国外学者普遍认为，教师能力素质模型应包括全面综合的业务能力和发展能力。比肖夫（Bisschoff）等

运用结构化问卷进行研究,并提出了教师能力素质的二维模型,指出能力素质由组织领导、合作能力、教学基础、工作效率、纪律、反思、专业承诺等要素组成。❶ 蒂格拉尔(Tigelaar)等指出,教师能力素质应该是教师人格特征、专业知识和应对不同教学情况的教学技巧及教学态度的综合。❷ 麦克伯(McBer)认为,"专业化、领导能力、思维、设定期望、与他人关系"是高绩效教师的五类能力素质特征群,并将之细分为16项具体的能力素质要素。❸ 澳大利亚维多利亚独立学校协会(AISV)则提出了更为全面的教师能力素质模型,具体由计划和组织、工作标准、技术或专业知识、沟通能力、适应能力、人际关系、发展友谊、持续性学习、创新、辅导、决策、质量关注、以学习者为中心、信息监控及行动发起等15项要素组成。❹

国内最早开展教师素质模型的研究者是徐建平,他以中小学优秀教师为研究对象,采用行为事件访谈技术、心理测量学、胜任特征核查表等方法进行教师能力素质建模及实证研究。❺ 随后,越来越多的学者开始采用不同的研究方法,从不同的研究视角探讨教师能力素质模型的构建。丁岚等在2015年采用文献计量和数据分析的方法,对中国期刊网收录的221条我国高校教师能力素质研究文献进行分析研究,得出了该领域10年来的研究特点,主要包括:对高校教师能力素质研究的关注基本从2009年开始,之后的论文数量占所有论文总数的82.5%;研究对象相对集中,主要以普通高等院校教师为主,也有一部分面向高职院校及民办高校的教师;针对学校管理层教师的研究比较少,以专业教师为研究对象的比例高达85.5%;研究内容以探讨高校教师能力素质模型

---

❶ BISSSCHOFF T, GROBLER B. The management of teacher competence [J]. Journal of in-service education, 1998, 24 (2): 191–211.

❷ TIGELAAR D E H, DOLMANS D H J M, WOLFHAGEN I H A P, et al. The development and validation of a framework for teaching competencies in higher education [J]. Higher education, 2004, 48 (2): 253–268.

❸ MCBER H. Research into teacher effectiveness: a model of teacher effectiveness [R]. London: DfEE, 2000.

❹ 陈亮,张元婧. 教师胜任力研究现状及未来研究方向 [J]. 人才开发, 2009 (1): 27–28.

❺ 徐建平. 教师胜任力模型与测评研究 [D]. 北京: 北京师范大学, 2004.

的构建为主;研究方法主要有理论研究和实证研究;独撰是主要形式,还没有形成稳定的学者群;研究力量集中在经济较为发达地区的普通高校等。这篇文献比较全面地反映了我国高校教师能力素质模型研究的现状。[1]

从检索到的文献来看,研究内容主要集中在教师能力素质的现状、模型构建、模型应用和模型测评等研究。有关模型构建的研究论文数量最多,接近总文献量的一半。任嵘嵘等以河北省高校教学型教师为研究对象,得出高校教师胜任素质包括专业能力、驱动能力与个人成熟三个方面。[2] 姚蓉采用实证研究法,得出高校教师胜任素质模型包含教学态度、教学技能、专业技能、个性特征、发展特征、关注学生、人际沟通等维度。[3] 汤舒俊等归纳出高校教师胜任素质包括教学水平、科研能力、人格魅力、学生导向等维度,其中,人格魅力是基础,教学水平、科研能力是两大支柱,学生导向是结果体现。[4] 鲍广德基于北京市高校经济管理类教师开展研究,提出了包括职业素养、个人特征、责任感、自我驱动、关注学生、信息收集、领导与管理、尊重他人、业务支持等维度的胜任素质模型。[5] 从以上研究可以发现,研究者大多还是从某种专业、某个学校或某个地区入手,去理解和定义教师的能力素质特征,建构能力素质模型。

从研究方法来看,国内外对教师能力素质的研究主要采用理论研究和实证研究两种方式。大部分理论研究主要通过查阅综合文献来总结归纳教师能力素质特征。也有部分学者通过梳理不同人群对理想教师应有能力素质的观点,进而构建能力素质模型。相对于理论研究而言,基于

---

[1] 丁岚,王成华,冯绍红. 基于文献计量分析的我国高校教师胜任力研究综述 [J]. 南京航空航天大学学报(社会科学版),2015 (1):39-43.

[2] 任嵘嵘,史学军,齐西伟,等. 河北省高校教学型教师胜任力模型 [J]. 中国教师,2007 (S1):154,171.

[3] 姚蓉. 高校教师胜任力模型构建初探 [J]. 图书情报刊,2008,18 (30):186-189.

[4] 汤舒俊,刘亚,郭永玉. 高校教学胜任力模型研究 [J]. 教育研究与实验,2010 (6):78-81.

[5] 鲍广德. 北京市高校经济管理类教师胜任力模型研究 [D]. 北京:首都经济贸易大学,2009.

调查测量的实证研究逐渐被更多的研究者所认可和采用，综合运用问卷调查法、行为事件访谈法、德尔菲法、层次分析法等开展研究。理论与实证相结合、多种方法相融合是目前研究的主要方式，也必将成为未来能力素质模型构建的趋势。如胡晓军采用层次分析法进行了定量研究，确定了包含知识素质、能力素质和人格素质三大类的高校教师能力素质模型。[1] 牛端采取 O*NET（Occupational Information Network）工作分析和行为事件访谈法构建了高校教师胜任力模型，并将教师的能力素质特征因子归纳为人员导向、创新导向和成就导向三个维度。[2] 王昱等通过行为事件访谈法和问卷调查法，研究得出高校教师胜任素质模型包括七个结构维度：责任心、思维能力、创新能力、成就导向、信息获取能力、关系建立、沟通理解能力。[3]

2. 高职院校教师能力素质模型

2019年7月26日，在中国学术期刊网络出版总库以"能力素质模型 or 素质模型 or 胜任力模型"为篇名关键词进行检索，并在结果中以关键词"高职 and 教师"进一步检索，共得期刊文献34篇，硕博论文7篇。其中，最早的一篇期刊文献是2010年发表的《高职院校"双师型"教师胜任力模型的构建》。[4] 最早的硕博论文文献是2008年发表的《高职"双师型"教师通用胜任力模型构建研究》。[5] 在41篇文献中，15篇对高职专业教师能力素质模型的内涵、构建方式、模型内容进行了阐述；13篇探讨了基于能力素质模型在高职院校师资队伍建设、人力资源管理、教师分类管理、培训、职称评审、绩效考核等方面的运用；9篇分别针对物流、汽车、医学、英语等不同专业教师和体育、职业生涯规

---

[1] 胡晓军. 高校教师岗位胜任力的评价方法研究及其应用［J］. 理工高教研究，2007（3）：60 – 62.

[2] 牛端，张敏强. 高校教师胜任特征：O*NET 工作分析研究［J］. 教师教育研究，2008, 20（6）：43 – 48.

[3] 王昱，戴良铁，熊科. 高校教师胜任特征的结构维度［J］. 高教探索，2006（4）：84 – 86.

[4] 张颖，蒋永忠，黄锐. 高职院校"双师型"教师胜任力模型的构建［J］. 安徽农业大学学报（社会科学版），2010, 19（2）：61 – 64.

[5] 胡艳琴. 高职"双师型"教师通用胜任力模型构建研究［D］. 苏州：苏州大学，2008.

划等公共课教师开展了专项研究;4篇探讨了基于校企合作、创客型人才培养、"联网+"等不同背景下高职院校教师能力素质模型的构建。在41篇文献中,有代表性的研究成果如下。

胡艳琴在运用胜任力理论对高职院校"双师型"教师内涵分析的基础上,采用行为事件访谈法和问卷调查法,提炼出"双师型"教师在教学素养、团队精神、科研能力、发展意识、良好心态、教学管理能力6个方面的40项能力素质特征要素,构建了高职院校"双师型"教师通用胜任力模型,如图1-6所示。❶

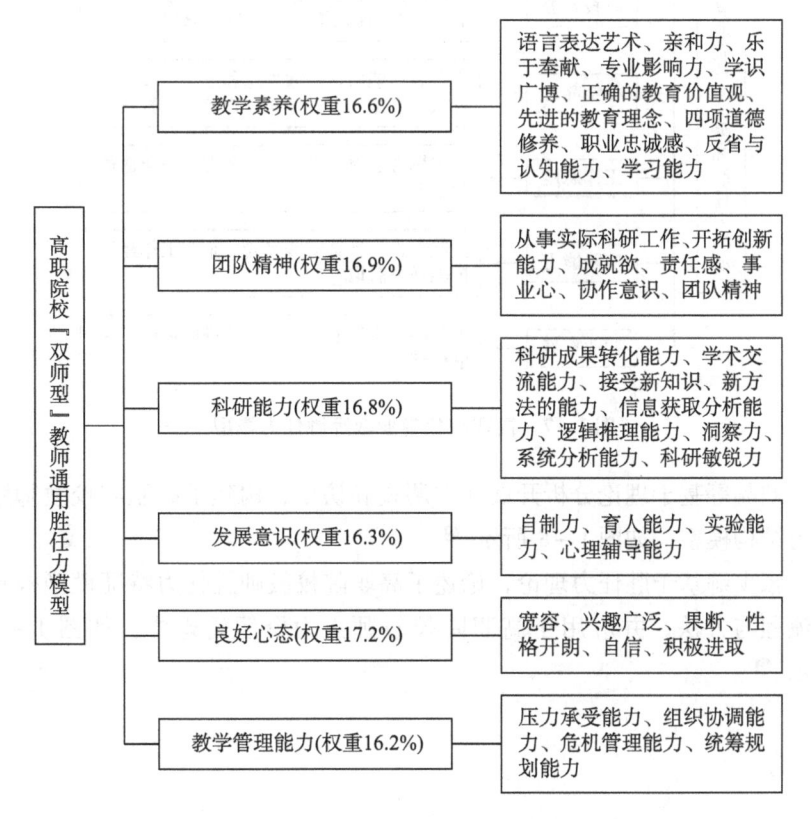

高职院校"双师型"教师通用胜任力模型	要素	具体内容
	教学素养(权重16.6%)	语言表达艺术、亲和力、乐于奉献、专业影响力、学识广博、正确的教育价值观、先进的教育理念、四项道德修养、职业忠诚感、反省与认知能力、学习能力
	团队精神(权重16.9%)	从事实际科研工作、开拓创新能力、成就欲、责任感、事业心、协作意识、团队精神
	科研能力(权重16.8%)	科研成果转化能力、学术交流能力、接受新知识、新方法的能力、信息获取分析能力、逻辑推理能力、洞察力、系统分析能力、科研敏锐力
	发展意识(权重16.3%)	自制力、育人能力、实验能力、心理辅导能力
	良好心态(权重17.2%)	宽容、兴趣广泛、果断、性格开朗、自信、积极进取
	教学管理能力(权重16.2%)	压力承受能力、组织协调能力、危机管理能力、统筹规划能力

图1-6 高职院校"双师型"教师通用胜任力模型

---

❶ 胡艳琴. 高职"双师型"教师通用胜任力模型构建研究[D]. 苏州:苏州大学,2008.

方向阳运用行为事件访谈法对江苏省苏州市某高职院校 15 名副教授以上职称的专业教师和 5 名教科研管理部门中层干部进行了访谈，并在此基础上编制问卷，在江苏省 10 所高职院校专业教师中发放问卷 50 份，借助探索性因子分析、信度检验、效度检验和验证性因子分析等，构建了六个维度的高职院校专业教师胜任力模型，如图 1-7 所示。❶

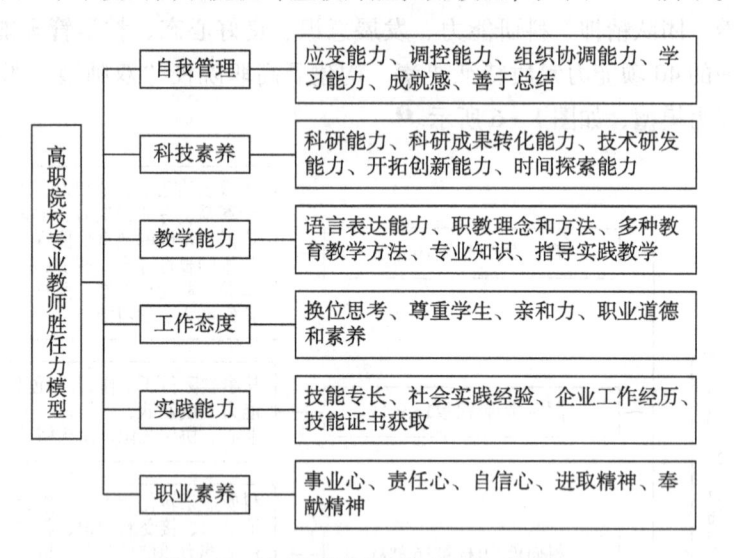

高职院校专业教师胜任力模型		
	自我管理	应变能力、调控能力、组织协调能力、学习能力、成就感、善于总结
	科技素养	科研能力、科研成果转化能力、技术研发能力、开拓创新能力、时间探索能力
	教学能力	语言表达能力、职教理念和方法、多种教育教学方法、专业知识、指导实践教学
	工作态度	换位思考、尊重学生、亲和力、职业道德和素养
	实践能力	技能专长、社会实践经验、企业工作经历、技能证书获取
	职业素养	事业心、责任心、自信心、进取精神、奉献精神

图 1-7 高职院校专业教师胜任力模型

刘晶等基于理论分析开展问卷调查和访谈，构建了高职院校教师胜任力结构模型，如图 1-8 所示。❷

张少卿基于胜任力理论，论述了高职院校教师胜任力特征模型构建的流程与方法，并应用于高职院校教师人力资源管理中，如图 1-9 所示。❸

---

❶ 方向阳. 高职院校专业教师胜任力模型研究 [J]. 职业技术教育，2011（25）：75-79.
❷ 刘晶，张祥兰. 高职院校教师胜任力模型研究 [J]. 北京科技大学学报（社会科学版），2013（6）：68-73.
❸ 张少卿. 胜任力模型在高职院校教师人力资源管理中的运用研究 [D]. 天津：天津大学，2009.

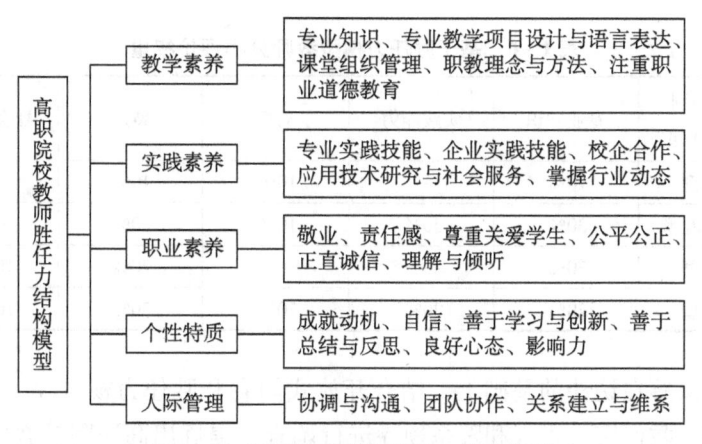

图 1-8　高职院校教师胜任力结构模型

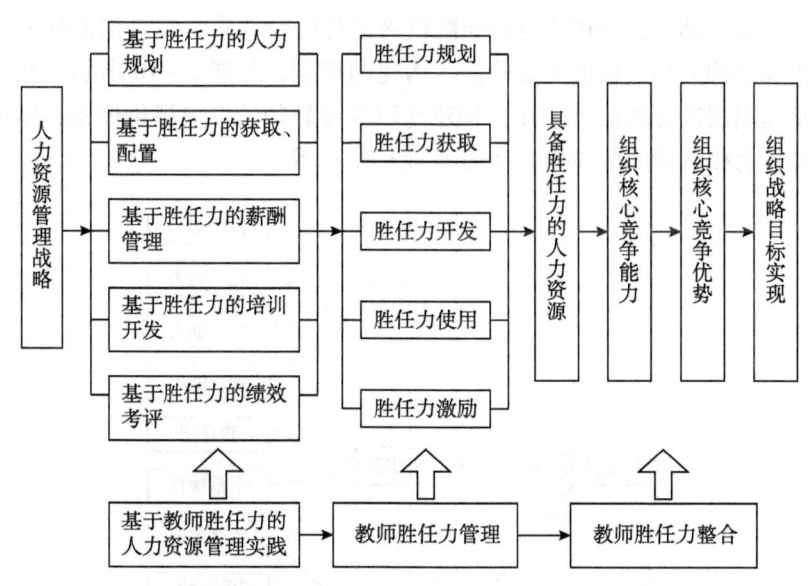

图 1-9　基于教师胜任力的高职院校人力资源管理模型

赵晓芳基于胜任力模型构建高职院校教师职称评定体系，将高职院校教师职称评定分为教学型、实验教学型、科研型、服务型，并按照不同的类型确定所考察内容的权重，如表 1-6 所示。❶

---

❶ 赵晓芳. 基于胜任力模型的高职教师职称评定体系构建 [J]. 教育理论与实践，2016 (36)：26-28.

表1-6　基于胜任力模型教师分类评价权重

评定类别 胜任力权重	专业知识	实践能力	动机	特质	社会角色
教学型	70%	—	10%	10%	10%
教学实验型	30%	30%	10%	20%	10%
科研型	70%	—	—	20%	10%
服务型	20%	20%	20%	30%	10%

李岚等在访谈的基础上，结合开放式问卷和胜任力核对表，对169名教师、教研室负责人和院系领导进行调查，提炼出高职院校教师胜任力要素，构建了胜任力模型。在此基础上编制了相应的胜任力调查问卷，并在江苏省苏州市7所高职院校内进行问卷调查，结合探索性因素分析和结构方程建模的方法验证了构建的模型，如图1-10所示。并进一步运用层次分析法（AHP）构建高职院校教师的绩效评价体系，体现了胜任力模型的实际应用，如图1-11所示。[1]

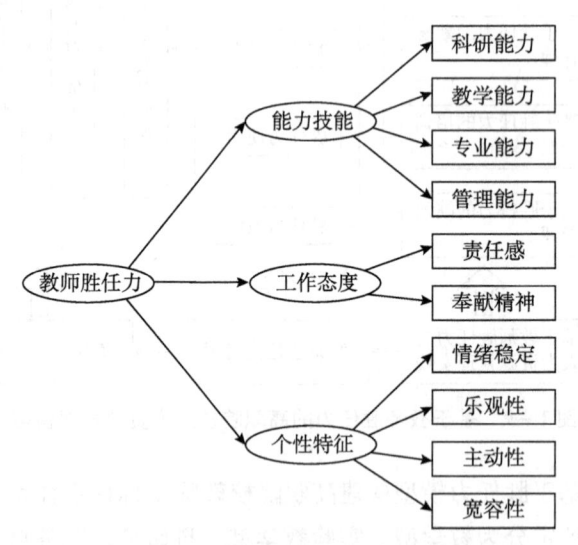

图1-10　高职院校教师胜任力模型

---

[1] 李岚，刘轩. 高职院校教师绩效评价体系设计分析：基于胜任力模型和AHP法 [J]. 技术与市场，2010，17（11）：167-169.

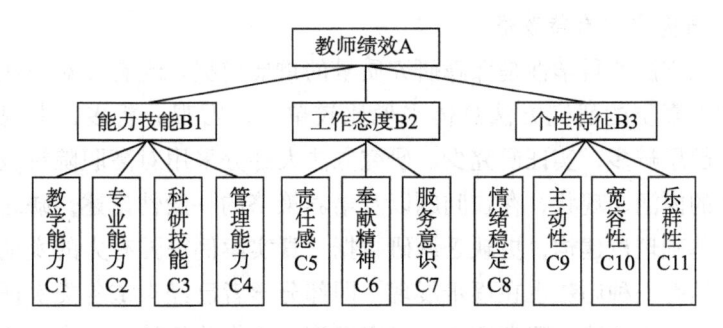

图 1-11　高职院校教师绩效考核体系结构层次

四、已有研究的不足

通过对已有文献的统计分析可以看出，高职院校教师能力素质研究已经得到了广泛关注和快速推进，不过截至目前的文献检索，还没有发现有学者专门针对高职院校教学名师开展能力素质研究。前期高职院校教学名师和教师能力素质的研究成果为本研究奠定了良好的基础，但在研究内容、研究方法、研究力量以及研究质量等方面仍有深入的空间。❶

1. 研究内容有待拓展

高职院校教师具备的能力素质既有普通学校教师的共性，又有其职业的特殊性，已经受到越来越多学者的重视，学者们进行了广泛的研究和开拓性的尝试。但总体来说，研究内容主要还是聚焦易于评估和测量的知识和技能类能力素质，对动机、特质、自我理念等深层次的、不易测量的能力素质的研究还不够。从已有文献的研究内容来看，有以下几个特点：首先，高职院校教师能力素质的内涵、现状、问题与培养对策是研究者普遍关注的问题，而教师能力素质理论建构、国内外比较研究开展得还比较少，理论高度和国际视野还有所欠缺。其次，对教师个体能力素质的分析研究比较多，在组织层面上教师能力素质特征的研究比较少。如今团队共建已成为重要的工作模式，所以教师能力素质特征的界定和研究应充分考虑团队环境和组织文化的影响。

---

❶ 俞亚萍，刘礼艳. 我国高职教师能力素质研究综述：基于文献计量和 CiteSpace 分析 [J]. 职教论坛，2017（32）：5-9.

2. 研究方法有待改进

研究方法的科学性是保障研究质量的重要前提。现有针对高职院校教师能力素质的研究方法总体来说比较单一，宏观分析多，微观研究少；一般思辨多，实证研究少。研究方法大部分采用对高职院校教师能力素质的内涵、现状、存在问题以及培养策略的一般性论述，缺乏高屋建瓴的基础理论建构，更缺乏调研数据、真实案例等强有力的实证性支撑。当然有一种趋势也在逐步展现，即部分学者已经尝试各类实证性研究，综合运用访谈、问卷调查、专家咨询、工作分析等方法来构建能力素质模型，用更为科学的研究方法来分析现状、总结规律、制定标准和指导实践。

3. 应用性研究有待加强

高职院校教师能力素质的理论性研究比较多，但应用性研究比较少。教师能力素质发展是一个理论问题，但更应该结合院校、学科和专业课程的具体实践应用来研究，从关注能力素质的准确界定转向同时关注能力素质的发展，从能力素质模型的构建转向运用建成的能力模型推动人力资源管理和人才培养的实践创新。

4. 研究质量有待提升

影响高职院校教师能力素质发展的因素来自宏观的政策导向、中观的学校管理、微观的教师个体，以及行业企业的实践环境等多个方面。从目前文献的研究人员来看，高职高专、中职院校的教师相对较多，普通高校、科研院所、政府机关、行业企业的人员都比较少，还未形成核心研究群体。2017 年，本研究选取中国知网数据库作为文献资源搜索平台，以"高职 and 教师 and 素质 or 能力 or 胜任力"为题名进行检索，不限时间，共检索到 2170 篇相关文献。70% 左右的文献由研究者独撰，即使有合作研究，从研究者所属机构来看大多属于同一单位。2170 篇文献中仅有 285 篇发表于核心期刊和 CSSCI 来源期刊，只占文献总量的 13%。发表在核心期刊和 CSSCI 来源期刊上的文献，有近 18% 的文献零引用；被引频次为 30 以上的仅有 9 篇，占文献总量的 3.2%；获得各类项目资助的文献仅有 19 篇，占文献总量的 6.7%。这些数据反映了研究学术影响力比较低。

第二节 理论基础

任何一项研究都需要相应的理论基础作为支撑和依据，本节在文献综述的基础上，将教师专业发展理论和能力素质模型理论作为本研究的理论基础。

一、教师专业发展理论

教师行业是社会行业重要的构成部分，教师的专业化发展不是一种个人行为和个人主观意志的体现，而是社会影响的必然产物。早在20世纪80年代，教师专业化就逐渐成为当代教育的中心主体。卡内基教育促进会与霍姆斯协会先后发表了《国家为21世纪准备教师》和《明天的教师》两份报告，都阐述了教学专业化概念，认为教学专业化是美国公立学校发展的必经之路。[1] 这两个报告同时还强调了提升教师质量是提升教学质量的有效途径，即在确立教学工作专业性地位的同时，建立并完善与专业性职业要求相匹配的教师评价标准。[2] 由此，教师专业化的问题开始进入公众的视野并逐渐成为研究的热点。

1. 教师专业发展的内涵

国内外众多学者开展了"教师专业发展"的研究，对于"教师专业发展"的界定主要分为三类。

第一类是以霍伊尔、佩里、富兰和哈格里夫斯等为代表，认为"教师专业发展"就是指"教师的专业成长过程"。如霍伊尔（Hoyle）认为，"教师专业化发展"是指教师掌握良好专业实践所必须具备的知识和技能的过程。[3] 佩里（Perry）认为，"教师专业发展"分两个层面，从一般意义上来说，意味着教师在专业生活中的成长，包括增强信心、提高技能、更新专业知识、增强和深化教学理念等；从积极意义上来

---

[1] 魏则胜. 职业道德理论与实践 [M]. 广州：中山大学出版社, 2017.
[2] 彭红莉. 教师专业化背景下的教师资格制度改革研究 [D]. 上海：上海师范大学, 2011.
[3] HOYLE E E, MEGARRY J. World yearbook of education 1980: the professional development of teachers [M]. London: Taylor & Francis Ltd., 2012.

说，意味着教师成长为一个超出专业技能范围而拥有教学艺术表现的人，逐渐成长为有教育思想和权威的人，实现工作的专业化、知识的权威化。[1] 格拉特霍恩（Glatthorn）认为，"教师专业发展"即教师基于自身经验增加或对教学系统不断审视而获得的专业成长。[2] 哈格里夫斯和富兰（Hargreaves, Fullan）则认为，"教师专业发展"是教师通过在职教育和培训，在专业知识、教学技能、目标管理、合作意识等方面不断进步的过程。[3]

第二类代表是利特尔（Little）理论，认为"教师专业发展"是促进教师专业成长的过程，即教师教育。利特尔对于这类研究提出了两条路径：一是关注教师掌握教育复杂性的过程，包括探究教师如何通过学习获得知识、提升专业成熟度，如何持续保持工作的积极性，以及如何实施特定的教学法或课程革新。二是重点研究影响教师学习机会和学习动机的因素。[4]

第三类界定涵盖了上述两种含义。其中具有代表性的是威迪恩（Wideen），他提出了教师专业发展的五层含义，分别为：一项训练——协助教师有效改进教学技巧；一个氛围——通过优化组织环境帮助教师提升学习成效；一种教育——增进教师对其工作和教学活动的了解；一种手段——利用最新的教学成效研究改进学校教育；一种目的——协助教师获得个人的专业成长。[5]

第一类界定认为，"教师专业发展"是静态的教师专业成长；第二类界定认为，"教师专业发展"是动态的、促进教师专业成长的过程；第三类界定则整合了静态的专业成长和动态的专业成长过程，认为"教

---

[1] PERRY P. The training of teachers for better schools [J]. European journal of teacher education, 2006, 10 (1): 17-21.

[2] GLATTHORN A A. Constructivism: implications for curriculum [J]. International journal of educational reform, 1994, 3 (4): 449-455.

[3] HARGREAVES A, FULLAN M. What's worth fighting for out there? [M]. New York: Teachers College Press, 1998: 136.

[4] LITTLE J W. Locating learning in teachers' communities of practice: opening up problems of analysis in records of everyday work [J]. Teaching & teacher education, 2002, 18 (8): 917-946.

[5] WIDEEN M, MAYERSMITH J, MOON B. A critical analysis of the research on learning to teach: making the case for an ecological perspective on inquiry [J]. Review of educational research, 1998, 68 (2): 130-178.

师专业发展"包括教师在教学技能、理想信念、知识能力等多个层面的发展，既需要教师自身努力学习提升，又需要教育制度与外部环境的支持，这一类界定目前获得大多数学者的认同。因此，本文将"教师专业发展"定义为：在教育制度和外部环境的支持下，教师通过学习提升不断提高教育教学认识，改进教育教学实践，促使其专业能力和职业精神不断发展和完善的过程。❶ 这一概念既强调了教师在专业发展过程中的主体地位，又指明了外部条件对教师专业发展的影响。

2. 影响教师专业发展的因素

影响教师专业发展的因素很多，在不同时期和不同条件下也会有所不同，但主要包括个人因素、学校因素及社会环境因素等方面。

个人因素：主要指教师个人成长经历、对教育问题及自身专业发展的价值取向和动机水平等，是实现教师专业发展的基本保障，也有效引导教师专业发展方向，影响教师专业发展的程度和速度。教师只有充分明确个人因素对其教育教学工作的影响，并在不断地反思总结中逐步克服限制其教学成长的各种因素，才能不断获得专业成长。

学校因素：作为教师实施教育教学活动的重要场所，学校的办学特色、文化背景、管理体制都对教师专业发展产生显性或隐性的影响。其中，最重要的因素是学校的管理体制。如果学校的管理体制符合教育教学规律，就能得到教师的拥护和支持，促进教师提升专业发展水平。反之，如果学校的管理体制违背教育教学规律，就会限制教师的专业成长。

社会环境因素：主要指社会经济文化的发展水平、社会对教育的重视程度、对教师地位及价值的认知、教育教学改革的发展水平，以及教育行政部门出台的教育政策等。其中，最主要的是社会地位与职业声望。社会按教师任务的重要性和教师能力的评价而给予相应的社会地位，不仅关系到人们对于教师职业的选择，也关系到教师个人对所从事职业的认可。❷ 教师的职业声望是社会和公众对教师职业的有利评价以及承认、尊敬和钦佩等。确保教师具有较高的社会地位和职业声望是吸引和留住高素质人才服务教育事业的有效保障，同时也为教师专业发展

---

❶ 王楠."高等学校教学名师"工程研究［D］.武汉：中南民族大学，2010.

❷ 王琳.教师专业发展与学校管理制度：矛盾与矛盾之解决策略［J］.中小学管理，2004（5）：12－13.

提供更为有利的空间和氛围。

3. 教师专业发展的特征

教师专业发展一般具有长期性、阶段性和内生性等特征。[1]

（1）长期性。教师的专业成长过程是长期的，持续教师整个职业生涯过程。在每个发展阶段都需要教师与时俱进地更新教育理念，积累专业知识，提升专业技能，不断完善和提升自我，符合教师职业要求。

（2）阶段性。教师专业发展一般可以分为新手教师、教学能手、骨干教师、专业带头人、教学名师五个阶段，在不同的阶段，教师专业发展具有不同的内涵和重点。

（3）内生性。传统的教师专业发展思路很大程度依赖于教育部门及学校的任务压力，缺少激发教师专业发展内在动力的有效手段，无法激活教师加强自身学习提升的积极性。近年来，通过不断的反思及研究，我们认为教师的专业化发展更有赖于内生性动力，需要强化教师自主提升的意识和行为。当然，外部压力和内生动力相辅相成，共同作用，更有利于促进教师的专业成长。

二、能力素质模型理论

1. 能力素质的内涵特征

1973年，麦克利兰在《测量能力素质而非智力》（*Testing for Competence Rather than for "Intelligence"*）一文中引用大量的研究结果说明，在现实中真正影响工作绩效的个人条件和行为特征并不一定是人们主观上常认为的智力、知识、技能等因素，个人特质、自我理念以及内在动机等方面的因素有时发挥着更重要的作用。他强调，要善于收集第一手资料并发掘核心影响因素，从而提高组织绩效及个人成功。他把这种在特定工作岗位和组织环境中能明确区分杰出绩效水平和一般绩效水平的个人条件和行为特征称为"Competency"，本文翻译为"能力素质"，国内一些学者也翻译为"胜任力""能力""资质"等。[2]

---

[1] 朱建柳. 高职院校专业教师职业能力模型建构及其应用[D]. 上海：华东师范大学，2016.

[2] MCCLELLAND D C. Testing for competence rather than for "intelligence."[J]. American psychologist, 1973, 28（1）：1-14.

麦克利兰认为，人的能力素质基本要素主要包括：①知识，个人在特定领域内的经验与相关信息；②技能，个人在系统工作过程中运用知识的能力；③自我理念，基于态度和价值观的个人行为方式、自我形象和角色定位；④特质，个人对于外部环境与相关信息呈现出来的特性，如正直、诚实、责任心等；⑤动机，引导和决定个人的外在行动的内驱动力，如成就需求、人际交往需求和生活需求等。[1]

麦克利兰认为，人的能力素质有以下特点：①了解人能力素质的最好方法不是通过智力、能力测验等手段来判断，而是观察人通过做了什么而取得最终成功；②获得高绩效的最好办法是让人们表现出相同岗位高绩效者所具备的能力素质；③能力素质主要不是通过遗传获得的，而是通过学习来发展的，是可以改变的；④能力素质是可见的、可理解的，是和有意义的工作、生活联系在一起的。[2]

2. 能力素质模型

能力素质模型被定义为担任某一特定岗位或任务角色所需具备的能力素质的总和，包括影响个体成功的所有重要的知识、技能和行为，因而经常被组织当作测试员工能力素质使用的工具。[3] 个体使用能力素质模型能够帮助自己分辨岗位工作需求的能力素质、自己的优势与不足，需要继续学习、提升改进的领域，以及明确职业发展的方向等。目前，学术界有代表性的能力素质模型主要是美国心理学家麦克利兰提出的"冰山模型"和美国学者理查德·博亚特兹（Richard Boyatzis）建立的"洋葱模型"。

"冰山模型"如图 1-12 所示。"露出水面的冰山一角"代表的知识、技能是职业能力素质的外在表现，属于容易被发现的部分，便于测量和量化，在后续的学习培训中能够得到发展和提升；"水面以下的冰山"代表的是自我观念特征、动机及个人特质等能力素质的内在表现，不容易发现或难以获取，但又可能是最关键的部分。这部分能力素质是属于深层次的，具有相对的稳定性，可以通过培训形成相应的经验，并

---

[1] 刘芳. 基于胜任力视角的职业经理人的素质评价解析 [J]. 商场现代化, 2013 (14): 113-115.

[2] 迪布瓦. 胜任力 [M]. 杨传华, 译. 北京: 北京大学出版社, 2005: 9-14.

[3] MCCLELLAND D C. Testing for competence rather than for "intelligence."[J]. American psychologist, 1973, 28 (1): 1-14.

在培训过程中一定程度上引导人们的行为。❶

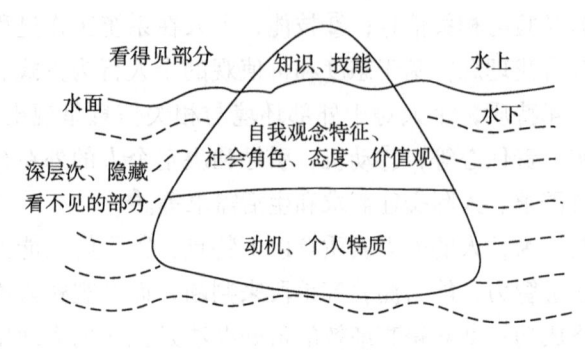

图 1-12 冰山模型

基于"冰山模型",理查德·博亚特兹对收集的相关素材进行深入分析,进一步构建了"洋葱模型",如图 1-13 所示。虽然与"冰山模型"具有相同的五个职业能力基本要素,但"洋葱模型"更加突出了职业能力核心要素的重要作用,强调了核心要素是影响职业能力的重要关键,很大程度上决定了技能水平和发挥的效果。同时,"洋葱模型"更加鲜明地体现出职业能力各要素间的层次关系,要素间的联系则是需要进行分析和研究的重点。❷

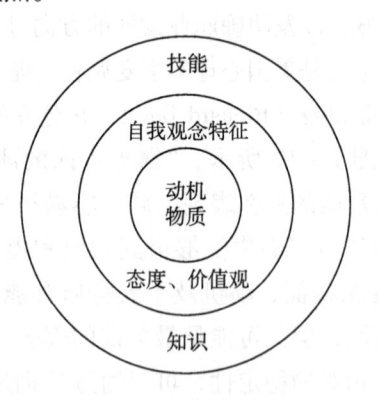

图 1-13 洋葱模型

---

❶ MCCLELLAND D C. Testing for competence rather than for "intelligence." [J]. American psychologist, 1973, 28 (1): 1-14.

❷ 张胜利,朱育锋. 基于素质洋葱模型的大学生就业力提升策略研究 [J]. 中国培训, 2017 (9): 52-53.

3. 能力素质模型构建

能力素质模型构建即针对某一特定工作或岗位，分析、判断员工为完成工作或获得高绩效应具备的能力素质特征，并形成相应能力素质模型的过程。最早的模型构建源于麦克利兰的研究工作，此后被众多领域广泛使用，并衍生出许多新的方法，目前已成为人力资源管理领域的主流实践活动。[1]

综观国内外学者的研究成果，能力素质模型构建的基本思路主要有三种。

第一种思路是以组织核心观点和价值观为标准，确定与之相一致的能力素质。这种思路建立在组织具有成熟的价值观和稳定鲜明的组织文化的基础上，重点塑造与组织文化相一致的员工，优点是关注"冰山模型"中的深层能力素质特征。这种思路最常采用职业分析方法，即对照某一职业或专业建立的绩效标准，深度分析其必需的职责和任务的职能，进而产生一份能力素质特征清单，形成岗位绩效标准。采用这种思路构建能力素质模型，被国内众多大型企业广泛采用。[2]

第二种思路是以高绩效的岗位角色为研究对象，通过行为事件访谈法抽取出相关能力素质特征，构建能力素质模型。这种思路和方法源于麦克利兰、哈佛商学院等的研究，构建步骤基本包括五个阶段：确定绩效标准、选择效标样本、获取样本能力素质特征的数据资料、分析数据资料并建立能力素质模型、验证能力素质模型。这是最经典的能力素质建模方法。[3] 这种思路要求模型构建人员具备专业的访谈技能，通过访谈挖掘出高绩效者的能力素质特征，从而根据这个标准来引导在职员工学习培训，改善自身的能力素质，提高其工作绩效。

第三种思路是基于"人—岗位—组织"契合原理，以行业关键成功因素进行能力素质模型的构建。显然，这种方法的关键是要识别并归纳行业的关键成功因素。在管理实践领域，开发企业的核心竞争力时往往采用这种方法。

---

[1] 张少卿. 胜任力模型在高职院校教师人力资源管理中的运用研究 [D]. 天津：天津大学, 2009.

[2] 彭剑锋, 荆小娟. 员工素质模型设计 [M]. 北京：中国人民大学出版社, 2003.

[3] 李德方. 做一个胜任的校长：高职院校校长胜任力研究 [M]. 北京：知识产权出版社, 2015.

第二章 高职院校教学名师能力素质模型构建

为了准确把握高职院校教学名师能力素质的内涵特点，本章选择一个样本区域高职院校教学名师为研究对象，进行实际校标样本测试，提炼归纳出高职院校教学名师能力素质要素，初步构建教学名师能力素质模型。

第一节 教学名师能力素质模型构建设计

一、模型构建方法

教师能力素质模型构建采用的主要方法有文献分析法、职业分析法、行为分析法、专家评定法、扎根理论研究法和行为事件访谈法等。每种构建方式都有其优缺点，在综合分析和权衡利弊的基础上，本研究主要采用行为事件访谈法对研究对象进行访谈获得第一手研究资料；运用扎根理论研究法对访谈资料文本进行编码，在此基础上引入质性研究分析软件 NVivo 8.0，统计分析编码的人数与人次，提取有代表性的编码，得到高职院校教学名师能力素质特征要素；在模型构建过程中辅助以专家咨询法，先后咨询六位相关专家（两位国家级高职院校教学名师、一位高职院校校领导、一位心理学博士、一位职教研究专家、一位省教育厅职教处领导）的意见，保证编码和模型构建过程的规范和科学。模型构建所采用的方法将质性研究与量化分析结合起来，既保留了质性研究反映原始资料的优点，又发挥了量化分析精准的优势，一定程度上增强了客观性，克服了质性研究的主观倾向。相关的研究方法在第一章已做说明，在此不做赘述。

二、模型构建对象

无论什么研究都不可能对研究对象的所有个体进行研究,科学的抽样方法是研究精度的保证。[1] 本研究的对象为高职院校教学名师,考虑到研究对象的代表性和研究实施的可行性,访谈对象的抽取策略遵循质性研究中的"校标抽样"。"校标抽样"指的是:事先设定一些标准或条件,然后选择符合这个标准或条件的个体进行研究。[2] 本研究按照下列标准和条件进行抽样。

1. 地域选择

本研究选择江苏省为样本区域。这主要基于以下三点考虑:第一,江苏省位于长江三角洲地区,该区域经济基础好,高职院校布局密度比较大,优质学校比较多。截至2019年,该省共有高职院校90所,其中包括15所国家示范性(骨干)高职院校,数量位居全国第一。第二,江苏省高职院校办学历史比较早,20世纪80年代改革开放后就率先创办了一批高职院校,在中国高职发展史上具有不可替代的典型性;高职教育的办学水平普遍比较高,一定程度上可以代表中国目前高等职业教育发展的领先水平。第三,研究者在江苏省教育系统工作,所在城市拥有高职院校数量比较多,对高职院校情况也比较熟悉,实施调查研究相对比较方便。[3]

2. 学校选择

"国家示范性高等职业院校建设计划"是由教育部和财政部于2006年联合启动实施,至今已经遴选100所高职院校进行重点建设,在校企合作体制建设、产学研人才培养模式、跨区域优质教育资源共享平台创建、单独招生机制等方面积极探索,成绩显著,已成为高职院校的改革与发展方向。2010年,教育部和财政部联合下发《教育部 财政部关于进一步推进"国家示范性高等职业院校建设计划"实施工作的通知》,提出追加建设100所国家骨干高职院校,进一步推进"国家示范性高等

---

[1] 张红霞. 教育科学研究方法 [M]. 北京:教育科学出版社,2009.

[2] 刘礼艳,刘电芝,严慧一,等. 优秀贫困大学生心理弹性与保护性因素分析 [J]. 现代大学教育,2013 (3): 66–73.

[3] 李德方. 高职院校校长胜任力研究 [D]. 南京:南京大学,2014.

职业院校建设计划"。❶ 江苏省从2007年发文部署省级示范性高等职业院校建设创建工作，截至目前，江苏省共有15所国家示范性（骨干）高等职业院校，43所省级示范性（骨干）高等职业院校。本研究从省级及以上示范性高等职业院校中选择访谈对象，12名教学名师出自国家示范性（骨干）高等职业院校，其他8名出自省级示范性高等职业院校。

3. 教师选择

访谈对象的选择标准是在高职院校中从事专业课教学，并在教学、科研、社会服务等方面发挥示范引领作用，荣获校级及以上教学名师称号的优秀教师。为了能得到教学名师鲜明的能力素质特征，访谈对象全部选择获得省级及以上教学名师或类似荣誉称号的专业教师，具体包括全国教学名师、全国优秀教师、省级教学名师、省级优秀教师等荣誉称号。因为国家级和省级教学名师大多为教学带头人和管理者，部分已经成长为学校领导，教学和管理的任务非常重，很难联系。所以在选择访谈对象的过程中寻求到江苏省教育厅职教处领导的支持，不仅为本研究推荐了部分教学名师，还提供了介绍信便于联系教学名师。根据林肯（Lincoln）和古巴（Guba）的观点，质性研究中样本数量应该不少于12个。本研究共访谈20名教学名师，其中国家级教学名师7名，省级教学名师13名，女性12名，男性8名，访谈样本量符合要求。❷ 访谈对象的相关信息如表2-1所示。

表2-1 访谈样本对象基本情况

序号	代号	性别	年龄/岁	教龄/年	专业	职称	目前职务	名师级别
1	C1	男	59	37	有机化工	教授	副校长	省级
2	C2	女	57	37	农学园艺	教授	教研室主任	国家级
3	D1	男	56	34	高分子化工	教授	二级学院院长	省级
4	G1	女	54	32	计算机科学	教授	副校长	国家级
5	G2	女	60	38	机械工程	教授	副校长	国家级

---

❶ 教育部将新建100所国家示范性高等职业院校［J］.教育发展研究，2010（13）：86.
❷ 俞亚萍，刘礼艳.高职院校教学名师能力素质模型建构［J］.中国职业技术教育，2019（33）：86-92.

续表

序号	代号	性别	年龄/岁	教龄/年	专业	职称	目前职务	名师级别
6	L1	女	52	29	食品营养与检测	教授	二级学院院长	省级
7	L2	男	54	32	化工机械系过程自动化	教授	校长	国家级
8	T1	女	55	33	营销管理	教授	专业带头人	省级
9	W1	女	46	23	信息管理	副教授	专业带头人	省级
10	W2	女	42	20	机械电子工程	教授	副校长	省级
11	W3	男	45	23	机械电子工程	教授	二级学院院长	省级
12	X1	女	54	22	食品与农产品储藏加工	教授	副校长	省级
13	X2	女	52	28	数字动画	教授	二级学院院长	省级
14	Y1	男	55	32	数字化设计与制造技术	教授	教务处处长	国家级
15	Z1	女	53	31	纺织品设计	教授	科研处处长	省级
16	Z2	男	50	27	锻压设计及工业设备	教授	二级学院书记	省级
17	Z3	女	55	32	生物工程	教授	教务处处长	省级
18	Z4	女	54	31	纺织工程	教授	组织部部长	省级
19	Z5	男	56	34	林学（草坪）	教授	副校长	国家级
20	Z6	男	57	33	数控技术	教授	二级学院院长	国家级

三、模型构建流程

明确访谈对象后正式进行模型构建，依次实施行为事件访谈、访谈资料文本转录、预编码、正式编码、编码数据统计等，在此基础上确定高职院校教学名师能力素质各项特征要素，构建教学名师能力素质模型。整个模型构建流程如图2-1所示。

1. 前期准备

在研究正式开始之前完成相应的准备工作，包括收集整理相关研究资料，确定研究方案，拟定访谈提纲（见附录一）与访谈协议（见附录二），练习行为事件访谈法的具体操作等。最重要的前期准备就是设计访谈提纲。访谈提纲除了解访谈对象的个人信息外，主要包括两个部分的内容。第一部分是行为事件访谈法的经典问题，即请访谈对象分别描述在成长为教学名师的过程中，在教学、科研、社会服务等领域自认为做的最成功的三件事和最失败的三件事。包括事件发生的缘由、具体过

```
前期准备  →  预编码，形成教学名师
              能力素质编码词典
   ↓                ↓
确定访谈对象     正式编码
   ↓                ↓
实施行为事件访谈  编码数据统计，获取教
                  学名师能力素质要素
   ↓                ↓
访谈资料文本转录  构建教学名师能力素质
                  模型
```

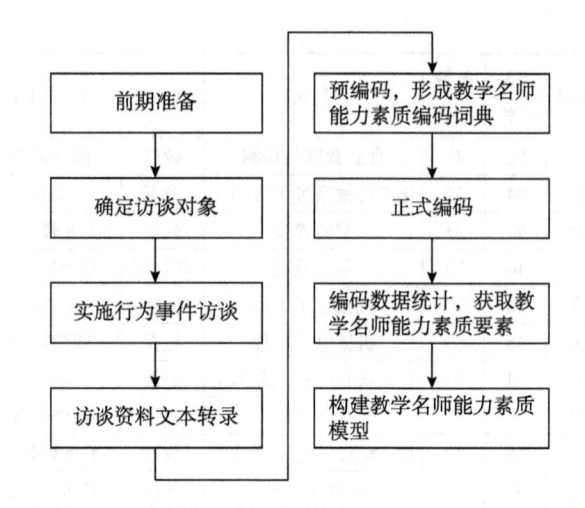

图 2-1　高职院校教学名师能力素质模型构建流程

程、访谈对象的思考和行动以及所起的作用、其他人的反应、事件的结果、事件产生的影响等。访谈提纲的第二部分内容主要请访谈对象根据自己成长为教学名师的经历，阐述对高职院校教学名师应具备的能力素质以及影响教学名师成长的主要因素的理解。

2. 实施行为事件访谈

在正式访谈前选择两名高职院校普通教师进行预访谈，并将访谈录音全部转化为文本，邀请职教研究和心理学专家进行分析讨论，进一步完善访谈提纲。通过预访谈锻炼访谈技术，明确访谈重点。

自 2017 年 4 月至 10 月，研究者对 20 名正式访谈对象进行一对一的行为事件访谈并录音。研究者在访谈前向访谈对象出示书面《高职院校教学名师访谈协议》（见附录二）并双方签署，明确整个访谈要被录音并说明访谈资料的后期使用。访谈一般分为两个部分：第一部分根据访谈提纲进行，将访谈提纲事先提供给访谈对象，便于对方提前思考和准备，保证访谈效果和质量。第二部分是随机访谈，访谈内容视与访谈对象的互动情况、访谈氛围、访谈时间而定。❶ 研究者通过这种方式试图

---

❶ 李德方. 做一个胜任的校长：高职院校校长胜任力研究 [M]. 北京：知识产权出版社，2015.

获取访谈对象最真实的信息和情绪。考虑到研究规范的需要,访谈时间一般控制在 1h 左右。实际访谈录音时间区间为 50min 16s ~ 1h 53min 2s,平均时长 90min。整个访谈全程进行了录音,具体访谈基本情况统计如表 2 - 2 所示。[1]

表 2 - 2　访谈基本情况统计

序号	代号	名师级别	访谈时间	访谈文本字数
1	C1	省级	1h 15min 21s	20517
2	C2	国家级	1h 7min 35s	15769
3	D1	省级	1h 9min 10s	10608
4	G1	国家级	1h 53min 2s	28028
5	G2	国家级	1h 20min 10s	20022
6	L1	省级	1h 47min 10s	18046
7	L2	国家级	1h 18min 12s	14027
8	T1	省级	57min 21s	10168
9	W1	省级	1h 3min 56s	14338
10	W2	省级	1h 15min 28s	22546
11	W3	省级	1h 23min 17s	19329
12	X1	省级	1h 28min 42s	22467
13	X2	省级	1h 5min 14s	11184
14	Y1	国家级	1h 33min 10s	18421
15	Z1	省级	1h 4min 49s	16812
16	Z2	省级	1h 8min 45s	12244
17	Z3	省级	50min 16s	11383
18	Z4	省级	51min 22s	11614
19	Z5	国家级	1h 6min 34s	13880
20	Z6	国家级	1h 9min 20s	12045

3. 访谈资料文本转录

访谈结束后,对所有访谈录音进行文本转录。这些工作烦琐而耗时,为了高效并保质保量地完成,研究者专门成立了由某高校 5 名应用心理学专业学生组成的转录小组,在明确工作要求及模拟训练后完成初

---

[1] 俞亚萍,刘礼艳. 高职院校教学名师能力素质模型建构［J］. 中国职业技术教育,2019（33）：86 - 92.

步的转录工作。转录之后,由研究者对照录音核查文本,确保最大限度地符合实际录音内容。录音资料校核后形成电子文本,共计31.91万字,形成本研究最主要的数据资料。

4. 预编码

编码就是将文字资料转换成计算机能识别的数字和代码的过程。编码质量是直接影响模型建构质量的关键因素[1],因此,研究者除亲自参与编码以外,还邀请到一位有经验的心理教育学博士参与,组成二人编码小组。本研究运用扎根理论范式,根据逐渐抽象的层级提取原则,先后进行开放式编码、关联式编码及核心式编码三个层级的编码工作。[2]

提升编码的内部一致性是保证模型构建质量的关键举措。为了保证编码的内部一致性,编码小组在编码之前进行练习和模拟,对模拟编码资料进行反复讨论和比对分析,对有分歧的编码内容深入研讨,提高双方对编码的辨识度和一致性。熟练掌握编码技术后,编码小组先对六份相同的访谈资料进行预编码,并运用归类一致性指数(CA)来进行编码信度的评估。归类一致性指数即计算同一材料编码归类相同的个数占编码总数的比例,具体公式为 $CA = 2 \times T1 \cap T2/(T1 + T2)$,其中 Ti ($i = 1, 2$) 表示编码者 i 的编码个数;$T1 \cap T2$ 表示两位编码者相同的编码数;$T1 + T2$ 表示两位编码者总的编码数。徐建平等学者研究证明,受过训练的不同编码者采用频次编码,其一致性一般介于 0.74~0.8 之间。[3]编码小组两人分别对六份相同的访谈文本进行编码,具体参数为:$T1 = 107$,$T2 = 106$,$T1 \cap T2 = 87$,$T1 + T2 = 213$,$CA = 0.817$。这表明编码的内部一致性是比较高的。

编码小组在此基础上反复研讨,形成初步的编码词典。编码词典是建构模型的来源和基础,为模型建构提供了一个基本的概念框架,有利于进行初始观念分类。研究者根据编码词典进行正式编码,能最大限度保证编码的内部一致性,从而提高模型构建的质量。

---

[1] 李德方. 做一个胜任的校长:高职院校校长胜任力研究 [M]. 北京:知识产权出版社,2015.

[2] 陈向明. 教师如何作质的研究 [M]. 北京:教育科学出版社,2001.

[3] 徐建平,张厚粲. 质性研究中编码者信度的多种方法考察 [J]. 心理科学,2005,28 (6):1430-1432.

5. 正式编码

在两位研究者完成预编码,根据编码共识度形成初步的编码词典后,按照编码词典对所有的访谈资料进行正式编码,根据逐渐抽象的层级提取对资料文本进行三级编码,即开放式编码、关联式编码、核心式编码。因为除想构建高职教学名师的能力素质模型外,研究者还想了解影响教学名师成长的主要因素,所以对访谈资料分教学名师能力素质和影响教学名师成长因素两部分内容分别开展编码。研究者以原始资料中的关键词为基础逐句进行预编码、提取概念,并根据访谈内容修改、增删编码词典的内容,最终分别形成"高职院校教学名师能力素质编码词典"(见表2-3)和"高职院校教学名师成长影响因素开放式编码词典"(见表2-4)。然后根据各自的编码词典进行正式编码,以保证编码的内部一致性。在关联式编码阶段,根据类属性在开放式编码中进一步归纳,形成关联式编码。在核心式编码阶段,对高职院校教学名师能力素质的关联式编码进一步根据类属性归纳,形成核心式编码。在对影响教学名师成长的主要因素这部分内容进行编码时,根据实际情况只完成了开放式编码和关联式编码二级编码,相关数据留待第四章讨论。

表2-3 高职院校教学名师能力素质编码词典

序号	条目名称	序号	条目名称	序号	条目名称	序号	条目名称
1	学科知识	15	执行能力	29	处事灵活	43	追求效率
2	课堂教学	16	行业影响	30	积极主动	44	善于积累
3	教学改革	17	校企合作	31	吃苦耐劳	45	追求卓越
4	科学研究	18	企业实践	32	正直诚实	46	自我反省
5	专业能力	19	竞赛指导	33	认真努力	47	直面困难
6	信息技术	20	掌握需求	34	心态平和	48	敢于挑战
7	学术交流	21	自我管理	35	好胜心强	49	有大局观
8	指导学生	22	注重思考	36	勇于担当	50	关爱学生
9	目标管理	23	善于学习	37	锲而不舍	51	服务社会
10	过程管理	24	创新意识	38	乐于奉献	52	兴趣爱好
11	团队协作	25	勇于探索	39	追求完美	53	上进心强
12	沟通协调	26	把握机会	40	责任感强	54	爱岗敬业
13	统筹规划	27	谦虚宽容	41	公平公正	55	成就需求
14	合作分享	28	乐观自信	42	以人为本	56	目标追求

表2-4　高职院校教学名师成长影响因素开放式编码词典

序号	编码名称	序号	编码名称	序号	编码名称	序号	编码名称
1	发展平台	7	文化环境	13	领导支持	19	职称提升
2	学校层次	8	团队氛围	14	导师引路	20	学历提升
3	重点发展学科	9	学校政策	15	同事互助	21	发展机遇
4	高级别团队	10	职教背景	16	专家指点	22	职级提升
5	岗位职务	11	行业发展	17	亲人关心	23	学校升格
6	高级别项目	12	关键人物	18	重要事件	24	竞赛获奖

6. 编码数据统计

在完成全部访谈资料文本的编码后，两位编码者进一步核查、互查、讨论，减小教学名师能力素质要素归类的耦合性，最大限度地提高编码的准确性。编码完成后，将数据导入质化分析软件NVivo 8.0进行统计分析。

经过编码数据统计后，高职院校教学名师能力素质要素形成23类一级编码，即开放式编码，主要包括：专业能力、指导学生、课堂教学、教学改革、科学研究、领导团队、沟通协调、统筹规划、合作分享、执行能力、校企合作、企业实践、竞赛指导、总结思考、学习提升、探索创新、责任担当、锲而不舍、良好心态、上进心强、爱岗敬业、成就需求、目标追求。

二级编码，即关联式编码，通过不断对概念进行比较提炼，建立概念之间的相互联系，在一级编码的基础上归纳出六大范畴，分别为教学科研能力、管理能力、实践能力、发展能力、个性特质和内在动机。

三级编码，即核心式编码，是为了获得理论概念的密度、变异度和高度的整合性而进行编码的系统性理论构建，属于理论性抽样。研究者通过反复审阅原始资料，辨析已有类别之间的关联，不断发掘导向核心类别的线索，最后根据冰山理论，形成外显性能力素质和内隐性能力素质两类核心式编码。

第二节　教学名师能力素质模型构建结果

在三级编码、统计的基础上形成了高职院校教学名师能力素质特征要素统计表，如表 2-5 所示。

表 2-5 高职院校教学名师能力素质特征要素统计表

核心式编码	关联式编码	开放式编码	提及人数	提及次数/人次
外显性能力素质	教学科研能力（19/117）	专业能力	13	28
		指导学生	12	23
		课堂教学	10	30
		教学改革	9	22
		科学研究	9	14
	管理能力（19/108）	领导团队	16	46
		沟通协调	14	24
		统筹规划	8	13
		合作分享	8	13
		执行能力	6	12
	实践能力（18/56）	校企合作	12	22
		企业实践	11	20
		竞赛指导	9	14
	发展能力（17/117）	总结思考	14	39
		学习提升	14	31
		探索创新	11	47
内隐性能力素质	个性特质（19/142）	责任担当	19	57
		锲而不舍	12	30
		良好心态	10	35
		上进心强	9	20
	内在动机（18/98）	爱岗敬业	16	76
		成就需求	10	11
		目标追求	6	11

美国著名心理学家麦克利兰在研究的过程中建立了职业能力素质冰山模型。根据冰山模型理论，高职院校教学名师能力素质可以分为外显性能力素质和内隐性能力素质两类。

一、外显性能力素质

外显性能力素质是教师职业能力的外在表现，如知识、技能等。根据冰山理论被认为是露出水面的冰山部分，可以测量并进行量化，还可以通过后天培训得到发展。本研究中高职教学名师的外显性能力素质归纳为教学科研能力、管理能力、实践能力、发展能力四个核心要素。❶

1. 教学科研能力

教学科研能力是教学名师的基本能力素质，也是访谈中提及最多的能力素质特征要素，访谈对象中共有19人117人次提到，其包含的开放式编码按提及人数多少排序分别为专业能力、指导学生、课堂教学、教学改革、科学研究。

2. 管理能力

在调研中发现，教学名师一般都是教学科研团队的负责人、系部或学院领导甚至校领导，所以出色的管理能力已成为教学名师的鲜明特点。访谈对象中19人108人次提到管理能力是教学名师的核心能力素质，其包含的开放式编码按提及人数多少排序分别为领导团队、沟通协调、统筹规划、合作分享和执行能力。

3. 实践能力

高职院校相比普通本科院校最大的特点是实践性强，所以实践能力是高职院校教学名师具备的显著特性。访谈对象中18人共56人次提到实践能力为教学名师的核心能力素质，其包含的开放式编码按提及人数多少排序为校企合作、企业实践、竞赛指导。

4. 发展能力

发展能力指的是帮助自我完善，不断提升自己的能力，这种能力决定着个人成长的空间和速度。访谈对象中共17人117人次提及发展能力的重要性，其包含的开放式编码按提及人数多少排序分别为总结思考、学习提升和探索创新。

---

❶ 俞亚萍，刘礼艳. 高职院校教学名师能力素质模型建构［J］. 中国职业技术教育，2019（33）：86－92.

二、内隐性能力素质

内隐性能力素质是处于冰山下面的自我观念特征及个人特质等因素。这些特征因素一般不会直接呈现,甚至不易察觉,且具有相对的稳定性。但这些特征因素可以通过日积月累的实践或培训形成相应的经验,一定程度上是影响人们行为的关键因素。良好的内隐性能力素质能为个人发展提供明确的奋斗方向和强有力的原动力,激发个人的积极性、主动性和创造性,形成强大的信念和意志力。本研究中发现教学名师的内隐性能力素质主要包括个性特质和内在动机两个核心要素,对教学名师的成长和发展起到至关重要的促进作用。[1]

1. 个性特质

个性就是个体独有的,并有别于其他个体的整体特性,是个体思想、情绪、价值观、信念、感知、行为与态度的总称,具有一定倾向性的、稳定的、本质的心理特征总和,影响个体如何审视自己及周围的环境。访谈对象中19人142人次提及,其包含的开放式编码按提及人数多少排序分别为责任担当、锲而不舍、良好心态、上进心强。

2. 内在动机

内在动机是一种心理倾向或内部驱动力,用于激发和维持有机体的行动并导向某一目标。1918年,美国心理学家武德沃斯(Woodworth)认为,内在动机是决定行为的内在动力,并首次应用于心理学。[2] 访谈对象中18人98人次提及,其包含的开放式编码按提及人数多少排序分别为爱岗敬业、成就需求、目标追求。

三、高职院校教学名师能力素质模型

在上述研究的基础上,最终形成高职院校教学名师能力素质模型,如图2-2所示。

---

[1] 俞亚萍,刘礼艳. 高职院校教学名师能力素质模型建构[J]. 中国职业技术教育,2019(33):86-92.

[2] 林崇德,杨治良,黄希庭. 心理学大辞典[M]. 上海:上海教育出版社,2003.

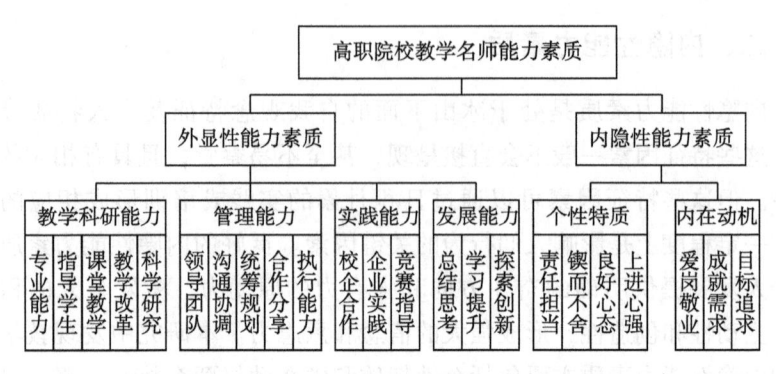

图 2-2　高职院校教学名师能力素质模型

第三节　教学名师能力素质模型特征要素内涵解析

本章第二节构建了高职院校教学名师的能力素质模型，包括23项能力素质特征要素，这些特征要素都是运用扎根理论研究法从访谈资料中提炼出来的。扎根理论的最大特点就是所有"概念"必须来源于原始资料。❶ 教学名师能力素质特征要素的具体内涵都来源于20名教学名师的访谈资料。

一、教学科研能力

教学科研能力是教学名师的基本能力素质，也是访谈中提及次数最多的核心能力素质。教学科研能力包含的能力素质，按开放式编码提及人数多少排序分别为专业能力、指导学生、课堂教学、教学改革和科学研究。

（一）专业能力

专业能力是指从事某种职业所需要具备的知识、经验与技能，主要集中体现在专业基础知识、专业技术能力、专业建设能力、精品课程建

---

❶ 李德方. 做一个胜任的校长：高职院校校长胜任力研究［M］. 北京：知识产权出版社，2015.

设能力和行业影响力等方面。❶在访谈中，专业能力提及的人数和次数都是最多的，为13人（28人次），可见是体现教学名师能力素质最重要的指标。高职院校教学名师"专业能力"方面的能力素质内涵主要体现如下。

1. 专业基础知识

专业基础知识是指某一专业在一定范围内相对稳定的、系统化的基础知识，包括这一专业的主要常识、基本理论和核心原理，是专业能力的内在表现。扎实的专业基础知识是教师开展教学科研工作的基本功，也是获得学生认可的前提。

C2：教师的教学必须要过硬，专业基本功必须要扎实。通过教学要让学生有所得才行。如果一个老师专业基础知识不过关，课堂上得不到学生的认可，那可以说是失败的老师。

L2：所谓名师，首先要有扎实的专业基础知识。如果没有专业知识做支撑，学生不可能会认可你，更别提会喜欢你的课，名师也是名不副实。

这两名教师不约而同地用了差不多的语言表达了上好每一门课是一名教师最首要的任务，扎实的专业基础知识是教师专业能力的基本体现。其中，教学名师L2虽然已担任高职院校校长，但还是坚持在教学第一线，认为专业基础知识对于一名教师，尤其是一名教学名师具有毋庸置疑的重要性。

2. 专业技术能力

高职院校教师具有"学术性"和"职业性"的特点，要成为一名优秀的高职院校教师必须具备良好的专业技术能力。

G2：高职院校老师这个职业很特殊，站讲台能教书是必须的，但光会教书还不行，专业技术还必须要好。我们的主要阵地是实训室，那里是真正的科创环境，实践能力是职业教育最核心的能力。

教学名师G2提出高职院校教师不仅要拥有扎实的专业基础知识，

---

❶ 濮海慧，徐国庆. 基于教学场的职业院校教师专业能力发展模型［J］. 教育理论与实践，2017（6）：22-25.

同时还要具有良好的专业技术能力，将理论知识和实践能力有效结合，更好地服务教学，培养学生的动手能力和创新意识。

3. 专业建设能力

专业建设对于高职院校的重要性不言而喻，访谈的高职教学名师几乎都参与了专业建设并担任主要负责人，创建新兴专业，建设品牌专业，更好地提升学生的专业能力，满足经济社会发展对技术技能人才的需求。

Z4：现代纺织技术这个专业名称是我们学校率先起的，现在教育部定的专业名称就是现代纺织技术。这个专业就像我们的孩子一样，是我和同事们一步一步把它建成的。我们学校从1990年开始招五年制的大专，到1999年开始招三年制的大专。这个专业该有的荣誉我们都拿到了，包括国家级的试点专业、国家级的重点专业、精品专业、示范专业、省级的品牌专业、国家级的和省级的实训基地、国家资源库等。现在，在全国范围内只要说到纺织专业，大家都知道我们学校很强。

教学名师Z4从无到有创建学校的现代纺织技术专业，把它当作自己的孩子精心培育、不断创优，最终把该专业建设成为国内一流水平，成为学校的"名片"，培养了众多优秀的专业人才。

G1：江苏省教育厅新一轮品牌专业建设，全省83所高职院校中73个品牌专业立项，我校软件技术专业位列其中，而且是A类专业，四年投入1400万元，建设力度是非常大的，学校对我们这个专业的要求也非常高。在整个专业建设过程中，我一直充当专业带头人的作用，从最初的校级专业建设到示范性专业建设，一直到国家级示范重点专业建设，从来都没有离开过。我们通过不断梳理、丰富、充实专业建设的内涵，让专业更加适应学生的发展需求，在全国同行业中都产生了较好的影响。

教学名师G1抓住江苏省品牌专业建设机会，不断丰富充实软件技术专业建设内涵，带领学校软件技术专业不断成长，实现了从校示范专业到省品牌专业，再到国家示范重点专业的华丽蜕变，也体现了该名师的专业建设能力。

4. 精品课程建设能力

精品课程是以培养高质量专业人才为目标，集优秀教师和优质教学内容、教学方法、教材于一体的示范性课程，精品课程建设是促进教学改革、提升教学质量的重要措施。❶ 访谈中发现不少教学名师多次主持精品课程建设，结合所在高职院校学生的特点和教学需求创新课程体系。

X2：我们一方面要搞最传统的，如非物质文化遗产、纯手工类的文创等。因为随着人工智能的发展，大量的劳动力会解放出来，人们在闲暇时会更关注艺术文化领域。另一方面要搞最先进的，我们学院的动画专业把动画技术和人工智能技术结合起来，形成国家级重点专业和国家级精品课程。所以说，我们一方面要朝高科技的方向发展，另一方面要朝纯手工方向发展，把现代服务业、文化旅游业和这两方面的产品技术结合起来，才是未来精品课程的发展方向。

教学名师 X2 不仅把产学合作、工学结合强的动画专业建设成了国家精品课程，还关注行业的发展潮流，锐意创新，不断融入新的技术，保持了精品课程的可持续发展，培养了综合能力强的专业性人才。

Z4：我们做精品课程基本上是按照工作过程系统化的理念，从低级到高级来开发课程，就是典型的根据工作任务来开发课程。我们重新修订的课程体系已经找不到任何学科的痕迹，脱离了传统本科高校的教学模式。

教学名师 Z4 根据高职院校学生的培养特点，创新性地将学生今后就业的岗位任务设计成教学任务，以工作任务的方式进行教学设计，进行以任务为导向的课程教学改革。

5. 行业影响力

影响力简单地说，就是指一个人在与他人交往活动中影响和改变他

---

❶ 袁明，刘伟杰. 互联网+环境下的高职精品课程建设 [J]. 计算机时代，2018 (4)：65-67.

人心理及行为的能力。❶ 高职院校的教学名师不仅是学校教师的学习榜样，发挥着专业成长引领和示范的作用，而且在各自行业领域中也具有一定的影响力。

Z1：我们的设计专业是江苏省优秀特色专业，也是整个示范高职园区的建设项目，在全国纺织品设计专业中还是比较有影响力的。我现在是全国纺织服装职业教育教学指导委员会的委员，基本上每个学校要编写教材或者制定专业标准，都会邀请我去跟他们一起研讨。

Z5：我们园林专业在全国行业内是走在前面的，基本上处于老大的位置。我们提出了很多的理念和举措，在全国都具有影响力。我现在是全国林业职业教育教学指导委员会的委员，同时也是住房和城乡建设职业教育教学指导委员会的委员，这两个委员会中的园林类都是我牵头负责的。

很多名师都在本领域的行业协会中担任一定的职务，有利于掌握本行业发展方向和热点问题，进而指导学校专业建设，保证学校专业在全省甚至全国行业领域中占据领先位置。

基于以上原始数据的分析和凝练，本研究将高职院校教学名师能力素质主要特征要素——"专业能力"定义为：从事某种职业所应具备的专业知识、专业技能与专业经验的内在能力和外在表现。

（二）指导学生

学生是教学活动的对象，学生成长是教学活动的中心目标。高职院校的学生生源复杂多样、素质参差不齐，在一定程度上加大了指导学生，尤其是培养优秀学生的难度。❷ 访谈中共有12人（23人次）提到指导学生是体现教学科研能力的核心因素。高职院校教学名师"指导学生"方面的能力素质内涵主要体现如下。

1. 帮助学生提升专业自信

专业自信是反映学生对自己专业信任程度的心理特性，会影响其学

---

❶ 李德方. 做一个胜任的校长：高职院校校长胜任力研究［M］. 北京：知识产权出版社，2015.

❷ 孔英. 针对当前高职生源现状保证人才培养质量的思考［J］. 泰州职业技术学院学报，2017（6）：18 - 20.

习、生活、工作等行为。❶ 高职院校的生源质量比较差，学生的专业自信普遍不足，大大影响了他们的学习与成就。提升学生专业自信，引导学生成长是高职院校教师需要着重考虑的问题。

Z1：高职院校的学生有学习成绩好的、动手能力强的，但这样的学生比较少。就算有些成绩比较好的学生，也因为高职生的身份往往表现得自信不足。怎么办？我就经常组织学生参加技能大赛，通过在大赛中取得好成绩来提升学生的自信心。特别是充分利用每次竞赛领奖的机会，采取一些有仪式感的方式，让学生切身感受到颁奖气氛，去分享大奖带来的成就感，学生的专业自信心能得到极大提高。

教学名师 Z1 经常针对全国、省市级技能竞赛组织学生开展培训，并带领他们取得了不少好成绩。这样的竞赛锻炼不仅提高了学生的专业能力，也提高了他们的专业自信，并不断形成正向循环和正面影响，有更多的学生，积极参加各类专业技能竞赛，取得更多更好的成绩，从而实现高质量就业。

C2：我有个 2006 年毕业的学生，基础学科成绩很差，他是以班上最低分考进来的，数学课的成绩总是不及格。他也经常和我说实在学不下去了，要退学。我就找老师和同学对他个别辅导，帮助他坚持学下去。同时，我还不断拿他的优点鼓励他，比如在同学面前表扬他动手能力强、与人沟通能力强等。假期我还把他推荐到镇江市农业科学院进行实习、勤工俭学。后来他慢慢就找到了自信，开始努力学习，毕业后成功应聘到镇江市农业科学院工作，现在发展得很好。

教学名师 C2 不仅教学优秀，班主任工作做得也非常出色，她带的班级多次荣获全国、省市优秀班集体。因为她对每一位学生都充满着爱和引导他们成长的使命感。她觉得每位学生都有优点和长处，作为老师就是要去发现和放大这些优势，培养和提升学生的信心，最终帮助他们找到自我发展的力量。多年的实践结果也证明她是对的。

---

❶ 覃维昆，易著梁. 高职专业教学与培养高职生自信心的途径探讨 [J]. 创新，2009，3（12）：91-93.

2. 指导学生明确职业规划

职业规划是个体对其职业生涯进行系统地、持续地计划过程。[1] 良好的职业规划有助于学生明确学习目标，激发学习热情。

C2：记得有个学生叫××，他的成绩是我班上最好的。高考失利上高职始终让他心有不甘，想要退学，回高中复读。我和他说，老师不是反对复读，而是觉得复读心理压力比较大，况且他家里经济条件不太好，所以复读风险较大。条条大路通罗马，在高职院校只要努力一样能成才。然后，我帮他分析了他的特长和今后的职业发展，让他安心学习。后来这个学生成绩很好，拿了各种技能大赛奖励，毕业后就业也很好，现在收入比我都高。

根据学生的成长经历、学习情况，分析并指导学生规划职业生涯，是众多高职教学名师将自己对职业教育事业的信念转换为对学生深切关爱的主要体现。

基于以上原始数据的分析和凝练，本研究将高职院校教学名师能力素质主要特征要素——"指导学生"能力定义为：在专业发展和职业规划上进行有效指导，帮助学生增强自信，获得自我发展动力的能力。

（三）课堂教学

课堂教学是当前教师向学生传授知识和技能最为普遍的方式。[2] 访谈对象中大部分教学名师坚持在教学第一线，共有10人（30人次）提出课堂教学是名师核心能力素质。虽然教学名师大多都兼任着重要的行政职务，承担着大量的管理工作，但他们仍然坚持走进课堂，给学生们上课，带他们做实验，指导他们毕业设计。高职院校教学名师"课堂教学"方面的能力素质内涵主要体现如下。

1. 坚守课堂教学第一阵地

课堂是高职学生学习的主要阵地。教学名师都把提高课堂效率，提升教学质量作为服务学生教育的重要途径。

---

[1] 乐优捷. 高职院校学生职业生涯规划存在的问题及对策研究 [J]. 产业与科技论坛, 2018, 17 (7): 199 - 200.

[2] 曲世卓. 高职课堂教学创新的思考 [J]. 中国成人教育, 2008 (2): 128 - 129.

Z3：课堂教学是名师的首要任务。我觉得作为一名教师最首要的任务和职责就是上好每一门课和每一堂课。你在课堂上的表现、课堂教学效果以及学生的课堂接受能力都是考量教学名师最重要的指标。

W2：虽然我承担了大量的行政职务，但仍然坚持教学，要走进课堂，要和学生在一起，在教学上投入时间和精力，这是作为教师的第一责任。

教学名师们基本都认同"课堂教学是教师的第一责任"，在他们的职业生涯中，都在课堂教学上面投入了大量的时间和精力，也是出色的课堂教学能力，让他们成为一名受学生认可的好教师。

2. 保证课堂教学高质量

俗话说："台上一分钟，台下十年功。"教学也是如此，要实现课堂教学高质量，在备课、教学方法、教学手段及教学工具的运用等方面，都需要教师精心准备和设计。

C2：我那个时候每上一次课都要做很多准备，到图书馆查很多资料，写备课笔记。笔记全部是手写的，每页旁边留了很宽的一栏用于写备注，查到相关的资料或是后来自己的思考都写在那里，具体到我这句话重点在哪里，语气应该怎么转折，等等。可能学生根本意识不到这中间的区别，但是我自己觉得心里踏实。

L2：作为教师来说，就应该把每一堂课精心备好。我除了理论知识的准备，还会把自己工程设计当中的一些项目、最新的科研成果、最新的典型案例融入课程传授给学生。我有时看到一个新的应用就会临时调整上课内容，及时和学生分享，学生的兴趣一下就提高了。

现在让老师们最开心的是课堂上学生跟着老师的思维走，每堂课结束后，学生都能学有所获。但这样一个最简单的要求往往需要老师们付出成倍的时间和精力来备课。备课充分是保证课堂教学质量的基础和前提。作为教学名师，不仅应根据教学对象、教学目标选择合适的教学内容，还要结合专业发展的热点不断更新和完善教案。❶

---

❶ 李诺娅. 高职备课的几个重要环节 [J]. 武汉电力职业技术学院学报，2007（1）：4－6.

Z3：要想做一名优秀教师必须要有好的课程，信息化的教学是硬件条件。我经常把药物反应这样一些难以表述的知识借助动画方式很直观地展示出来，便于学生理解和记忆，教学效果比较好。

C1：我们的大数据平台已经运用到课堂上，上课的时候我可以运用微信签到随机点名。这个平台也会自动发短信提醒学生不要上课迟到。如果学生旷课，系统会发旷课通知给学生。如果学生迟到三次，就会自动发给他的辅导员；如果学生旷课五次，就会发到管学工的书记那里，同时也会发给学生的家长，起到预警作用。同时，平台还有成绩管理等功能，只要把成绩输进系统数据库，成绩报告单就自动生成发给学生。所以我们现在都是通过信息化系统来进行精准教学管理的。

随着信息化技术的不断优化，教学名师很善于依托先进的教学软件和信息系统来呈现教学内容，激发学生学习兴趣，提高课堂教学效果和教学管理效率。

C2：高职学生的文化课基础比较差，但作为老师不能一味地抱怨，而要针对学生的特点调整自己的教学方法。没有教不好的学生，只有不努力的老师。老师应因材施教，让学生至少能够在某一方面有所收获。

W2：采用适当的教学方法对高职院校的学生来说尤其重要，要有利于他们接受。比如，针对课堂上很多学生看手机这个问题的处理，不能简单粗暴地不让学生用手机，脾气急躁的学生可能当场就会跟老师动手。有不少学校采用设置临时手机存放点的方式就挺好。老师如果采取了不恰当的方法，既不能解决问题，还往往会把自己逼到非常尴尬的境地。我觉得成为一个好老师，采取科学的方法是很重要的。

教学方法是实现教学目标、保证教学质量最根本的途径。适合的教学方法是最好的，所谓"适合的"是要适合教学对象、适合教学内容。[1]因材施教，有的放矢，是教学名师在谈及教学方法时都重点强调的一点。

D1：现在很多年轻的高职院校教师都是硕士生、博士生，都经历了

---

[1] 何婷婷. 高职教学方法改革探讨［J］. 文化创新比较研究，2018，47（11）：96－98.

学术型培养，但他们熟悉的那些教学方法可能到高职院校就不太适合了。针对高职学生应该以应用实践为主，所以我上课的时候都是边讲解边教学生去做。

Z5：在上课的时候，我会把自己的设计经验跟学生分享，他们很感兴趣。一定要调动学生的学习兴趣，光是干巴巴地讲课，是不受学生欢迎的。我特别注重跟学生交流，很自豪地说，我上课的时候，没有学生低头看手机。

W3：我带学生做实训的时候会安排一些成绩好的、能力强的同学去当小导师。每当有学生遇到问题解决不了时，就让他们去处理。发现问题并解答问题是最能锻炼人的。如果他把这些问题都解决了，那专业能力也得到了提高。如果实在解决不了，再来问我。通过这种方式学生们都觉得在课堂上很有收获。

高职院校人才培养的职业指向性较强，很多教学以实践、实训类为主，教学名师们在授课中注重理论结合实际，精心设计教学方案，引导学生参与课堂教学，在传授专业基础知识的同时也增强了学生的专业见闻，提升了学生的专业技能，积累了学生的专业经验。

3. 及时沟通反思改进教学

自我反思是教学过程的一个必要环节，是教师积累教学经验、提高教学质量的重要途径和方法。❶ 不断进行教学反思，及时发现问题、解决问题，实现教学相长。

C2：我认为教师的核心素养就是方法，跟学生的交流方法很重要，不能简单粗暴地说教，要从学生身上找闪光点，找到共同的话题，这样才容易听到学生的真实想法，有助于及时了解学生的学习情况，调整教学方法，提高课堂教学的效果。

L2：我经常在教学后进行反思：这堂课讲完跟我预想的讲法有没有差距，互动效果怎么样，学生是否真正掌握了课堂教学重点。我也会找机会和学生沟通，主动了解学生掌握知识的情况。这是教师应该经常去

---

❶ 张翔. 教学反思：引领高职院校教师专业成长的核心因素［J］. 教育与职业，2008（29）：23-25.

做的事。

名师们在教学实践中主动与学生沟通，及时了解学生掌握情况，捕捉学生反馈的有效信息，进行教学反思并有针对性地改进教学方法，保证课堂教学质量的可持续性提高。

基于以上原始数据的分析和凝练，本研究将高职院校教学名师能力素质主要特征要素——"课堂教学"能力定义为：以课堂为主阵地，以高质量教学为目标，持续改进教学方法，开展教学活动的能力。

（四）教学改革

教学改革是以学生为中心、以育人成才为目的进行的有关教学计划、内容、任务、方法、制度等方面的改革，深化教学改革是提高教学质量的有效途径。[1]访谈的教学名师中有9人（22人次）提及教学改革，高职院校教学名师"教学改革"方面的能力素质内涵主要体现如下。

1. 科学修订人才培养方案

根据学情不断修正人才培养方案是实现高职院校人才培养目的的根本，也是实现教学改革的前提。[2]访谈中，教学名师都能根据学生的实际情况，结合企业、行业及社会需求的变化，科学修订"因材施教"的人才培养方案，激发学生的学习动力。

C1：关于人才培养方案，我们一直在改革。因为我们现在招生是有各种批次的，学生的文化基础是参差不齐的，基于这种情况，我们对英语、数学、体育学科设置了分层教学。

G1：高职院校培养的学生有明确的就业方向。2007年，我们提出软件专业的人才培养模式，叫作"职业情境、项目主导"。职业情境就是通过模拟真实的企业职场氛围和管理模式，提升学生职业适应能力；项目主导是以真实项目为载体，带领学生在项目实施的过程中，培养他们软件开发的能力。

---

[1] 罗萍，刘杨武."项目化教学"在高职教学改革实践中的效果探讨[J]. 新课程研究（中旬），2017（4）：111－112.

[2] 雷军环，谢英辉. 高职职业核心能力"渗透式"培养教学体系的构建与实践[J]. 教育与职业，2011（36）：99－101.

2. 创新教学模式和方法

以目前高职学生的生源质量，还按照以往高等教育精英模式来开展教学是不可取的。课堂上的大量讲述式授课已被证明教学效果不好，必须找到跟学情对路的方法，选择合适的内容，用学生能够接受的教学方式才可能有效开展教学，培养合格人才。教学名师积极探索并尝试了各种教学方法。

Z4：学生在课堂上坐不住，有效听课时间不会超过10分钟，那么课堂上就讲10分钟。然后让他反复动手练习，给他分析错在什么地方，如何提升。让学生在练习过程中发现问题、分析问题、解决问题。

W2：现在校内校外都可以使用在线开放课程。根据课程编写教材，扫个二维码就可以看到整个课程。每一个小的知识点也都设定了二维码，有的是动画，有的是视频，有的是PPT，教学效果很好，学生觉得很有意思，也便于他们提前预习和复习。运用在线开放课程以后，师生都感觉上课比以前轻松高效了。

C1：我把上课所有的活动、要创设的情境、学习的资料以及个人的上课录像等在上课之前推送给学生，实际上就是微课，一般都不会超过两分钟。我要求学生通过微课先预习，在课堂上主要就是讨论怎么去做。我们还使用手机抢答问题，将答案投影出来，提高学生的积极性。

信息化时代，学生都喜欢用手机，强制限制使用手机，效果并不好，那么可以借助这一事实进行微课、在线课程建设。通过开放在线课程、翻转课堂等方式，提高学生的学习兴趣，保证教学效果。

Z5：2006年，我根据企业化的模式建立了园林工作室。每个工作室设1位主设计老师，2~3位副设计老师，引入真正的设计业务让学生参与完成。通过这种模式，我们培养出一批优秀的设计人才，每次国家级园林规划设计技能大赛，我校基本都是第一名。后来根据这种教学模式，我们还成功申报了国家教学成果奖。

教学名师Z5组建的园林工作室将理论教学、实践教学及生产融于一体，这样的教学模式充分调动学生的学习动力和创造性，教学效果也被证明是很有效的。

Z6：我们把营销教学摆到实践基地来上，尝试了承包经营的教学法，让学生直接参与生产和销售。比如让学生承包卖花，我们卖给学生的价格是3元，学生可以上街去卖，超过3元以上的都归学生自己，卖不完的花再退还给我们。这给了学生实践的机会，学生从养花到卖花的整个生产销售过程都参与了，以后自己创业就有基础了。

教学名师Z6设计实践教学，让学生以创业者的身份经历整个生产和销售过程，通过实践切实提高学生对自己专业知识的理解，培养学生的职业技巧和职业道德。

C1：有些学生在理论学习方面能力较弱，但动手实践能力强，根据这种情况，学校成立了很多专业社团，让学生通过参与科技创新和技能大赛、申请专利、发表论文或得奖，都可以拿到相应学分，去兑换基础课程学分。学校通过这种方式来激发学生的学习积极性，争取不让一个学生掉队。

高职学生的基础理论学习能力相对较弱，很多学生怎么都学不好数学、英语等基础课程，教学名师C1提出的学分兑换系统有效解决了这个问题。

3. 积极探索实践教学新模式

实践教学是与理论教学相对应的一种教学活动，是加深学生对专业理论的理解、培养学生职业技能的主要手段，是高职院校教学的重要组成部分。❶ 针对不同的专业特点，教学名师创新提出了各种实践教学模型和教学体系。

W1：我们做了一个电子商务的立体化实践教学模型，提出了三个维度的实践，包括感知实践、课程实践和角色实践。感知实践主要是学生对这个专业的感知，包括认知实习、参观企业等；课程实践主要是和课程项目结合起来的一种实践，结合企业需求真题真做；角色实践是学生以企业人的身份进入企业开展实践，比如临岗实习等。

---

❶ 顾泽慧，张静秋. 校企双主体办学背景下高职实践教学体系的构建［J］. 职业技术教育，2017, 38 (11)：21-23.

教学名师 W1 提出的电子商务三维度立体实践教学模型，为学生获得职业认识、职业技能和实际的从业能力提供了有效途径，该模型目前已被很多高职院校采纳。

G1：我们提出了"项目载体，能力递进"的实践教学体系，包括四个层次的实训体系：第一个层次是校内的技术平台实训基地；第二个层次是校企联合建设的一些工作室，以项目承包的方式让学生去体验软件产品开发的过程和要求；第三个层次是校企合作的虚拟公司，学生在虚拟公司不同的岗位去做相应的工作；第四个层次是组织学生到企业去实习。

教学名师 G1 将高职院校进行实践教学的四个主阵地进行了有机结合，提出了一套具有递进性的实践教学体系，结合社会和企业的实际需求，培养了一大批职业能力出众、适应能力强的实用型职业人才。

基于以上原始数据的分析和凝练，本研究将高职院校教学名师能力素质主要特征要素——"教学改革"能力定义为：围绕提升教学质量、培养优秀人才而进行的有关培养计划、教学模式、教学内容及教学方法等方面的改革创新能力。

（五）科学研究

科学研究是指为了增进知识，包括关于人类文化和社会的知识，以及利用这些知识发明新的技术而进行的系统的创作性工作。[1] 作为高校三大职能之一，科学研究是有效促进教学、提高人才培养质量、高质量开展社会服务的重要支撑，也是高职院校教学名师重要的能力素质，访谈中共有 9 人（14 人次）提及。其内涵主要体现如下。

1. 融合教研，服务教学

教研和科研从研究的对象、目的、内容、过程及成果的应用范围来看，虽然有着诸多区别，但很多方面又是相辅相成的。应该注重有机融合，以科研带教研，以教研促科研。

T1：科研对于高职院校教师来讲非常重要。一般来说，如果老师科

---

[1] 周苏. 以科学研究促进教学进步 [J]. 计算机教育，2008，75（15）：146–147.

研能力不行，教学也好不到哪里去。做科研需要掌握很多的学科知识和了解现在行业的发展，无形中就会反馈到你的教学中。如果只依照两本书的内容讲课，你的课肯定讲不好。

W3：高职院校老师做科研一定要跟企业需求紧密结合，为企业解决实际问题。反过来，这些都会成为你的教学资源，都可以融入平时的教学中，提高教学效果。

做科研必定要对研究的问题进行调查、讨论、分析、验证，这些都需要对已有知识全面梳理和综合利用，并在创造性工作中不断完善知识结构、增进知识储备。[1] 教学名师们善于将科研过程、科研成果以及经验体会运用于教学，从而提高教学的深度和广度。

2. 成果转化，促进产学研合作

相对于本科院校，高职院校教师的基础研究能力薄弱，要获批省部级以上纵向课题的难度非常大。但高职院校教师的应用实践能力比较强，相应的行业背景也是其优势，联合企业申报高层次项目是很好的方式。联合项目的成果转化也更有利于产教融合，促进产学研合作。

X2：在与某企业多年实践合作的基础上，我结合企业发展需要与企业联合申报并成功拿到了江苏省科技支撑项目。这个项目在常州市每年不超过十个，申请难度还是非常大的。

Y1：我拿到过两个科技部项目，个人科研到账经费大概占学校到账科研经费的60%~70%。这主要得益于我与企业的紧密合作，我的研究方向也都结合企业生产的实际需求，研究成果都能很好地改良企业的生产技术，促进企业的改造升级。

教学名师们利用高职院校的行业优势，联合企业有针对性地申报纵向课题。虽然难度大，但通过不懈的努力和精心的准备，大部分访谈名师都有省级以上研究课题，反映出他们在科学研究方面的能力。

基于以上原始数据的分析和凝练，本研究将高职院校教学名师能力素质主要特征要素——"科学研究"能力定义为：利用一定的科研手段

---

[1] 郭长平. 高职院校教师科研能力提升的路径研究［J］. 浙江工贸职业技术学院学报，2012（4）：27-30.

和装置进行创新性活动，为创造发明新产品和新技术提供理论依据，服务于人才培养和经济社会发展的能力。

二、管理能力

管理能力是管理力量的统称，是管理手段的综合体现。访谈的教学名师大部分都是校领导、职能部门领导、教研或科研团队的负责人，身处领导管理岗位。访谈中共有19人（108人次）提到管理能力是教学名师能力素质的核心要素，其包含的开放式编码按提及人数多少排序分别为领导团队、沟通协调、统筹规划、合作分享和执行能力。

（一）领导团队

领导团队是指建设、管理团队，为团队提供指导，制定长远目标，处理团队问题，协调团队资源，追求团队效益的最大化。❶"领导团队"这一教学名师核心能力素质在访谈中共有16人（46人次）提及，其内涵主要体现如下。

1. 具有敏锐的观察能力——眼力好

眼力好的表现之一是指能十分清楚地了解团队成员的特长和弱点。教学名师们在组建团队时就要清楚地了解每个成员的特长，工作中根据成员的特点分配任务，"好钢用在刀刃上"，最大化实现每个成员的价值，圆满完成团队任务。

W2：在带团队的过程中有一点很重要，就是要了解每个团队成员的特点。我们团队经常要报项目，我就很清楚有的人适合做前期工作，有的人适合具体落实，有的人适合总结展示，每个人特长不一样。

G2：我们团队也不要求每个人什么都强，我比较清楚每个人的强项和弱点，在工作中我们经常能够互补，团队的发展也是比较好的。

眼力好的表现之二是指能够洞察业界的研究热点、发展方向。教学名师一般都具有强烈的职业敏锐性，能根据行业发展趋势建立合理有效的发展目标，形成可行的战略规划，保证了团队的竞争力和可持续

---

❶ 李方桥，谭爱华，徐刚. 高职院校教学团队建设探索与实践：以湖北三峡职业技术学院名师工作室为例 [J]. 现代农业科技，2018（5）：263 – 264.

发展。

C1：平时我比较注重行业发展的变化，也经常和大家谈论，整个团队具有良好的创新思维，而且敢于担当和突破，所以我们团队一直保持着竞争优势。

G2：产业结构需求决定我们培养的人要转型升级，我们的教学团队也要不断转型升级。我们团队现在的最新定位是从教学型团队向科技创新型教学团队转型，核心竞争力是科技。

2. 激发成员热情，增强团队凝聚力——魅力足

魅力足，就是以良好的形象和个人魅力团结凝聚团队成员，发挥每位成员的优势特长，激发他们的工作热情，帮助他们自主成长，营造整个团队团结协作、温暖和谐的氛围，促进团队的良性发展。

C1：我们学校有一位老师，普通话讲不好，也不善于跟学生交流，曾经上课时被学生轰下台，当时他很沮丧，心灰意冷。但他实践经验很丰富，动手能力很强。我果断把他拉入我们团队，充分发挥他的优势和特长。几年下来，他已经成为我们团队的骨干成员，很多重要的任务都通过他完成了，也取得了不少成绩。

G1：我觉得身体力行很重要，自己一定要带头做，不能光指挥别人做。我一直以来都是带着我们软件专业的老师干活儿，他们干，我也干，有时候我比他们干得还要多，这就为别人树立了榜样。我就是老教师带出来的，目前也一直在带年轻老师。2009年，我们团队成为国家级教学团队。

"其身正，不令而行；其身不正，虽令不从。"教学名师们一般在团队中都立足一线，身体力行，以其对工作的热情与投入带动团队成员。

Z1：上升到名师这个层次后，还要更多地关注对年轻人的培养，就是用自身的正能量带动或者影响周围的人。年轻人喜欢跟我在一起，尤其是新加入团队的老师，他们觉得我身上散发出来的正能量还是比较多的。我对年轻人的成长也会很关注，经常带着他们一起做一些重大的项目。

D1：原来团队写申报材料都是我执笔，但是这次我没有执笔，只是

从中指导和提供一些想法。虽然我对他们写的材料不十分满意，但这总有一个过程。我的想法主要是培养新人，如果我自己还在执笔，那么新人永远锻炼不出来。经过这两年的培养，他们的写作水平已经慢慢提高了。

"传、帮、带"是年轻教师快速成长的有效途径，有利于缩短与团队的磨合期。教学名师重视并积极培养年轻教师，在帮助年轻教师提升专业能力、快速融入团队、形成团队认同感和归属感方面做了很多工作。

G1：我常常帮助团队里的年轻老师策划一些项目，并帮他们反复修改申报书。其中一些项目获得国家级和省级的教学成果奖，但在申报成果奖的时候，我把荣誉都给了他们，希望能够给年轻人更多的成长机会。

Z6：我们团队的成果还是比较多的。在奖励的分配上，我们的原则是多劳多得、公平分配，特别是对于一些年轻人，要充分认可他们的工作，多鼓励和帮助他们，所以我们团队的士气一直比较高，也非常团结。

做事公正、乐于奉献，是一个负责人获得团队成员尊重与配合的关键。教学名师们一般都能很好地处理个人利益和团队利益的关系，甚至甘于做幕后英雄，把更多的机会和荣誉让给团队成员，特别是年轻人，极大地凝聚了人心，增强了团队的凝聚力。

3. 决策坚决果断，不拖泥带水——魄力强

魄力强，就是处理问题时，能忽略不重要的细节，从整体着眼做出正确的判断和选择，一针见血切中问题要害，作风果断。

G2：我们团队的核心竞争力是科技，现在的名字叫科技型教学团队，最早是教学型团队，两者的工作重点区别还是蛮大的。当初准备转型时，很多老师意见保守，觉得有风险，难以操作，不愿改变。但我觉得不转不行呀，社会在变，科技在发展，不转的话我们团队发展空间小，迟早要被别人超越。在我的坚持和努力下，实现了团队转型。目前来看，走这条路是对的，团队的科技实力和社会服务能力都增强了不少。

教学名师 G2 在团队转型过程中坚持自己的思路，积极和团队成员沟通，分析团队的发展方向和潜在的问题，转型虽然困难但坚决推进。转型中有些老师意见不一，退出了团队，但后来又认可了团队的发展方向重新加入了团队。

基于以上原始数据的分析和凝练，本研究将高职院校教学名师能力素质主要特征要素——"领导团队"能力定义为：善于为团队制定长远发展目标，带领和培养团队成员，整合团队资源优势，激发团队凝聚力，实现团队可持续发展的能力。

（二）沟通协调

沟通协调有助于教学名师妥善处理日常工作中的各级关系，是做到上下一心、内外齐心，协调各方资源做成事、做好事的基础。❶"沟通协调"这一教学名师核心能力素质在访谈中共有 14 人（24 人次）提及，其内涵主要体现如下。

1. 积极沟通

积极沟通是指重视沟通且乐于沟通，以获得良好的沟通效果为导向，保持积极的心态并不懈努力。

L1：我要求老师主动和别人沟通，让别人去认可你。只有大家公认你优秀，你才是真的优秀。如果有了成果，你不去介绍它，不会很好地展示，别人是不会知道的，更别提得到别人的认可。酒香也怕巷子深，所以我觉得要借助各种机会去交流、展示、沟通、介绍，在被别人认可的同时，我们也获得了更多的合作机会。

积极沟通，努力与他人建立联系，主动进行成果展示，容易获得别人的认可，为教学名师 L1 自己及团队争取了更多的机会。

G2：在学校领导的支持下，我带领的专业发展得很好，但其他专业的带头人有意见了，说"领导只关注你这个专业，我们专业都没法发展了"。为了平衡这个矛盾，我主动和其他专业带头人沟通，跟大家分享我的经验。现在不和谐的声音没有了，其他专业发展得也不错。

---

❶ 徐艳. 职业院校教师沟通协调能力构成的研究［J］. 辽宁高职学报，2012，14（6）：82－83.

重视沟通，可以帮助解决工作中与他人的误会或是矛盾。教学名师G2所带领的专业团队在全校范围内最先获得学校领导支持，发展势头良好，但也出现了一些不和谐的声音。该名师没有选择回避，他以积极的心态主动和其他专业负责人沟通，分享经验，促使大家共同发展。

C2：我记得1997届高职毕业生中有两位学生竞争一个留校名额，她们都很优秀。一位学生老家是北方的，家庭条件比较困难；另一位学生是我的老家镇江的，她的叔叔是我的校友，当时任镇江市政府办公室主任。我没有直接做选择，而是和她们分析了各自的特长和今后可能的职业发展，避免任何一位学生因选择失败而可能出现的不平衡心态。最终更为优秀的第一位学生留校任教了，另一位学生没有任何意见，并且回家乡发展得也很好。

在遇到沟通障碍时，需要保持积极的心态和不懈的努力，而不是强权或回避。教学名师C2在处理两位优秀毕业生二选一留校问题时，没有利用手中的权力留下校友的侄女，而是通过积极沟通和不懈努力，帮助两位优秀毕业生选择了最为适合她们的职业道路。

2. 换位思考

换位思考是指改变以自我为中心的思维模式，从其他人的立场、角度和感受考虑问题，促进相互理解。

C2：现在的学生能接触的信息很多，外面的诱惑也很多，想让其认可自己作为学生最重要的任务是学习，作为老师还真的要好好动动脑筋。我认为，不要一味地讲道理，不能完全否定他们，可以尝试融入学生群体，了解并感受他们的真实想法，采用适当的方法慢慢引导。在我的课堂上，学生基本都不旷课，说明我的做法还是有效的。我也经常提醒班主任们这一点。

现在的学生自我意识都很强，教学名师C2鼓励主动融入学生群体，平等地与学生沟通，尊重学生的爱好，理解学生的想法，采用合适的方法有的放矢引导教育学生。她不仅自己做到这一点，还带动学院的老师都采用换位思考的沟通方式，取得了非常好的教育效果。

W3：我喜欢和学生聊天，通过聊天，慢慢地引导学生树立理想。

我在课堂上也经常结合学生的理想和他们聊现在国家的发展、产业的发展，让学生知道自己学这个专业将来会有什么样的发展，行业前景如何，职业晋升路径会是什么样的，具体工作是如何地有意义，等等。学生只有认识到专业前景好，他才爱学；只有觉得将来工作有意思，他才愿意学。

教学名师 W3 善于和学生沟通，引导学生树立理想，并从学生的角度绘制他们的职业蓝图，激发学生的学习兴趣，提高教学和人才培养质量。

3. 及时反馈

及时反馈是指重视获取的信息，及时处理，综合分析，并根据实际情况做出相应调整，确保工作顺利进行。

W3：我们学校有个分层分类培养制度，分层分类也是可以流动的。我尊重每一个人的特点，学生学习一段时间后，我会结合学生的成绩主动了解他们的想法和学习情况。对于好学生，好学的，我一定让你"吃得饱"；对于跟不上的学生，我让你不掉队。这就叫分层分类培养。

分层分类培养的前提是能清楚地了解每一位学生的学习情况。教学名师 W3 定期和学生沟通，及时获得学生的学习情况反馈，并以此做出适当的调整或采取相应的措施，确保每一位同学都不掉队，实现最大可能的因材施教。

基于以上原始数据的分析和凝练，本研究将高职院校教学名师能力素质主要特征要素——"沟通协调"能力定义为：善于换位思考，通过沟通赢得共识，处理各级关系，协调各方资源，促使事务朝着好的方向发展的能力。

（三）统筹规划

统筹规划就是为了完成某一目标而进行统一规划，制订合理的计划，优化资源配置，确保目标实现的科学方法，是一种处理种类繁多、错综复杂工作的有效方法。❶ "统筹规划"这一教学名师核心能力素质在

---

❶ 刘强. 加强职业教育统筹规划 促进经济社会事业发展［J］. 陕西发展和改革，2015 (2)：4-5.

访谈中共有8人（13人次）提及，其内涵主要体现如下。

1. 具有系统思维，善于顶层设计

系统思维是一种逻辑抽象能力，是基于系统论的一种思维方法，从对象的整体视角出发分析和认识对象内部各个方面的结构、功能及相互关系，也可以称为全局观或整体观。❶ 有了系统思维，才能抓住事物的要害，采取灵活有效的方法处理问题。

G2：学校整体全面发展才能实现办学效益的最大化，作为教务处长，我要考虑学校学科和专业的整体布局、发展，协调各专业发展不平衡的矛盾。

学校的整体发展和利益最大化是教学名师G2作为教务处长所要考虑的问题，她根据江苏省"十二五"建设专业群的精神，统筹全校专业设置，并在整体推进专业群建设的同时突出重点优势专业，协调好重点与普遍的关系，体现出教学名师在管理工作中的统筹能力。

Z2：我是团队的负责人，主要负责团队建设的顶层设计，重点把握整个团队的发展方向和项目的研究重点。

G1：我们团队的建设就是"三讲"，一讲专业，二讲课程，三讲人才培养。团队的顶层设计规划好了，团队成员就能很清楚团队的发展方向和重点，能更好地理解负责人的想法，让自己的努力方向和团队发展一致起来。

教学名师作为团队负责人，主要负责团队的顶层设计，明确工作的关键点，分配建设任务。明确了目标，行动就有了方向和动力。清晰的工作思路能对错综复杂的工作抽丝剥茧，便于管理者规划，进行合理分工，保证工作顺利进行并获得圆满的结果。

2. 善于战略思考，实现可持续性发展

战略思考是指基于宏观层面，为自身或组织的长期生存及不断发展而进行的总体性谋略，具有全局性、长远性及纲领性等特点。❷ 作为教

---

❶ 苗东升. 系统思维与复杂性研究 [J]. 系统科学学报，2004，12 (1)：1–5.
❷ 秦艳平，马松超. 论新时代领导者战略思维能力的培养 [J]. 决策探索（下半月），2018 (1)：56–58.

学名师，必须以国家发展战略需求为依据进行长远规划，这也有利于学校事业发展和教师的专业化发展。

Y1：作为负责人必须要做有心人，要时刻关注技术领域的新发展、国家的新兴战略技术产业。不管做精品课程还是申请教学成果奖，都要有结合国家发展需求的最新精神。

G1：教育部2002年提出两年制软件技术专业人才的培养试点工作，2003年就有35所职业技术学院获得试点立项。我们学校也有幸参与其中，这给我们学校软件职业的发展、人才的培养提供了比较好的平台。那个时候我经常到企业了解情况，就是为了提前做好专业建设的统筹规划。

计算机软件技术的发展很快，大大增加了制定具有前瞻性专业培养方案的难度。教学名师G1通过经常深入企业，及时掌握行业发展信息和社会变化热点，为培养优秀的软件职业技术人才提前布局，同时也保证了他所带领的软件专业可持续发展。

W2：注重长远规划是我一直的观点，我觉得做什么都不能够昙花一现，坚持积累才能一直做下去，才有生命力。

X2：实训平台建设首先要规划。怎么建？如何在全国处于领先水平？建完之后实训项目如何开展？如何运行？如何发挥作用？在运行过程中，机制如何实现创新？这些都是需要提前规划考虑的。

实训平台主要用于培养学生的动手能力与创新意识，是高职院校重要的教学平台。教学名师X2鼓励各位专业负责人在进行实训平台建设前，不仅要立足于当下教学的需要，还要有战略的眼光，从平台今后长远发展需求方面考虑规划，有利于实训平台的不断扩展和完善。

基于以上原始数据的分析和凝练，本研究将高职院校教学名师能力素质主要特征要素——"统筹规划"能力定义为：从整体和长远发展的视角出发进行思考、决策和规划，确保目标顺利实现和可持续发展的能力。

（四）合作分享

合作是指个人与个人、个人与群体、群体与群体之间为了实现某一共同目标而彼此配合的一种行为方式。分享是与他人共同享受幸福、快乐、经验、利益或共同使用同一信息、同一资源。❶"合作分享"这一教学名师核心能力素质在访谈中共有 8 人（13 人次）提及，其内涵主要体现如下。

1. 善于发现他人特长，取长补短

"业有所长，术有专攻"，每一位教师都有自己的特长。发现他们的特长，通过相互合作能有效提高工作效率和工作质量。

G2：当时有个退休教师，虽然是搞汽车内燃机的，但计算机很厉害。我把他拉过来管理数控专业机房，同时指导学生实训，效果还真不错。

2. 积极与企业合作，优势互补

高职院校现在特别注重校企合作，工学结合。学校和企业各自具有优势资源，合作分享有利于双方整合资源，形成优势互补，互惠互利。

L2：针对校企合作，我提出了一个模型，A 是学校，B 是企业，A + B 要发展到 $(A+B)^2$ 的关系，就是 A 变成 A^2，B 变成 B^2，不仅如此，还产生了 2AB 的融合效应。

教学名师 L2 将学校资源和企业资源分别设为 A 和 B，通过学校与企业的有效合作，资源的优化配置，能实现双方共赢。所以访谈中可以发现，教学名师普遍重视校企合作，也积极推进校企合作，取得了不少实质的成效。

3. 参与行业交流，共享成果

通过资源和成果共享也非常有利于推进行业协会成员之间的合作分享，有利于营造良好的行业交流氛围，促进行业发展。

Z4：作为全省纺织专业的领头人，我牵头组织了 4 次全国性纺织专业培训。全国几十家纺织专业强的学校相互联系都非常广泛，每年都要组织会议交流研讨，营造了非常好的行业氛围。同时通过资源和成果共

---

❶ 林立杰，钟全雄."分享与合作式"教学模式在管理类专业课堂教学中的应用［J］. 教育现代化，2017，4（19）：103-104，108.

享,我们的教学和科研水平都有了很大提高,在行业协会中的知名度也大大提升了。

教学名师Z4团队资源库中的几十门课在行业协会成员内全是共享的,一方面,促进交流共享,帮助提升其他成员单位的专业能力;另一方面,预示着时刻接受别人的审视和检验,迫使自己要根据行业发展不断更新和完善教学内容,有利于自己学校专业优势的保持。

基于以上原始数据的分析和凝练,本研究将高职院校教学名师能力素质主要特征要素——"合作分享"能力定义为:通过取长补短、优势互补、资源共享,形成合作共赢局面的能力。

(五)执行能力

执行能力是严格按照战略规划落实执行,完成预定目标的操作能力。[1] 执行能力是实现目标规划的关键,执行能力越强,个人或团队获得成功的可能性就越大。"执行能力"这一教学名师核心能力素质在访谈中共有6人(12人次)提及,其主要内涵体现如下。

1. 完成目标的行动力

对于个人而言,执行能力就是落实行动实现目标要求的能力,主要取决于个人的习惯方式、意志品质及性格特征。

T1:我从企业转来学校后,就对自己的职称评定做了一定的规划,要求自己五年内要评上教授。我一直朝着这个目标在努力,那个阶段非常投入,每天工作之余就是学习、实验、写论文、做课题。每一年、每一个学期、每一个月都有明确的任务,要求自己必须完成。最后,值得自豪的就是,我在一年后转评副教授,三年后被评为教授。

教学名师T1从企业转入高职院校工作后,以学校的标准严格要求自己,对自己的职称进行了高要求的规划,并落实到每一年甚至每一天的行动中,最终提前实现目标。在访谈中能发现,教学名师普遍拥有这种意志品质和行动力。

2. 攻坚克难的合力

对于团队而言,执行能力就是团结协作、攻坚克难的组织合力。一

---

[1] 胡润恒. 如何提升高职学院中层干部的执行能力 [J]. 办公室业务, 2014 (19): 18, 63.

个团队只有具有强大的执行能力,才能坚决贯彻团队的战略决策,面对问题迅速做出反应,在较短的时间内获得满意的结果,是整个团队凝聚力、竞争力的综合体现。

C1:当时学校决定搞试点,让我们学院组建团队开始自主研制化工专业的实训装备。说实话,这个任务很艰难。一方面,之前没有人做过,我们都不知道该怎么做,只能一步一步摸索;另一方面,也有很多老师不支持,因为要占据老师们很多时间和精力,也会很大程度改变他们的教学模式,所以一开始大家都不愿意。但我们几个核心团队成员没有泄气,我带着他们做,慢慢带动更多老师参与进来,花了两年的时间最终把实训装备研制出来,改变了我们化工专业的实训面貌。

教学名师 C1 组建的团队总是在学校下达任务后第一时间做出响应,敢于挑重任、啃硬骨头。在教学名师的带领下逐步形成团队共识,凝聚力量克服各种困难,最终完成任务。在这个过程中,团队的战斗力也日益增强。

基于以上原始数据的分析和凝练,本研究将高职院校教学名师能力素质主要特征要素——"执行能力"定义为:贯彻既定的战略意图,迅速落实到具体行动,实现预期目标的能力。

三、实践能力

实践能力是指教师将理论知识应用于社会需求、企业服务的能力。[1]简单地说,实践能力就是指教师的动手实践能力,是高职院校"双师型"教师的主要考核指标。作为高职院校教学名师的重要能力素质,其包含的开放式编码按提及人数多少排序分别为校企合作、企业实践和竞赛指导。

(一)校企合作

校企合作是高职院校与企业之间常见的一种合作模式,《教育部关于全面提高高等职业教育教学质量的若干意见》等文件提出要通过综合

---

[1] 颜炼钢. 高职院校专业教师下企业实践的问题及对策新探[J]. 教育与职业,2014(15):73-75.

协调优质职业教育资源，以服务为宗旨、以就业为导向加强校企合作，培养高素质技能型专业人才，实现校企双方可持续发展的目标。❶"校企合作"这一教学名师核心能力素质在访谈中共有12人（22人次）提及，其内涵主要表现如下。

1. 关注产业发展需求，科学制定人才培养方案

高职院校一向以培养产业需求的专业性人才为目标，在制定人才培养方案过程中，需要深入调研关注国家发展战略，明确本专业对应产业的发展需求与用人要求。

W1：我在上电商 ERP 课程时，每个学期都会带学生到企业去参观，看到企业的业务流程每年都在优化，管理软件都在升级换代。我们只有经常去这些企业调研，在做专业调整、人才培养方案制定的时候，心里才会比较有底气。现在我们的专业定位是面向制造业电商做调整，而不是和大部分国内高职院校电商专业一样定位在零售。

G2：高职院校的课程体系是专业人才培养方案的核心。那么课程体系建设的出发点在哪里？那只能从需求出发，通过到企业调研了解需求。

国家的发展战略、企业的需求是高职院校制定人才培养方案的依据。以上两位名师利用每学期带学生到企业实习的机会，关注产业和企业的发展需求，及时调整专业发展定位，形成别具一格的专业特色，从而拓宽学生的就业面，提高就业质量。

2. 明确企业实际用工需求，及时调整课程教学内容

高职院校讲授的知识应该"实用为本"，经常和企业沟通，明确企业实际用工需求，并以此修改、完善课程教学内容，有助于更好地培养实用性专业人才。

W2：高职院校的老师要能够给企业做项目，有了企业实践经验和案例，并拿到课堂上跟学生讲，并讲得生动，才能帮助学生理解企业的发展需要。所以老师要经常往企业跑，经常和企业沟通，这样才会知道

---

❶ 姚本斌，岑建辉. 基于"政校合作 校企合作"的中职优质资源共享模式的研究[J]. 当代教育实践与教学研究，2017（3）：144.

企业要什么，上课讲什么。

高职院校老师在课堂上讲理论知识太多会很枯燥，教学效果一般也不理想，但加入企业实践经验或是案例教学，则容易激发学生兴趣，引导学生加强对专业的理解，掌握企业实际需要的技术和技能。

3. 联合企业开发培训项目，建设校企合作基地

社会培训是很多高职院校假期主要开展的社会服务[1]，不仅为社会、为企业培养了人才，教师的专业能力也获得了提高，同时还能给高职院校教学引入更多的企业资源，建设校企合作基地，有利于学生实践能力的培养。

W1：社会培训主要是跟企业合作，一起开发培训项目。每年暑假我们会承担面向全省的电子商务的师资培训，这个课程必须要有真实的项目进来，要有真实的企业环境进来，这样才能让人学到真正的东西。通过社会培训，一方面，我们为社会做了服务，提高了我们学校的专业知名度；另一方面，老师也得到了专业成长，还多了一个学生的实践基地。

4. 具有较强技术服务能力，成就"双师型"教师

"双师型"教师是高职院校师资队伍的培养重点，是对专业课老师提出的发展目标。[2] 高职院校教师除具备一般的理论教学与科研能力外，还必须要具备较强的专业实践能力和技术服务能力。

Z2：我们教的学生是高职生，动手能力比理论知识更重要。要教好学生，老师首先要具备这项能力。所以高职院校教师除了要有理论知识功底，还要有相应的生产实践能力。生产实践能力从哪里来？我们必须进入企业，进行产学研合作，通过做一些生产性的课题研究或产品加工提升自己的实践能力。

加强产学研合作能有效地提高教师的实践能力，帮助教师更好地开

---

[1] 张琰，马必学. 高职院校教师到企业实践的方法和途径 [J]. 武汉职业技术学院学报，2012，11（2）：117-120.

[2] 张呈旭. 基于校企合作的民办高职院校"双师型"师资培养培训存在的问题与策略 [J]. 科技经济导刊，2019（22）：128-129.

展实践教学，提高教学成效。教学名师 Z2 积极承担了多个企业相关的技术服务项目，取得了一些代表性的成果，是一位名副其实的"双师型"教师。

基于以上原始数据的分析和凝练，本研究将高职院校教学名师能力素质主要特征要素——"校企合作"能力定义为：应社会所需，与市场接轨，有效搭建学校与企业之间的合作平台，有针对性地为企业培养实用性与实效性人才的能力。

（二）企业实践

2016 年 5 月 11 日，教育部等七部委公布了《职业学校教师企业实践规定》，为加强职业院校"双师型"教师队伍建设，推进工学结合、校企合作培养模式，鼓励、组织教师进行企业实践。[1] 通过企业实践促进高职院校教师专业发展，提升实践教学能力的重要性，已经得到高职院校教学名师的共识。[2] "企业实践"这一教学名师能力素质在访谈中共有 11 人（20 人次）提及，其内涵主要表现如下。

1. 总结企业实践经验反哺教学

教师进行企业锻炼的主要目的是搭建校企合作平台，提升教师的专业实践能力，更好地服务教学活动，培养高素质专业技术人才。只有结合企业生产的实践经验，教学才会更加生动、更有内容、更具实效。

Y1：我觉得通过在机床厂一年的锻炼，学到了很多设计的实践经验，回来上专业课的时候都用得上，特别有帮助。工艺、机床、刀具、机械方面的专业课我基本都上过，学生也爱听我的课，效果也很好。

Z4：从 1989 年到 1993 年大概四年的时间我都在企业工作。这四年对我的职业发展来讲有很大的帮助，在企业的工作经历对我人生有很大的支撑。一个老师从学校到学校，从课堂到课堂，没有到社会上去真正地历练，是无法体验企业现状的。他就只能做一个知识的传授者，无法告知和教会学生企业真正的需求。

T1：在上课的时候，老师把企业实践经验和教材联系起来，课堂知

---

[1] 时荣. 高职教育供给侧改革背景下"双师型"教师队伍的培养机制研究 [J]. 中国培训，2016（22）：249–250.

[2] 陈道喜. 技工院校教学名师的培养与反思 [J]. 中国新通信，2017（4）：129.

识就更加容易被学生接受。所以我觉得作为职业院校的老师来说，企业实践这一点还是很重要的。

现在高职院校招收新教师的基本条件也要研究生学历，其中大部分教师都是直接从学校到学校，在教学能力、专业实践能力、职场经验等方面明显不足。❶ 参与企业实践能增强新进教师的教学能力，帮助他们适应高职院校的教学需求。

Z4：我规定团队新来的人，必须到企业去锻炼。年轻老师去了企业之后，就有实践经验了，才知道怎么教学生。

D1：我在校办厂工作了三年，这三年对我实践能力的锻炼和培养是功不可没的。所以，现在我会有计划地安排我们系里的新老师到企业进行锻炼，对快速提高他们的实践教学能力有很大帮助。

2. 通过企业实践提升综合能力

在学校，你是教师；在企业，你就是工人。角色的不同逼迫着老师不断地完善自己的综合素质，在执行能力、吃苦耐劳、项目规划及各种专业能力方面都能获得提高。

Z2：通过企业实践，我在企业运作生产、质量管理、产品开发这些方面的收获是蛮多的，专业能力得到全面提升。学校模具中心成立后，我就负责管理，为企业生产服务。

D1：我在校办厂（高压电力设备厂）待了三年，承包了一个车间做车间主任，产供销都是我一个人在做，后来招聘了几个人。这三年对我实践能力的锻炼和培养帮助很大，我的动手能力、交往能力和财务计算能力都有了很大提高。

Z4：我在企业的四年，不断加班，有时甚至通宵，逐渐养成了吃苦耐劳的职业素养。另外，我在企业要和不同层次的人打交道，沟通协调和化解矛盾的能力都得到了提升。

3. 发挥学术优势服务企业发展需求

当学校安排老师去企业或者老师自己去找企业实践时，企业凭什么

---

❶ 赵辰柯. 基于教育名师特征的教育硕士培养策略研究［J］. 西部素质教育，2018（16）：156－157.

接收你，为你提供实践平台？企业肯定希望你也能为它带来效益或帮它解决生产中的困难。因此，教学名师都是通过发挥自己的学术优势，帮助企业真正解决困难和问题来赢得企业的认可和支持。

W3：高职院校教师要做科研，一定要跟企业生产结合，要结合新时代科学技术的发展不断地学习提高，要充分利用教师的学术和技术优势服务企业发展需要，解决企业实际问题，企业才会愿意合作。

Y1：我在机床厂的前半年主要是组装机床厂的装备，后半年我主动要求到机床厂的设计科去设计机床。结果，我在半年时间内设计了两台机床，为企业创造了不错的利润。不少塑料机械的企业闻风而动，开始主动找我们合作。

基于以上原始数据的分析和凝练，本研究将高职院校教学名师能力素质主要特征要素——"企业实践"能力定义为：通过与企业沟通交流或实地赴企业实践锻炼，促进学校和企业合作双赢，并提升自身教学和实践素质的能力。

(三) 竞赛指导

技能竞赛是职业教育对接产业需求、反映教育教学水平的重要赛事，是高职院校教师提升技术技能人才培养质量的重要抓手，也是高职院校常规教学活动的有效延伸。[1] 在职业教育领域，各级各类的技能竞赛组织开展得非常多，学校也非常鼓励教师带领学生积极参加，很多教学名师都有指导学生参赛的丰富经历，也是他们实践能力的具体体现。"竞赛指导"这一能力素质在访谈中共有9人（14人次）提及，其内涵主要表现如下。

1. 提升学生的专业自信和技能水平

一般来说，高职院校学生的自信心是不足的，对自己的专业水平认可度也是比较低的。如果参加高级别的职业技能竞赛并取得好成绩，将能大幅提升学生的专业自信，也能在很大程度上提高他们的技术技能水平。

---

[1] 严寒冰，王海刚. 以赛促教 教学相长：指导参加高职物流技能竞赛的心得体会 [J]. 物流技术，2018（1）：157-160.

Z1：2002年，我带领纺织专业的老师和学生参加中国纺织面料与花样设计大赛。我们对这项比赛很重视，准备也很充分，所以第一次就获得了大赛优秀组织奖和优秀创意奖两个奖项。之后我连续三年带领学生参加这个大赛都获了奖，包括最佳色彩奖、最佳材质应用奖等。老师和同学们对自己的专业能力自信了很多。后来获奖学生基本都能找到很好的工作，并在入职后能迅速适应岗位要求。

2. 提升教师的专业素养和教学能力

职业技能竞赛不仅能提升学生的技能水平，更能考验教师的专业素养和教学能力，促进教学改革，提高教学质量[1]，发挥以赛促学、以赛促教、以赛促改的作用。

L1：作为教练，本身的知识水平要够高，对于大赛的每一个细节都要熟悉、都要琢磨。最规范的动作是什么，对比赛结果会产生什么影响，这些都是关键，同时也要慢慢地渗透到平时的教学中。

为了指导好学生，教学名师L1对比赛的每一个细节都反复琢磨，其自身的职业素养和实践动手能力都获得了一定程度的提高。教学名师Z1连续三年带领学生在国家级竞赛中获得佳绩，不仅有利于学生的发展，也大大增强了她指导学生参加竞赛的信心和能力，更推动她不断思考和实践如何带领学生开展创新性的学习。

基于以上原始数据的分析和凝练，本研究将高职院校教学名师能力素质主要特征要素——"竞赛指导"能力定义为：通过指导学生参加技能竞赛，有效提升学生技能水平，提高教学质量的能力。

四、发展能力

发展能力作为高职院校教学名师的重要能力素质之一，这里是指教师通过学习、培训、反思、创新等手段提升和完善自身能力，又可以称为成长能力。[2] 其包含的开放式编码按提及人数多少排序分别为总结思

---

[1] 吴健. 以职业技能竞赛引领高职教学改革的几点思考［J］. 教育探索，2013（4）：79-80.

[2] 王丽珍. 教师专业发展能力模型建构［J］. 教育理论与实践，2013（22）：36-40.

考、学习提升和探索创新。

（一）总结思考

高职院校教师的成长主要依赖于在学习与实践中不断地总结思考，吸取经验教训。总结是一种智慧，思考是一门艺术，历览前贤俊杰，凡事业有成者，往往都勤于思考、善于总结。"总结思考"这一教学名师能力素质在访谈中共有14人（39人次）提及，其内涵主要体现如下。

1. 善于总结经验，提炼特色

总结是对一段时间内的学习、工作及思想进行全面系统地回顾、评价、分析研究。善于总结，有利于形成经验、提炼特色，推动工作高质量开展。

G1：2007年，我们学校成为国家示范性职业技术学院，软件专业是国家重点建设的6个专业之一。根据多年教学经验的积累和总结思考，我们提出软件专业"职业情境、项目主导"的人才培养模式。这既体现了我们专业人才培养的特色，也非常适合高职学生的特点，有利于提升我们的人才培养质量。

人才培养模式是学校根据培养目标为学生构建的知识、能力、素质结构，以及实现这种结构的方式，具有相对稳定的课程体系、教学内容、管理制度、考核体系和评估方法。[1] 只有在长期工作积累的基础上进行不断地总结反思、提炼而成的人才培养模式才具有可行性、具有生命力。

G2：现在很多教师比较欠缺的能力就是总结反思。对于有些老师，你让他做什么他就做什么，可能做得也不错，但要他自己想该怎么做，他就不知道了。我认为好的老师在做一件事前先要思考为什么而做，在做的过程中要不断思考怎样才能做得好，做完后要反思哪些做得好，哪些做得不好，什么原因，等等。我们只有不断总结反思，才会有所提高。我觉得总结思考的能力太重要了。

---

[1] 李玉保,刘斌,刘国栋. 我国中高等职业教育人才培养模式衔接问题研究：兼论"四双"人才培养模式构建[J]. 职教论坛, 2011 (36): 29-31.

能做事体现了一位教师良好的业务能力，而进一步总结思考、找出规律、提炼特色，则对教师提出了更高的要求，也是教学名师应该具备的能力素质。

2. 善于发现问题、解决问题

多总结，才能及时发现工作中存在的问题；勤思考，才能有针对性地采取合适的措施解决问题。

L1：我在教学过程中会经常思考哪里做得不够到位，哪里需要改进。我们要经常做调研，调研之后就想这个问题出在哪里，怎么样去改进。有的学生出现错误，我也会分析错误出在哪里，是因为这个地方我讲得不够到位，讲得不够清楚，还是他上课的状态不好。

G1：在专业建设过程中，我比较爱琢磨怎么做这个事情，这里面有什么样的规律，应该怎样去做，做了会获得什么样的结果，会遇到什么样的问题，应该怎么去解决。在思考的过程中，我也开始尝试着做一些之前没有做过的事情，还都成功了。

不管是教学还是专业课程建设，都是一个持续改进和完善的过程。在这个过程中，及时发现问题，找到问题的关键，并对症下药解决问题，都离不开教师不断地总结和反思。

基于以上原始数据的分析和凝练，本研究将高职院校教学名师能力素质主要特征要素——"总结思考"能力定义为：对一段时间内的学习、工作及思想进行全面系统的回顾、评价和反思，并在此基础上形成经验、提炼特色，推动工作高质量开展的能力。

（二）学习提升

高职院校教师的专业成长是一个持续不断的过程，只有具备良好的学习能力，才能适应知识和技术的更新，持续有效地推动自身的专业发展。[1]"学习提升"这一教学名师核心能力素质在访谈中共有14人（31人次）提及，其内涵主要体现如下。

1. 具有终身学习的理念

教学名师几乎都是终身学习者，学习对他们来说已经成为生活和工

---

[1] 关婷. 高职院校教师学习力提升研究［J］. 北京农业职业学院学报，2019（4）：75-79.

作的一部分，已经成为习惯和需要。学习也让他们不断保持优势和可持续发展的能力。

G1：大学期间，除了周末，我每天晚上都在图书馆里做数学题、看英语，一共就做了这两件事情。我就喜欢在那个氛围里面，看着学生上晚自习，我也上晚自习，感觉挺好的。这四年我也养成了坚持学习的习惯。

X2：不论你是南京大学、北京大学，还是江苏理工学院毕业的，这只是一个起步。我觉得终身学习的理念和能力非常重要。

通过学习不断提升自己，这是大部分教学名师不断进步、最终卓越的主要方式。教学名师们都意识到学习对教师成长的重要性，所以都拥有良好的学习习惯，为自己的教学和科研工作打下了坚实的基础。

2. 具备自我学习的能力

现在专业的热点、学科的前沿基本都是多学科的交叉和融合，所需要的知识和技术纷繁多样，这就迫使有理想的教师必须通过不断学习掌握新的理论和技术，确保自身专业能力的领先。

Y1：我们以前上大学的时候，哪有数控专业啊，连电脑都没有看到过，三维设计更没有听到过，所以我觉得一个老师的自我学习能力是非常重要的。

W1：电商专业发展得很快，要求老师有比较强的自学能力，有的专业做一个课件可以用几年，但是我们每年都要重新备课，许多电商平台的应用、商业规则都要我们自己去学习。我觉得自我学习能力是一个非常重要的核心素养。

W2：我觉得还是要加强学习。比如微课、数字化教材、信息化手段，都不是那么简单的，所以我们要不断学习。我觉得学习新东西的过程很开心，也很有收获。

专业的快速发展已经让教学名师们意识到自学能力的重要性了。老师依赖着原来大学老师讲授的知识已经远远不够了，只有具备良好的自学能力，不断更新教学理念，学习新知识，掌握新技术，才能有效提高教学质量。

3. 主动争取学习培训机会

教学名师都很关注科技发展动态，主动争取脱产或在职学习培训的机会，加强自身知识的持续构建。

X1：对于老师来讲，学习提升很重要。当年学校安排我和另外一位老师到无锡轻工业学院进修半年。在这个过程当中，我们尽可能多听课、多看书，打下很好的基础。进修回来以后，我继续给自己制订学习计划，继续不断学习专业方面的知识，对教学大有帮助。

X2：我是艺术专业背景，但后来从事动画专业，后期有很多计算机应用的要求，自我感觉专业知识储备是不够的，所以我就去考了南京大学计算机应用的在职研究生。

G2：我是学机械制造的，但是通过调研，想出去进修数控技术。当时校长问这是什么东西。我说这个应该是我们专业将来发展的一个方向。1988年左右，数控技术刚刚在企业兴起，学校没有任何对口专业。南京工程学院当时是南京机械高等专科学校，开始涉足这个领域，当时专业名称叫自动化。通过学习培训，我很顺利地转到自动化这个领域。

基于平时对专业动态的关注，在数控专业和动画专业刚刚兴起时，教学名师 X2 和 G2 就以敏锐的前瞻眼光找准了专业发展的方向，主动争取脱产学习进修机会，使自身处于新兴专业发展的前沿。

4. 善于跟同人学习请教

三人行，必有我师焉。在教育教学过程中有很多共性的问题，善于借鉴教育界同人的经验和做法是提升自己能力素质的有效途径。

L2：我在申请江苏省精品课程的时候，首先学习他人的经验，花了一个星期收集资料，并把所有网站上有关自动控制原理的课程视频和实验资料统统学了一遍，看看本科院校、高职院校是怎么上课的，看看院士、教授、博导和高职院校教师是怎么上课的；然后分析、整合资料开始写申报书，在写材料的过程中，我还通过 E-mail 和电话与专家、校外课程主讲教师进行沟通，寻求他们的帮助。最终，我第一次申报就成功了。

教学名师 L2 在申请省级精品课程时，首先通过网络收集大量资料，再主动与专家、主讲教师进行沟通请教，获取经验和信息，最后对所有信息进行分析、整合，提炼出自己的思路和特色，这是在工作实践中非常重要的学习方式。

基于以上原始数据的分析和凝练，本研究将高职院校教学名师能力素质主要特征要素——"学习提升"能力定义为：具备终身学习理念，通过自主学习、进修培训和请教同人等途径不断提升自身知识储备和技能水平的能力。

（三）探索创新

探索创新是人类主观能动性的高级表现，是社会发展进步的灵魂和动力。❶ 教学名师都有想别人没想到的事、做别人不敢做的事的特点。"探索创新"这一教学名师能力素质在访谈中共有 11 人（47 人次）提及，其主要内涵主要体现如下。

1. 具有创新的理念

教育应该起到引领社会发展的作用，所以更需要教师不墨守成规，善于用前瞻性的眼光去发现事物的发展趋势，用创新的手段去引领事物的发展方向。

Y1：我觉得作为教师不能因循守旧，要有创新精神，要看准发展趋势。比如谁规定机械专业的老师就不能跨到电子专业领域呢。我不仅跨到电子专业，现在还跨到新材料上了。新技术对大家都是公平的，没有规定你搞机械的人就不能去搞 3D 打印。我自己就建了一个 3D 打印实验室，我们的 F1 赛车在电脑上设计好了之后，通过 3D 打印技术打印出来。学生也很感兴趣，还带着作品参加了创新创业大赛。

教学名师 Y1 涉猎广泛，平时喜欢接触新奇事物，善于接受新技术，这些都帮助他拓宽了视野，形成了多学科交叉的知识体系，以前瞻性的眼光来发展自己的专业和科研方向。

Z6：在教材的建设过程中，我一直跟其他老师强调要创新。创新并不是一个很高大上的东西，哪怕一点点，你能够做到跟别人不一样，你就是创新。或者把原来两个毫不相干的东西整合在一起，比如教材和数

---

❶ 庄西真. 服务于经济社会发展的江苏省职业教育领军人才成长研究［M］. 南京：江苏教育出版社，2010.

字资源，原先是不相关的，但是我们现在把它们整合成数字化教材，那么我认为这就是一个创新。

教学名师 Z6 通过教材和数字技术的结合进行了现代化教材的创新。学生在学习过程中可以通过扫描教材的二维码，在手机上直观地看到相应的视频，有利于知识点的理解和掌握。

C1：在我的倡导下，学校开设了很多专业和科技类社团。学生在社团活动中申请了专利，发表了论文或获得了奖励，学校就给其相应的学分，学生可以兑换相关学科的学分。例如，学不好数学的，可以抵数学这门课的学分；学不好英语的，可以抵英语这门课的学分。我们通过这样一个学分兑换体系，鼓励学生多方面发展，也用这种方式给有学业缺项的学生弥补的机会，争取不让一个学生掉队。

传统的教育模式追求一个标准，容易扼杀学生的特长，压制一些学生的成长。教学名师 C1 创新倡导的学分兑换体系有利于学生的因材施教、分类培养。

2. 拥有探索的精神

如马克思所说，"科学的道路上没有平坦的大道"，创新之路也必定不会一帆风顺。只有勇做陡峭山路的攀登者、向未知事物探索的行动者，才能有希望到达山顶。

L2：我有个特点就是敢于挑战自我，喜欢做一些开拓性的事情，即使有些从来没学过、从来没做过、从来不了解的事情，我都能慢慢去学、慢慢去摸索，最后把事情做成功。

W3：我认为科研是一个探索过程。很多的东西不是别人能教你的，也不能等着别人告诉你怎么做。只有自己去一点一点学习体会、克服困难、不断摸索，你才能一步一步有长进。

L1：我们博士毕业的时候，学校还没有发表 SCI 论文的要求。但我就是什么都愿意尝试，别人能写 SCI 论文，我为什么就不能写呢，那我就写写看嘛，自己多摸索摸索，最后就成功了。

教学名师们的创新道路类似而又不同，但他们都有一个共同的特点，就是敢于尝试，去做一些具有挑战性的、别人没有做过的事，不畏惧困难，在探索中前行。大部分探索都不一定获得成功，但就算失败了也是一种经历和收获。

3. 具有突破传统的勇气

创新往往体现于探索未知的领域、尝试他人没有做过的事情，所以须有不拘一格的创意和突破传统规则束缚的勇气。

G2：在论证机电一体化特色本科建设时，我们找教育厅领导、专家反复沟通协商。因为其他学校的这个专业至少要上45门课，最多的甚至有50门课，而我们当时只准备开设29门课。我们坚持培养创新人才就要给学生自主的空间，不能把时间都排满课。最终我们被肯定了，我们培养的学生也都很优秀，对此我们教学团队都觉得挺有成就感。就是因为敢想敢做，我们获得很多个全国第一。

教学名师G2通过调研提出了"培养创新人才就要给学生自主发展的空间"的理念，敢于突破传统的惯性要求，在保证学生专业学习的系统性和完整性的前提下，提供更多的时间来培养学生的创新能力和动手能力。实践证明，这样的理念和做法都是很适合高职院校的。

基于以上原始数据的分析和凝练，本研究将高职院校教学名师能力素质主要特征要素——"探索创新"能力定义为：具有创新的理念、探索的精神和突破传统的勇气，运用新思路、新方法创造性开展工作的能力。

五、个性特质

个性是指一个人独特的、稳定的、本质的心理特征的总和。❶ 个性态度直接影响教师持续发展的内驱力，也是教学名师能力素质的关键指标。其包含的开放式编码按提及人数多少排序分别为责任担当、锲而不舍、良好心态和上进心强。

（一）责任担当

教师是特殊而伟大的职业，是教育强国的建设者、学生成长的指导者，使命光荣同时责任重大。要成为一名优秀教师，首先要认同这份责

---

❶ 郑希付, 陈娉美. 普通心理学 [M]. 长沙：中南大学出版社, 2000.

任,并乐于承担这份责任。"责任担当"这一教学名师能力素质在访谈中共有19人(57人次)提及,其内涵主要表现如下。

1. 强烈的责任心

郭全美在研究中访谈的六位国家级教学名师无一例外都提到了"责任心"的重要性,认为责任心影响一个人的行为取向,只有在责任心的驱动下,教师才能做到爱岗敬业、关爱学生、钻研进取。❶

W3:教师这份工作最主要的一点是责任心强,说得直白一点儿就是要对得起良心,要把学生当成自己的孩子。我经常跟学院的老师说:"要是你们自己的孩子来上学,你是不是也这样教他?"不要说名师,就是作为一名合格的老师,你也要对得起每一个孩子,对得起你上的每一堂课,这就是老师必须要有的责任心。

教学名师W3强调高职院校教师首先要培养对职业教育事业的责任心。上好课、教育好学生是作为教师最基本也是最首要的责任。

X1:责任心对教师来讲真的是最重要的。我认为自己工作中还真是没什么轰轰烈烈的成绩,就是在日常的教学工作中尽自己最大的努力,尽到自己的责任。我觉得这是做好老师最基本的素质,也是成为一名优秀教师最重要的特质。

教育无小事,用心才能见微知著。在从教的30多年里,面对每个学期的第一节课,教学名师X1都说自己会有一定的紧张感,这种紧张感来源于她强烈的责任心。她要求自己必须高质量地上好每一堂课,在每个细节中体现自己的责任心。

2. 乐于承担集体重任

每一位教师都工作在一定的集体中,大到学校,小到教研科研团队、教研室,一个有责任担当的老师不仅认真完成自己的工作任务,也会乐于去承担集体工作,为集体服务。

Z4:我的专业基础是很好的,后来因为从事大量的行政工作花了很

---

❶ 郭全美. 国家级教学名师成长特质及重要启示:基于六位国家级教学名师的访谈质性研究[J]. 职教论坛,2018(9):86-91.

多时间和精力，在一定程度上影响了个人的专业发展。但这种牺牲是必需的，首先要维护学校利益，然后再考虑个人利益。

教学名师都具有一定的大局意识。当个人利益与集体利益有冲突时，教学名师们往往都会做出个人牺牲。

Z4：纺织工程专业是这个学校最老也是最强的专业，学校没有更名之前一直是以纺织为名的。所以我经常跟我的团队讲，我们是学校最强的专业，学校给我们的资源也是最多的，所以由我们专业代表学校去树品牌、拿荣誉是理所应当的事情，我们应该承担这份责任。

作为学校最老、最强专业的团队负责人，教学名师 Z4 清楚地认识到自身的职责，主动承担起做大做强专业、提升学校品牌的重任。

W1：我们的申报材料中有一个 40 分钟的视频录制任务，主题是电子商务立体化的实践教学，需要去企业拍摄实践一线的视频，大家都很忙没有时间去做这个事。我主动去拍了大量素材，完成了视频制作，为国家级教学成果奖的成功申报打下基础。这样的事情很多，困难的事情或者别人不愿意做的事情，一般都由我来做。

在申报国家级教学成果奖阶段，教学名师 W1 主动到企业实践一线拍摄大量视频，并严格把关申报材料的每一个环节，带领团队实现了突破，获得了学校第一个国家级教学成果奖。

C1：我们实施实践教学改革试点之后效果很好，我就希望能在整个学校进行推广。但全校推广难度还是比较大的，不仅需要的经费多，而且会给老师们带来很多工作量。所以当时不少老师反对，包括一些领导都不支持。但我觉得这个事情对提高人才培养质量大有帮助，我就顶着压力坚持推行。现在证明这个坚持是对的，赢得了全校师生的认可，发展几年后我们获得了江苏省教学成果奖。

教学名师 C1 提出的实践教学改革试点效果很好，但提出在学校推广时，受到了很大阻力，很多老师都觉得没有必要大费周章地搞教学改革，校领导也认为有风险不肯支持，最后在该名师做出承担一切后果的承诺下，学校支持推广了该名师团队的改革创新成果，并获得了成果。

3. 身先士卒，躬先表率

身先士卒、躬先表率就是用自己的实际行动以身作则，做出榜样，起好带头作用，并去影响和带动他人的行为。

D1：作为团队负责人身先士卒肯定是少不了的。记得有一次我们团队同事一起熬夜准备精品课程的申报材料，后半夜有几个人躺在沙发上睡着了，但我一直坚持到最后。如果连我都停下来，那么剩下的其他人肯定也坚持不住了。所以我觉得作为一个团队负责人，要在一点一滴的行动中做好团队的表率。

G1：在软件专业起步时，很多老师都比较茫然，也很畏难，不知道这个事情该怎么做，也不太愿意花时间精力去改革。但是作为负责人，我没有退缩的理由，必须带头花大量的时间精力去思考、摸索、尝试和不断完善。

大事难事看担当，面对责任不推诿。2006 年，教学名师 G1 负责的软件技术专业获评江苏省品牌专业。

基于以上原始数据的分析和凝练，本研究将高职院校教学名师能力素质主要特征要素——"责任担当"定义为：具有强烈的责任心和担当意识，乐于为集体的工作和荣誉奉献智慧力量。

（二）锲而不舍

锲而不舍出自《荀子·劝学》，指做事有恒心有毅力，百折不挠。❶"锲而不舍"这一教学名师能力素质在访谈中共有 12 人（30 人次）提及，其内涵主要表现如下。

1. 做事执着，有始有终

天道酬勤，无论是教学还是科研，只要足够坚持和努力，一定会有所收获，多一分耕耘，多有一分收获。

L1：我对学生很关心，同时要求也非常严格。有些学生的知识领悟能力低，自己都已经放弃了，认为自己学不好。但我不放弃任何一个学生，白天没有时间，就晚自习抱着自己的小孩去教室给他们辅导，想着

---

❶ 陈中浙. 荀子的成才论：《劝学》篇解读 [J]. 群言，2008（9）：41-44.

只要花工夫，学生就一定会有进步。在我的坚持下，我们班学生的成绩大幅提升，和我的感情也非常好。

教学名师 L1 认为学生只要想学就能学好。她经常利用课外时间为学生辅导，教一遍不行就多教几遍。在她这种精神的感染和坚持下，学生们也越来越努力，抱着孩子为他们辅导的老师成为学生心目中的"最美教师"。

L2：我晚上经常工作到凌晨一两点才离开学校。传达室的人都认为我这个人有点儿"不太正常"，经常敲门催我回去。我觉得要成为优秀教师，一定要有这种锲而不舍的坚持精神，要能坐得住，把打牌、喝咖啡的时间放在科研上，放在学习上。坚持时间长了，我们肯定会有收获。

教学名师 L2 坚信只要坚持努力，不管是教学还是科研都会有收获。他目标明确，付出了不懈的努力，最终获得国家自然科学基金、省科学技术奖、省自然科学基金等一系列成绩。

W2：反正在做一件事的过程中我从来没想过要放弃，有始就要有终。真的做得很累的时候，我就去跑跑步，晃几圈，然后回来接着做。读书也好，做研究也好，过程中都会有曲折，我总是想方设法地去完成任务，不轻言放弃，我没有放弃的习惯。

只要尽到自己的全力，做成事的可能性就会很大。不问成败、永不放弃的习惯使教学名师 W2 填补了学校好几个科研和教研奖项上的空白。

2. 直面困难，坚持不懈

教学科研工作中，很多时候没有现成的模式和成熟的经验可以参考，需要不停地面对困难、解决问题。教学名师们面对困难和挑战时，普遍的做法都是不轻言放弃，直面困难，努力探索。无论他们成功与否，在摸索、坚持的过程中都将有所收获。

C1：在教学和科研中，光有创新意识不行，光有热情也不行，关键是要行动，并在行动中坚持。没有坚持，那是做不成事的。因为在创新过程中肯定会遇到困难，有时甚至是难以跨越的困难。但我的习惯是不管遇到多大的困难，都要努力坚持，一步一个脚印，踏踏实实地去做，持之以恒地坚持下去自然水到渠成，肯定会有成效的。

D1：我们申报国家级精品课程的时候，材料修改了一遍又一遍，但在多次修改后还不满意的时候，大家就很容易疲惫，疲惫了就会烦躁。这时候特别需要负责人稳定军心，带领大家静下心来，坚持着一点一点修改，一点一点完善。我们做精品课程的经验就是这样一点一滴积累起来的，最重要的一条经验是，再难的时候也不要放弃，坚持就有希望，就能胜利。

教学名师D1在2008年主持国家级精品课程的时候也是第一次"摸着石头过河"，很艰难，但他们没有放弃，克服困难，坚持摸索，最终找到了过河通道，胜利到达了彼岸。

W1：校领导都跟我说，能获得省级教学成果一等奖已经很不错了，获得国家级教学成果奖是非常难的，一般不太可能。但面对这样一个不太可能的目标，我还是想试一试。因为我们的教学成果无论理论还是实践在当时都是领先的，所以我决定挑战一下。在调研其他院校申报情况和准备材料时，团队中的年轻老师常常自我怀疑甚至几度想放弃。但我告诉大家，确认了目标就要排除一切外部干扰，只有坚持才有可能成功。

教学名师W1一旦认准目标，就永不放弃，最终创造了奇迹，获得了国家级教学成果奖，将大家认为不可能的事做成了。

X2：我年轻时候经历的挫折比较多，但我属于屡败屡战型，失败了就再重来。失败一次就多一份经验，我的成功经验都是这么来的。

失败乃成功之母，当然并不是指经历了失败的人就一定能获得成功。只有善于从失败中吸取教训，从摔打中总结经验，才能最终叩开成功之门。教学名师X2年轻时多次失败的经历也成为她的一笔宝贵财富。睿智的人能从每一次的失败中吸取养分，获得成长的经验。

基于以上原始数据的分析和凝练，本研究将高职院校教学名师能力素质主要特征要素——"锲而不舍"定义为：做事有恒心毅力，有始有终；遇到困难勇于直面，并善于从失败中获取经验。

（三）良好心态

心态既包括个人稳固的个性心理特征，也包括不断变化的心理过程。良好的心态使教学名师们能够坦然面对生活、积极工作。❶ 在访谈中，10 人（35 人次）提及"良好心态"是一位教师走向成功的重要保证，其主要内涵如下。

1. 愿意吃苦耐劳

任何成果都是一步一个脚印踏踏实实干出来的。吃得了苦，受得了累，以坚韧不拔的精神面对一切困难，这是教学名师们在访谈中谈到成功时都会提到的。

W1：教师有一个很重要的特点就是肯吃苦，不管是教学质量工程还是科研项目，都要踏踏实实地去做好，而不能只追求表面过得去。比如电商 ERP 课程，从教材开发到学习环境，最后到课程建设，每个环节都必须要做细做实之后，才能够实现我们预设的目标。

Y1：吃苦耐劳的精神对做成事是最重要的。任何成果都不可能从天上掉下来让我们不劳而获。我们在申报科技项目和教学成果奖的很多时候都是通宵达旦，连续十天至半个月都工作到凌晨两三点。没有吃苦耐劳的品质，肯定是做不好事情的。

2. 善于调节心态

人在遇到不顺的时候，有的倾向于持积极心态，有的倾向于持消极心态；有的总是怨天怨地、自怨自艾，有的却能够尽快调节心态适应环境。人在心态上的差别往往会造成结果的巨大差距。

C1：在我毕业的时候，大学生还是很吃香的。我被分配到这个学校，心里是不乐意的，但后来我想，既来之则安之，既然改变不了现状，就努力去做好一名老师吧。

G1：1989 年，这个学校还只是一所中专学校，学校层次和学术氛围跟我原来所在的本科院校有比较大的差距，所以我刚来的时候很失落。但我很快就调整过来了，这样的环境既然不能改变，那么只能去适

---

❶ 鲁步秀. 拥有良好心态，做幸福教师 [J]. 科学咨询（教育科研），2015（10）：12.

应，要自己找有意义的事情去做。我想到的第一件事就是讲好每一节课，这是一个老师必须要做到的最基本的事情。

G2：我们都在做平凡的事情，成功了也不值得夸耀，失败了也很正常。我们做十件事情有三四件成功就已经比其他人幸运了。我们能够把一件事情做得比别人的成功概率高一点儿已经是很幸运了。

以一颗平常心对待事情的成败，竭尽全力去做好每一件事，至于结果就顺其自然，这是很多教学名师对待工作的心态。

3. 不计名利得失

教师的职业生涯是一个长期积累的过程，只有淡泊名利才能使教师少走弯路，获得更多"贵人"的帮助，拥有更多成长的机会。

G1：工作中我觉得还是要大度，不要太在乎个人得失。我们要明白，在成长过程中其实有很多前辈和同人相帮，如果我们取得了一些成就，那也是自己努力和别人帮助的共同结果。所以我现在有这个能力和条件了，就想着多给年轻人创造机会。比如后来我继续参与国家级、省级教学成果奖的申报工作，从前期策划到后期反复修改申报书，但好几次成果奖我都要求不署名，把荣誉留给年轻人。

教学名师G1特别感谢在她的职业生涯中给予帮助的前辈和同人，感谢他们的大度与无私，同时她也把这样一种精神很好地传承下去，更好地帮助更多年轻教师去成长。

W2：我觉得要做一个好老师最重要的是不要去想有什么回报。很多事如果总想着要回报，你就没法往下做了。你努力了，也许有回报，也许没有回报。但只要努力了，回报的概率肯定要大于没有回报的，不去问结果，反而慢慢就有结果了。我现在特别担心有些老师做事太注重结果，比如为了评职称去做科研，那么他的科研就不会具有持久性。

W3：我这个人比较"傻"，或者说比较"迂"吧。我认为要做的事，就一定要去做，而且一定要做好。很多事情我都是不计报酬的，因为我觉得在过程中得到的东西并不是用利益或金钱能够衡量的。

过于追求回报，容易使人变得功利。追求眼前的得失，不利于教师长远的发展。对于很多教学名师来讲，做成事情的成就感远远超过物质利益方面的获得感。

基于以上原始数据的分析和凝练,本研究将高职院校教学名师能力素质主要特征要素——"良好心态"定义为:善于调节心态和情绪,坦然面对生活和工作中的得与失。

(四) 上进心强

上进心是个人奋发向上、积极进取之心。上进心强是教学名师们要求进步、事业不断发展的动力源泉。访谈中共有9人(20人次)提及,其主要内涵表现如下。

1. 不断学习提升

在现在这样一个知识快速更新的年代,学习是使个人保持不断进步的最基本的方法。[1] 乐于学习是教学名师上进心强的外在表现。

X1:我的体会就是不断地学习,尤其是专业方面的学习,主要是夯实基础。一是和学生一样跟班听课;二是自己学经典,把经典的教材、专业书籍看透、贯通。

G2:我觉得外出培训是难得的学习机会,所以我每天都学习到晚上12点或者凌晨1点,自觉地把当天所学的课程按自己的理解整理,这不是老师要求的,也不是简单地整理笔记,而是我结合所学的思考。

正是具有强烈的上进心,这两位名师迸发出了更为强大的自主学习内驱力,通过学习和培训不断进步,保持着在专业方面的领先。

2. 工作追求尽善尽美

尽善尽美就是竭尽全力地把事情做到接近完美。名师们对于所承担的任务、开展的工作一般要求都很高,希望追求完美的结果。

L2:我第一次做国家精品课程材料时很认真、很专注,甚至到了一种疯狂的程度。我写材料连续好多天到凌晨三四点,很累,觉得自己快要垮掉了,快到极限了。不过我觉得一定能把这件事做到最佳。

Z3:我已经是教授了,但还在不断进步,之所以这样,更多的是因为责任心和进取心。我做事的基本原则是:不管什么事情,你要么不接

---

[1] 杨小玲. 初为人师:走近大师的专业发展道路之探索 [D]. 上海:华东师范大学,2014.

受,要么接受下来就尽全力把它做好,尽量做到完美,尽可能不留遗憾。

基于以上原始数据的分析和凝练,本研究将高职院校教学名师能力素质主要特征要素——"上进心强"定义为:不安于现状,以高标准、严要求激发自身潜能,促使自己不断进步。

六、内在动机

内在动机是激发和维持个体的行为,并促使行为趋向某一目标的内部驱动力。在没有外在压力或奖赏的情况下,内在动机可以为教师提供促进学习和自身发展的源动力,对教师在教育领域体现出来的思想和行为起着至关重要的作用。❶ 其包含的开放式编码按提及人数多少排序分别为爱岗敬业、成就需要和目标追求。

(一) 爱岗敬业

爱岗敬业作为最基本的职业道德规范,要求人们热爱自己的本职工作,尊重自己的岗位职责,以高度的责任感完成岗位工作。❷ 爱岗和敬业互为前提,相辅相成。❸ "爱岗敬业"这一能力素质在访谈中共有16人(76人次)提及,其主要内涵体现如下。

1. 热爱教师职业

职业情怀是指个人在内心对自己从事的职业所产生的一种稳定的态度和情感。❹ 教学名师们都具有很高的职业认同感,他们深刻认同高职院校教师这个职业,并无限热爱自己的职业和岗位。

X1:我大学读的就是师范院校。1982年上大学的时候,我已经有了预期的职业方向,就是当一名老师,只是不知道会到哪个区域哪所学校担任教师。但是我的志向是很明确的——一定要当老师。

---

❶ 王玲凤. 论内部动机的激发与学生创造性的培养 [J]. 教育探索, 2002 (05):48-50.
❷ 潘琦华, 万畅. 高职教师个人—组织契合度与敬业度对工作绩效的影响分析 [J]. 湖南第一师范学院学报, 2015, 15 (6):56-60.
❸ 罗雪珍, 龚彩云, 陈贵洪. 工匠精神视域下高职院校敬业教育探究 [J]. 河南科技学院学报 (社会科学版), 2018, 38 (6):40-44.
❹ 李一飞. 校长应具备的职业情怀和基本能力 [J]. 基础教育参考, 2011 (12):18-20.

怀着最初的教师情结,教学名师 X1 进入高职院校后兢兢业业,在 30 年的职教生涯中始终不变的是她的教师情怀,担任学校副校长后还坚持在教学一线,从事最基础的教学工作。

G1:我觉得做一名老师是很有意义的事情,我喜欢跟学生沟通交流,尽自己的努力去帮助他们成长,看到他们有进步、有成就就感到无比高兴和欣慰。

W2:我觉得最主要的是发自内心地热爱自己的工作,这是最核心的一个问题。只有你真的热爱教师这份工作,想把孩子们教好,你才会认真去做。如果只把教师当成一份普通工作完成,甚至今天应付一下,明天再应付一下,那肯定成为不了一位好老师。

"选择之后,请爱你所爱"。❶ 只有热爱工作才有动力去不断提高自己,只有敬重自己的工作,才能赢得别人的敬重。

W3:我们常说职教人、职教情、职教梦。职教人就要对职业教育怀有深切的情感,然后你还要有做好职业教育的梦想和追求,不然你是做不好职业教育的。所以,如何能让所有从事职业教育的老师,都有这种职教情感、这种情怀、这种梦想,这是一个大课题。

教学名师 W3 对职业教育充满着深厚的情感,把职业教育当作自己的终身事业。不仅自己做到,还经常身体力行引导年轻教师,追求职业情怀,享受工作带来的快乐,获得身为教师的幸福感。

2. 关爱学生

教书育人是一门艺术,教师的力量不完全来自知识的权威,更多地在于对学生的关爱。❷

L1:我认为教学名师最重要的一个核心素养是他的心里有学生。只有他的心里有学生,才会总想着要培养好他,怎样才能培养好他。学生的成功,主要基于自身的努力,老师就是多花些工夫引导他们少走弯路,找到合适他们发展的道路。

---

❶ 汪立超. 高职院校教师敬业度提升路径探究 [J]. 安徽职业技术学院学报,2017 (3):54-57.

❷ 魏婉婷."教书育人"的教学哲学考察 [J]. 当代教育与文化,2017,9 (4):12-17.

T1：教书育人，首先要关爱学生，要真诚地对待他们。职业院校的学生，在能力素质、学习动力、学习习惯等方面都有或多或少的问题。这些学生更需要我们的帮助和引导。正视职教学生与本科院校学生的差距，引导这帮孩子到合适他们的道路上发展成才，需要我们花很大的工夫去研究思考。

Z2：欲速则不达，有些小孩子的逆反心理很重，所以要和他们做朋友，要去接近他们，进入他们的内心去沟通。这个做朋友的方式还是很重要的，他们玩游戏，我也花时间去玩游戏，这样才有共同语言。"把学生当成我们自己的子女"，说起来很容易，但要发自内心地做到却很不容易。

一位优秀的教师首先要心中有学生，尊重关心学生，宽容学生的逆反，与学生做朋友，把学生当作自己的儿女，在品行上"扶德"，精神上"扶志"，学习上"扶智"。

3. 认真敬业

教学名师在工作中都极为认真，只有敬业，才能干一行，成一行，才能在教师岗位上做出不平凡的成就。

L2：每堂课都尽可能把最新的知识讲授给学生，有效地提高课堂教学。一个学生在这堂课中能接受多少知识，不在于你讲多少，关键在于学生学到多少。所以我一直强调要对每一堂课负责，要用适合学生学习的方式去教学，这是对老师的基本要求。

Z4：老师的职业态度很重要。拿备课和课前准备来说，它是一个良心活儿。45分钟很容易就糊弄过去了，但如果你花几天时间来准备，那课的质量肯定是不一样的。

尽自己最大的努力，发挥自己的最佳水平，把每一堂课上好，带好每一位学生是大部分教学名师的职业理想。

基于以上原始数据的分析和凝练，本研究将高职院校教学名师能力素质主要特征要素——"爱岗敬业"定义为：热爱教师岗位，关爱学生成长，以高度的责任感和敬业态度履职尽责。

(二) 成就需要

成就需要是指个人在面临挑战或竞争状态下提升业绩、争取成功或做得最好的需要倾向。具有强烈成就需要的人追求的是努力奋斗的乐趣和成功之后的成就感。❶ "成就需要"这一能力素质在访谈中共有10人（11人次）提及，其内涵主要体现如下。

1. 教书育人的乐趣

在访谈中经常听到教学名师说把教书育人当作自己终身的事业。确实，职业与事业是两个不同的层次。当把教书育人看成一辈子的事业时，教师们会由内而外地去喜欢其面对的人和事，能感受辛苦工作中的乐趣，实现"忙于教"到"乐于教"的升华。

L2：上完一堂完美的课，你应该会觉得很轻松，很有成就感，很享受这种教学的快乐，认为这就是一种享受型的工作。我觉得教师如果把教学做好了，把课上好了，绝对能感受到快乐，这是一种精神享受。

C2：我觉得能够帮助学生就去帮助学生，因为高职学生与本科院校学生相比，在很多方面都有很大差距。我们应该尽量把他们培养成有一技之长、对社会有贡献的人，我们心里是很高兴的。所以我在工作当中确实能够找到乐趣，因而乐此不疲。

目前，部分高职学生的学习主动性和学习能力都有所欠缺，所以让高职院校教师感到最快乐的事是学生愿意学并且学有所获。一次精彩的课堂互动、带好一个班级、帮助同学们成为有一技之长的专业人才，都让老师们感到无比开心和欣慰，这是教书育人最大的乐趣。

2. 进步成功的成就感

成就感就是一个人为自己所完成的事情感到愉悦或成功的感觉，也是推动工作进展的精神力量和内在动力。❷ 成就感会促使一个人更加积极努力，创造更好的工作绩效，进而形成一种"良性循环"。

W2：我当时带领团队专攻新材料研究方向，我们学校在这方面的研究基础比较薄弱，也没有先进的设施做测试，需要到苏州大学化学研究所去做测试。记得有一次是在小年夜那天，我带领团队成员成功做完

---

❶ 黄水香. 成就需要理论在高校教师激励机制中的应用 [J]. 中外企业家，2011 (18)：158-159.

❷ 邓睿，王健. 提升教师职业成就感：催生教育家的现实途径 [J]. 教书育人，2011，23 (31)：16-18.

测试走出实验室的时候，天已经半黑，满天飞雪，地上的雪也已经很厚了。但我们当时感觉非常好，很有成就感。

W3：有些事没有任何报酬我都会去干，因为得到的东西并不是用一些利益、一些金钱能够衡量的。我觉得做成事情的成就感远远超过了物质的报酬和奖励。

G1：我们团队获得国家级教学成果奖之后，经常有教育同行邀请我去交流工作经验。只要时间允许我会尽量去，而且每次都会很用心地整理思路，然后用自己比较满意的PPT展示出来，向同行毫无保留地分享我的思考和做法。我每次这样做都很有成就感，一是通过分享能帮助同行；二是通过做这件事让我自己又思考凝练了一次，会有新的收获。

基于以上原始数据的分析和凝练，本研究将高职院校教学名师能力素质主要特征要素——"成就需要"定义为：通过完成任务或实现目标获得乐趣和成就感的需要。

（三）目标追求

目标是在个人头脑中形成的对活动预期结果的主观设想，目标追求则是该预期结果需要通过不停地寻找、不断地探索才可能实现的，一般指积极的目标。明确的目标追求是个人争取成功的另一种内在动力。"目标追求"这一教学名师能力素质在访谈中共有6人（11人次）提及，其内涵主要体现如下。

1. 明确的目标追求有利于激发内在动力

目标是前进的灯塔，为引导人们走向成功指明了奋斗方向。在个人发展的道路上，目标明确能够使人激发内在动力，集中精力持续努力，最终获得成功，实现预期目标。

T1：我想既然到了学校，就要评上教授。我就照着这个目标努力，一年内转评为副教授，第四年的时候我就评上了教授，所以我觉得树立目标会激励自己去努力实现，而且通过努力是可以实现的。

L2：我在教学上的目标是争取获得国家级精品课程；科研上的目标是，纵向上要获得国家自然科学基金，横向上要能帮助企业解决实际问题。我就是按照这三个目标去努力的，实际上这也是当今高职院校教学、科研、社会服务方面的最高要求。

2. 适合的目标追求有助于保持持续的热情

有了目标追求，人才会有奋斗的热情。但过高的目标追求不易实现，容易使人遭遇挫折，只有制定合适的目标追求才能促使人持续不断地努力。

Z1：我当老师30年，讲得最多的一门课程是纺织品设计，估计都有上百遍了。可能很多专业老师都是这样的情况。但随着时代的发展，课程的要求也在不断变化。我一直不断地给自己定一些新的目标，比如每一年的课程设计都要有所不同，对不同层次学生的培养方式要有所不同，要指导出10篇江苏省优秀毕业论文等。只有给自己定一些有挑战性的目标，才会有持续不断的动力。

长年反复地讲授同一门基础课程，很容易让老师对该门课程的教学失去激情。这在高职院校专业教学中是很普遍的现象。教学名师Z1结合行业的发展，不断更新讲授的内容，针对不同时期和不同特点的学生设计不同的课程内容，同时对自己提出一些具体的目标，使自己对该专业的教学与学生培养保持长期的热情。

L2：我一开始就瞄准国家自然科学基金，连续申报了几次都失败了，自己也比较灰心。多亏一位领导一直鼓励我，同时提醒我可以先申报省级项目。后来我调整了目标，先成功获批了江苏省自然科学基金，在此基础上，两年后就申报成功了国家自然科学基金。

国家自然科学基金是每一位专业教师追求的目标，但需要深厚的积累才有可能实现。教学名师L2在多次失败后重新调整合适的目标，保持前进的动力，最终分阶段地获得了成功。

基于以上原始数据的分析和凝练，本研究将高职院校教学名师能力素质主要特征要素——"目标追求"定义为：通过设定合适的目标激发内在动力，保持热情，持续努力，直到实现预期目标。

至此，对高职院校教学名师23项能力素质的内涵进行了阐述，主要是结合访谈的实际内容，没有追求内涵表述得面面俱到和日常理解的理所当然。根据以上研究汇总，确定高职院校教学名师能力素质特征要素及其概念定义如表2-6所示。

表 2-6　高职院校教学名师能力素质特征要素及其概念定义

序号	要素名称	定义
1	专业能力	从事某种职业所应具备的专业知识、专业技能与专业经验的内在能力和外在表现
2	指导学生	在专业发展和职业规划上进行有效指导，帮助学生增强自信，获得自我发展动力的能力
3	课堂教学	为教师的第一责任，以课堂为主阵地，以高质量教学为目标，持续改进教学方法，开展教学活动的能力
4	教学改革	围绕提升教学质量、培养优秀人才而进行的有关培养计划、教学模式、教学内容及教学方法等方面的改革创新能力
5	科学研究	利用一定的科研手段和装置进行创新性活动，为创造发明新产品和新技术提供理论依据，服务于人才培养和经济社会发展的能力
6	领导团队	善于为团队制定长远发展目标，带领和培养团队成员，整合团队资源优势，激发团队凝聚力，实现团队可持续发展的能力
7	沟通协调	善于换位思考，通过沟通赢得共识，处理各级关系，协调各方资源，促使事务朝着好的方向发展的能力
8	统筹规划	从整体和长远发展的视角出发进行思考、决策和规划，确保目标顺利实现和可持续发展的能力
9	合作分享	通过取长补短、优势互补、资源共享，形成合作共赢局面的能力
10	执行能力	贯彻既定的战略意图，迅速落实到具体行动，实现预期目标的能力
11	校企合作	应社会所需，与市场接轨，有效搭建学校与企业之间的合作平台，有针对性地为企业培养实用性与实效性人才的能力
12	企业实践	通过与企业沟通交流或实地赴企业实践锻炼，促进学校和企业合作双赢，并提升自身教学和实践素质的能力
13	竞赛指导	通过指导学生参加技能竞赛，有效提升学生技能水平，提高教学质量的能力
14	总结思考	对一段时间内的学习、工作及思想进行全面系统的回顾、评价和反思，并在此基础上形成经验、提炼特色，推动工作高质量开展的能力
15	学习提升	具备终身学习理念，通过自主学习、进修培训和请教同人等途径不断提升自身知识储备和技能水平的能力
16	探索创新	具有创新的理念、探索的精神和突破传统的勇气，运用新思路、新方法创造性开展工作的能力

续表

序号	要素名称	定义
17	责任担当	具有强烈的责任心和担当意识,乐于为集体的工作和荣誉奉献智慧力量
18	锲而不舍	做事有恒心毅力,有始有终;遇到困难勇于直面,并善于从失败中获取经验
19	良好心态	善于调节心态和情绪,坦然面对生活和工作中的得与失
20	上进心强	不安于现状,以高标准、严要求激发自身潜能,促使自己不断进步
21	爱岗敬业	热爱教师岗位,关爱学生成长,以高度的责任感和敬业态度履职尽责
22	成就需要	通过完成任务或实现目标获得乐趣和成就感的需要
23	目标追求	通过设定合适的目标激发内在动力,保持热情,持续努力,直到实现预期目标

第四节 分析与讨论

　　本章主要进行了能力素质模型构建的研究方案设计,选择江苏省为样本区域,高职院校教学名师为研究对象,通过行为事件访谈和扎根理论编码,提炼归纳出高职院校教学名师能力素质特征要素,并在此基础上建构高职院校教学名师能力素质模型。

　　在模型构建设计环节,主要对研究方法的选择、研究对象的选取、研究步骤的安排做了详细说明。在综合分析和权衡利弊的基础上,模型构建的方法主要采用行为事件访谈法和扎根理论研究法,同时辅助以专家咨询法。访谈对象的首要前提是在高职院校中从事专业课教学,并荣获校级及以上教学名师称号的优秀教师。为了能得到教学名师鲜明的能力素质特征,选择了20名获得省级及以上教学名师作为访谈对象。研究步骤根据研究需要和实践操作过程设为前期准备、行为事件访谈、访谈资料文本转录、预编码、正式编码、编码数据统计等流程,最终获得了高职院校教学名师能力素质特征要素,并在此基础上构建了高职院校教学名师的能力素质模型。

　　高职院校教学名师的能力素质模型总共包含23类能力素质特征要

素，根据冰山理论分为外显性能力素质和内隐性能力素质两大类。外显性能力素质包括教学科研能力、管理能力、实践能力和发展能力，内隐性能力素质包括个性特质和内在动机。这些特征要素都是运用扎根理论从访谈资料中提炼出来的，它们的概念定义和具体内涵都来源于原始资料。本章第三节以丰富的访谈资料为依据，解析了高职院校教学名师能力素质要素的概念和内涵，形象地展现了高职院校教学名师能力素质的直观表现。

第三章 高职院校教学名师能力素质模型验证及现状分析

初步构建的能力素养模型是否有效,或者其有效性是高还是低,需要采取一定的方法和手段加以检验。本章根据初建的高职院校教学名师能力素质模型设计相应的调查问卷,对样本区域高职院校的教学名师和非教学名师开展问卷调查统计,通过因素分析、信度和效度分析、数据比对验证高职院校教学名师能力素质模型,并分析高职院校教学名师能力素质的发展现状和特点。

第一节 教学名师能力素质模型验证

莱尔·M. 斯宾塞(Lyle M. Spencer)和塞尼·M. 斯宾塞(Signe M. Spencer)进行了模型有效性检验方法的研究,提出了可以从"同时交叉效度""同时构想效度"和"预测效度"三个效度来分析和判定所构建模型的有效性。[1]"同时交叉效度"即在同一时间同样使用行为事件访谈法检验已经建立的模型对另外一组样本群体的区分能力;"同时构想效度"即通过编制能力素质量表检验已建模型对另一组样本群体的判别能力;"预测效度"即追踪研究基于能力素养模型选拔的员工在实际工作中的绩效。[2] 本研究采用第二种方法——"同时构想效度",即依托已建的能力素质模型编制问卷,通过问卷因素分析,考察问卷结构与已建模型的吻合度;并通过问卷对另一组样本群体开展调查,分析其是否

---

[1] SPENCER L M, SPENCER S M. Competence at work: models for superior performance [M]. New York: John Wiley & Sons, Inc., 1993.

[2] 陈岩松. 基于胜任力的高校辅导员绩效评价研究 [D]. 南京:南京航空航天大学,2011.

具有区分绩优与普通的功能，从而验证已建模型的有效性。

一、验证设计

1. 研究对象

采用方便取样的方法对高职院校教师进行调查，问卷采用问卷星进行编辑，在江苏省13所高职院校教师群体中进行宣传发放，共收到1004份答卷，删除无效答卷4份，回收有效答卷1000份，有效回收率为99.6%。高职院校教师调查样本分布情况如表3-1所示。

表3-1 高职院校教师调查样本分布情况

因素	维度	样本数/份	百分比/%
性别	男	411	41.1
	女	589	58.9
年龄	30岁及以下	121	12.1
	31～35岁	157	15.7
	36～40岁	368	36.8
	41～45岁	159	15.9
	46～50岁	103	10.3
	50岁以上	92	9.2
是否为教学名师	是	123	12.3
	否	877	87.7
教学名师性别	男	56	45.5
	女	67	54.5
教学名师年龄	30岁及以下	2	1.6
	31～35岁	8	6.5
	36～40岁	41	33.3
	41～45岁	27	22.0
	46～50岁	23	18.7
	50岁以上	22	17.9
教学名师学历	本科	46	37.4
	硕士研究生	60	48.8
	博士研究生	17	13.8

续表

因素	维度	样本数/份	百分比/%
教学名师职称	讲师	39	31.7
	副教授	53	43.1
	教授	31	25.2
教学名师专业	文史哲	15	12.2
	理学	7	5.7
	工学	58	47.2
	农学	18	14.6
	医学	5	4.1
	管理学	13	10.6
	艺术学	7	5.7
学校类别	国家级示范性（骨干）校	54	43.9
	省级示范性（骨干）校	63	51.2
	其他院校	6	4.9
是否获得过：国家或省（市）级教学成果奖/科研成果奖/精品课程建设	是	74	60.2
	否	49	39.8
是否主持过：国家或省（市）级教研项目/科研项目	是	80	65.0
	否	43	35.0
是否有直接参与企（事）业单位实践经历	是	95	77.2
	否	28	22.8

2. 研究工具

研究工具采用自编问卷。研究者在已经构建的高职院校教学名师能力素质模型的基础上，编制了《高职院校教师能力素质状况调查问卷》（见附录三）。问卷总体分两个部分，第一部分11个题项，主要调查被试的基本信息，包括性别、年龄、学历、职称、专业、就职学校、是否获得教学名师称号等；第二部分设计为自陈量表，共91个题项，采用李克特 5 分计分法，内容分别对应教学科研能力、管理能力、实践能力、发展能力、个性特质和内在动机六个维度，即分别形成六个分问卷。其中，教学科研能力分问卷的题项包括课堂教学、教学改革、专业能力、指导学生、科学研究五个分维度；管理能力分问卷的题项包括领导团队、沟通协调、统筹规划、合作分享、执行能力五个分维度；实践能力分问卷的题项包括校企合作、企业实践、竞赛指导三个分维度；发展能力分问卷的题项包括总结思考、学习提升、探索创新三个分维度；个性特征分问卷的题项包括责任担当、良好心态、上进心强、锲而不舍四个分维度；内在动机分问卷的题项包括爱岗敬业、成就需要、目标追求三个分维度。

3. 研究过程

首先由研究者将制作好的调查问卷发送至问卷星网站（https://www.wjx.cn），再通过 13 所高职院校人事处分享链接邀请高职院校教师，要求被调查者按照问卷要求完成填表。收集上来的问卷采用 SPSS 22.0 进行描述性统计、独立样本 t 检验和方差分析。

4. 分析工具和方法

本研究运用 Excel 2010、SPSS 22.0、AMOS 7.0 等统计软件进行统计分析。通过对《高职院校教师能力素质状况调查问卷》依次进行项目分析、验证性因素分析、信度分析和效度分析，进而对高职院校教学名师能力素质模型进行合理性验证。

二、验证结果

（一）项目分析结果

为保证验证性因素分析质量，首先进行项目分析。采用如下标准筛选题项后进入因素分析：第一，剔除与问卷总分相关不显著或者相关系数小于 0.3 的题项；第二，首先将题项按照问卷统计总分按升序排序，将排序位于前后 27% 作为高分组和低分组，再对每个题项的高分组和低分组进行独立样本 t 检验，剔除不显著的题项。按照上述标准，《高职院校教师能力素质状况调查问卷》没有需要删除的题项。

（二）验证性因素分析结果

本研究采用验证性因素分析对问卷结构进行检验。先分别对六个分问卷的结构进行验证性因素分析；在此基础上，再对总问卷的结构进行验证性因素分析。

1. 教学科研能力分问卷验证性因素分析结果

为高职院校教师教学科研能力分问卷构建五因素结构理论模型，包括课堂教学、教学改革、专业能力、指导学生、科学研究五个因素。采用AMOS 7.0对五因素结构模型进行验证性因素分析，结果如表3-2和图3-1所示。

从表3-2中可以看出，模型的拟合指数 $CMIN/DF=3.644$（理想值小于5），NFI、RFI、IFI、TLI、CFI 值均大于0.9，$RMSEA=0.051$（理想值小于0.08）。这些指标均达到了验证性因素分析的指标要求，说明模型的拟合情况比较理想，从而验证了高职院校教师教学科研能力五因素结构模型是合理的。

表3-2　教学科研能力模型拟合度检验结果

模型	CMIN	DF	CMIN/DF	NFI	RFI	IFI	TLI	CFI	RMSEA
五因素	1224.471	336	3.644	0.936	0.923	0.953	0.943	0.953	0.051

2. 管理能力分问卷验证性因素分析结果

为高职院校教师管理能力分问卷构建五因素结构理论模型，包括领导团队、沟通协调、统筹规划、合作分享、执行能力五个因素。采用AMOS 7.0对五因素结构模型进行验证性因素分析，结果如表3-3和图3-2所示。

表3-3　管理能力模型拟合度检验结果

模型	CMIN	DF	CMIN/DF	NFI	RFI	IFI	TLI	CFI	RMSEA
五因素	342.229	74	4.625	0.970	0.952	0.977	0.962	0.977	0.060

从表3-3中可以看出，模型的拟合指数 $CMIN/DF=4.625$（理想值小于5），NFI、RFI、IFI、TLI、CFI 值均大于0.9，$RMSEA=0.060$（理想值小于0.08）。这些指标均达到了验证性因素分析的指标要求，说明模型的拟合情况比较理想，从而验证了高职院校教师管理能力五因素结构模型是合理的。

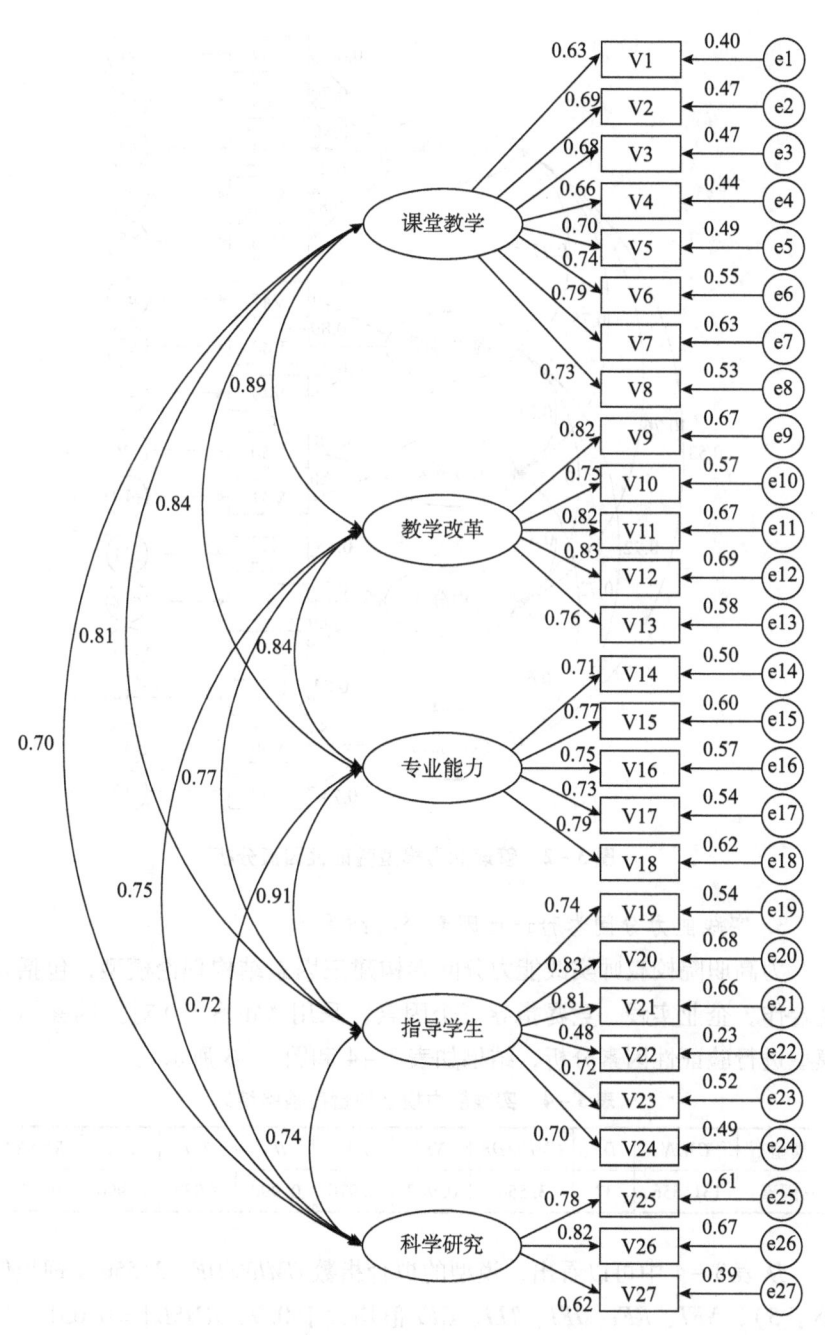

图 3−1　教学科研能力模型验证性因素分析

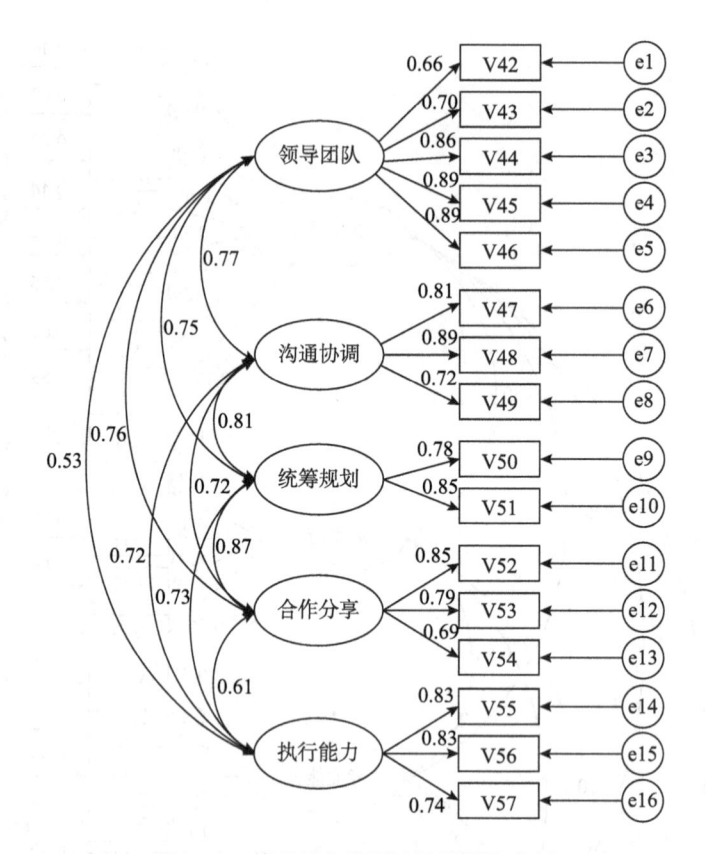

图 3-2　管理能力模型验证性因素分析

3. 实践能力分问卷验证性因素分析结果

为高职院校教师实践能力分问卷构建三因素结构理论模型，包括校企合作、企业实践、竞赛指导三个因素。采用 AMOS 7.0 对三因素结构模型进行验证性因素分析，结果如表 3-4 和图 3-3 所示。

表 3-4　实践能力模型拟合度检验结果

模型	CMIN	DF	CMIN/DF	NFI	RFI	IFI	TLI	CFI	RMSEA
三因素	131.556	37	3.556	0.987	0.976	0.990	0.983	0.990	0.051

从表 3-4 中可以看出，模型的拟合指数 $CMIN/DF=3.556$（理想值小于 5），NFI、RFI、IFI、TLI、CFI 值均大于 0.9，$RMSEA=0.051$（理想值小于 0.08）。这些指标均达到了验证性因素分析的指标要求，说明

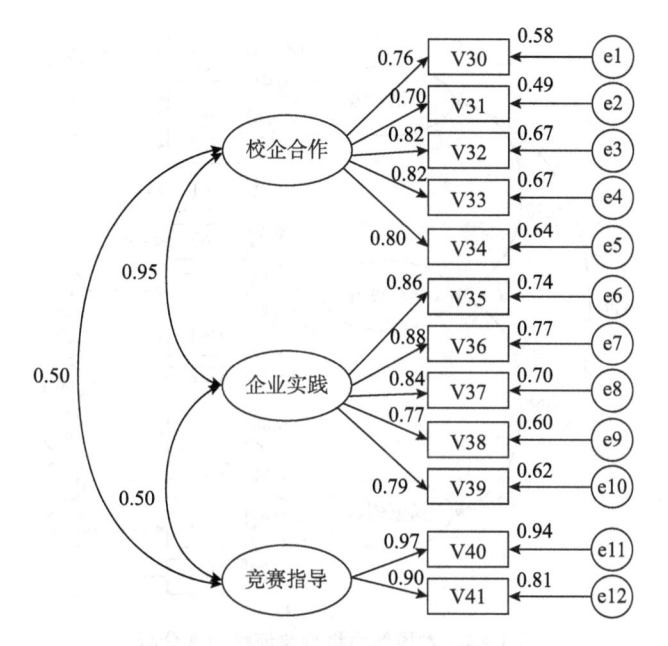

图 3-3 实践能力模型验证性因素分析

模型的拟合情况比较理想,从而验证了高职院校教师实践能力三因素结构模型是合理的。

4. 发展能力分问卷验证性因素分析结果

为高职院校教师发展能力分问卷构建三因素结构理论模型,包括总结思考、学习提升、探索创新三个因素。采用 AMOS 7.0 对三因素结构模型进行验证性因素分析,结果如表 3-5 和图 3-4 所示。

表 3-5 发展能力模型拟合度检验结果

模型	CMIN	DF	CMIN/DF	NFI	RFI	IFI	TLI	CFI	RMSEA
三因素	134.583	41	3.283	0.987	0.980	0.991	0.986	0.991	0.048

从表 3-5 中可以看出,模型的拟合指数 $CMIN/DF=3.283$(理想值小于5),NFI、RFI、IFI、TLI、CFI 值均大于 0.9,$RMSEA=0.048$(理想值小于 0.08)。这些指标均达到了验证性因素分析的指标要求,说明模型的拟合情况比较理想,从而验证了高职院校教师发展能力三因素结构模型是合理的。

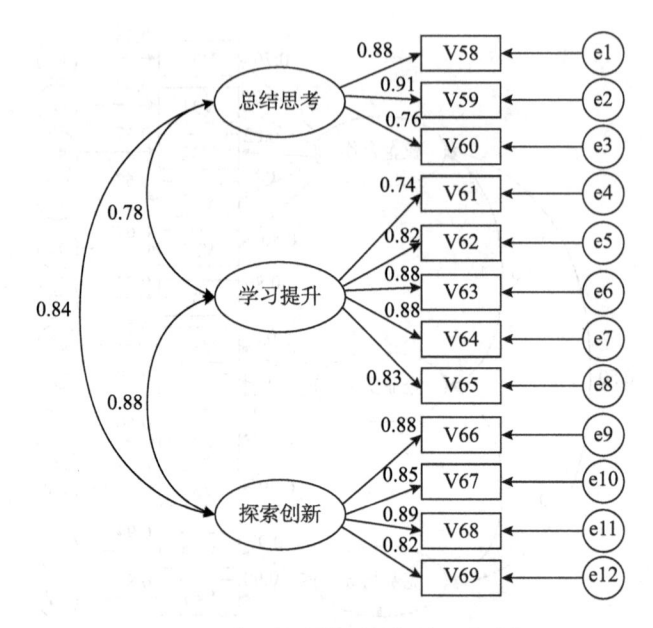

图 3-4 发展能力模型验证性因素分析

5. 个性特质分问卷验证性因素分析结果

为高职院校教师个性特质分问卷构建四因素结构理论模型，包括责任担当、良好心态、上进心强、锲而不舍四个因素。采用 AMOS 7.0 对四因素结构模型进行验证性因素分析，结果如表 3-6 和图 3-5 所示。

表 3-6 个性特质模型拟合度检验结果

模型	CMIN	DF	CMIN/DF	NFI	RFI	IFI	TLI	CFI	RMSEA
四因素	160.016	35	4.572	0.984	0.969	0.987	0.976	0.987	0.060

从表 3-6 中可以看出，模型的拟合指数 $CMIN/DF=4.572$（理想值小于5），NFI、RFI、IFI、TLI、CFI 值均大于 0.9，$RMSEA=0.060$（理想值小于 0.08）。这些指标均达到了验证性因素分析的指标要求，说明模型的拟合情况比较理想，从而验证了高职院校教师个性特质四因素结构模型是合理的。

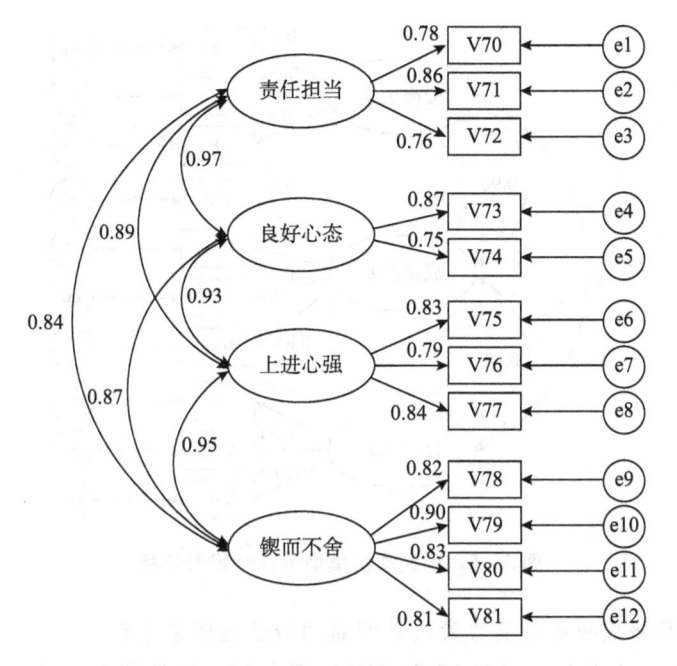

图 3-5 个性特质模型验证性因素分析

6. 内在动机分问卷验证性因素分析结果

为高职院校教师内在动机分问卷构建三因素结构理论模型，包括爱岗敬业、成就需要、目标追求三个因素。采用 AMOS 7.0 对三因素模型进行验证性因素分析，结果如表 3-7 和图 3-6 所示。

表 3-7 内在动机模型拟合度检验结果

模型	CMIN	DF	CMIN/DF	NFI	RFI	IFI	TLI	CFI	RMSEA
三因素	80.830	18	4.491	0.989	0.973	0.992	0.979	0.992	0.059

从表 3-7 中可以看出，模型的拟合指数 $CMIN/DF$ = 4.491（理想值小于 5），NFI、RFI、IFI、TLI、CFI 值均大于 0.9，$RMSEA$ = 0.059（理想值小于 0.08）。这些指标均达到了验证性因素分析的指标要求，说明模型的拟合情况比较理想，从而验证了高职院校教师内在动机三因素结构模型是合理的。

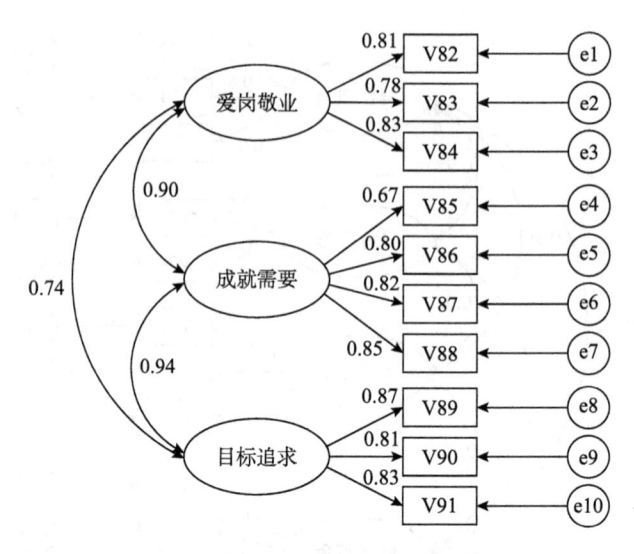

图3-6 内在动机模型验证性因素分析

7. 高职院校教师能力素质总问卷的验证性因素分析

通过以上分问卷的验证性因素分析表明，教学科研能力、管理能力、实践能力、发展能力、个性特质和内在动机六个分问卷均具有较为稳定合理的结构。在此基础上，将上述六种能力素质因素的平均数作为高职院校教师能力素质的题项分数，构建高职院校教师能力素质总问卷六因素结构理论模型，采用 AMOS 7.0 进行验证性因素分析，结果如表3-8和图3-7所示。

表3-8 高职院校教师能力素质模型拟合度检验结果

模型	CMIN	DF	CMIN/DF	NFI	RFI	IFI	TLI	CFI	RMSEA
六因素	786.106	180	4.367	0.967	0.949	0.974	0.960	0.974	0.058

从表3-8中可以看出，模型的拟合指数 $CMIN/DF=4.367$（理想值小于5），NFI、RFI、IFI、TLI、CFI 值均大于0.9，$RMSEA=0.058$（理想值小于0.08）。这些指标均达到了验证性因素分析的指标要求，说明模型的拟合情况比较理想，从而验证了高职院校教师能力素质六因素结构模型是合理的。

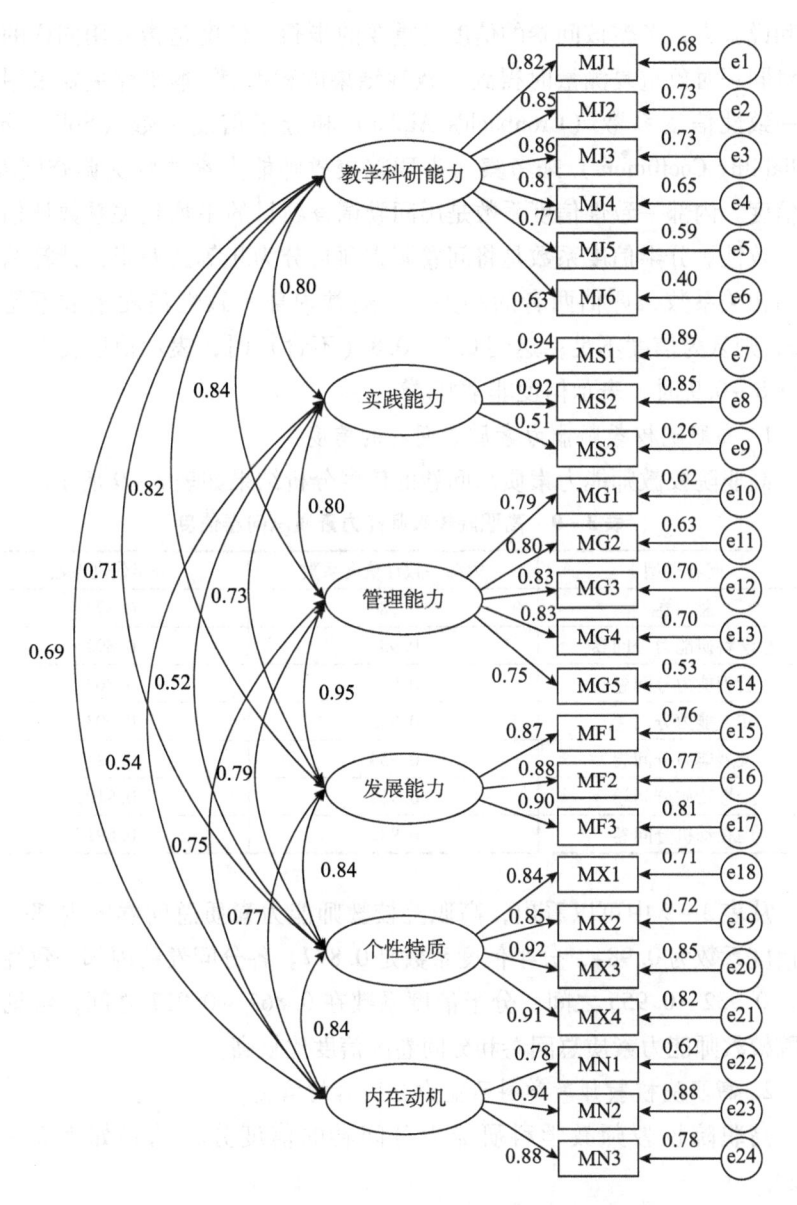

图 3-7 高职院校教师能力素质模型验证性因素分析

（三）信度分析结果

为了保证《高职院校教师能力素质状况调查问卷》测验结果的可信

度和说服力,考察该问卷的信度是重要的步骤。信度是指采用同样的方法对同一对象重复测量时得到一致性结果的程度。[1] 本研究主要采用内部一致性信度系数(Cronbach's Alpha)和分半信度系数(Split-half Reliability Coefficient)来考察《高职院校教师能力素质状况调查问卷》的信度。内部一致性信度系数是用问卷调查项目的平均相关系数评估内在一致性。分半信度系数是将问卷调查项目分为相等的两半,计算两部分的相关系数,评估两者的相关性。通常内部一致性信度系数不超过0.6,则认为信度不足;达到0.7~0.8(不含)时,表示信度良好;达到0.8~0.9时,表示信度非常好。[2]

1. 高职院校教师能力素质总问卷的信度

高职院校教师能力素质总问卷的信度分析结果如表3-9所示。

表3-9 高职院校教师能力素质总问卷信度

问卷类型	内部一致性信度系数	分半信度系数
总问卷	0.984	0.877
教学科研能力分问卷	0.955	0.892
管理能力分问卷	0.937	0.867
实践能力分问卷	0.935	0.903
发展能力分问卷	0.954	0.927
个性特质分问卷	0.951	0.910
内在动机分问卷	0.932	0.891

从表3-9中可以看出,高职院校教师能力素质总问卷的内部一致性信度系数为0.984,分半信度系数是0.877。各分问卷的内部一致性系数在0.932~0.955之间,分半信度系数在0.867~0.927之间,可见高职院校教师能力素质总问卷和分问卷的信度比较高。

2. 高职院校教师教学科研能力分问卷的信度

高职院校教师教学科研能力分问卷的信度分析结果如表3-10所示。

---

[1] 马文军,潘波. 问卷的信度和效度以及如何用SAS软件分析[J]. 中国卫生统计,2000,17(6):364-365.

[2] 陈岩松. 基于胜任力的高校辅导员绩效评价研究[D]. 南京:南京航空航天大学,2011.

表3-10　高职院校教师教学科研能力分问卷信度

	分问卷维度	内部一致性信度系数	分半信度系数
教学科研能力分问卷	课堂教学	0.883	0.842
	教学改革	0.895	0.870
	专业能力	0.864	0.806
	指导学生	0.853	0.732
	科学研究	0.770	0.704

从表3-10中可以看出，高职院校教师教学科研能力分问卷各维度的内部一致性信度系数在0.770~0.895之间，分半信度系数在0.704~0.870之间，可见教学科研能力分问卷的信度良好。

3. 高职院校教师管理能力分问卷的信度

高职院校教师管理能力分问卷的信度分析结果如表3-11所示。

表3-11　高职院校教师管理能力分问卷信度

	分问卷维度	内部一致性信度系数	分半信度系数
管理能力分问卷	领导团队	0.898	0.818
	沟通协调	0.842	0.746
	统筹规划	0.788	0.788
	合作分享	0.807	0.775
	执行能力	0.833	0.723

从表3-11中可以看出，高职院校教师管理能力分问卷各维度的内部一致性信度系数在0.788~0.898之间，分半信度系数在0.723~0.818之间，可见管理能力分问卷的信度良好。

4. 高职院校教师实践能力分问卷的信度

高职院校教师实践能力分问卷的信度分析结果如表3-12所示。

表3-12　高职院校教师实践能力分问卷信度

	分问卷维度	内部一致性信度系数	分半信度系数
实践能力分问卷	校企合作	0.882	0.848
	企业实践	0.913	0.847
	竞赛指导	0.930	0.930

从表3-12中可以看出，高职院校教师实践能力分问卷各维度的内部一致性信度系数在0.882~0.930之间，分半信度系数在0.847~0.930之间，可见实践能力分问卷的信度非常好。

5. 高职院校教师发展能力分问卷的信度

高职院校教师发展能力分问卷的信度分析结果如表3-13所示。

表3-13　高职院校教师发展能力分问卷信度

	分问卷维度	内部一致性信度系数	分半信度系数
发展能力分问卷	总结思考	0.872	0.772
	学习提升	0.914	0.843
	探索创新	0.917	0.907

从表3-13中可以看出，高职院校教师发展能力分问卷各维度的内部一致性信度系数在0.872~0.917之间，分半信度系数在0.772~0.907之间，可见发展能力分问卷的信度良好。

6. 高职院校教师个性特质分问卷的信度

高职院校教师个性特质分问卷的信度分析结果如表3-14所示。

表3-14　高职院校教师个性特质分问卷信度

	分问卷维度	内部一致性信度系数	分半信度系数
个性特质分问卷	责任担当	0.827	0.717
	良好心态	0.787	0.787
	上进心强	0.863	0.787
	锲而不舍	0.903	0.881

从表3-14中可以看出，高职院校教师个性特质分问卷各维度的内部一致性信度系数在0.787~0.903之间，分半信度系数在0.717~0.881之间，可见个性特质分问卷的信度良好。

7. 高职院校教师内在动机分问卷的信度

高职院校教师内在动机分问卷的信度分析结果如表3-15所示。

表3-15 高职院校教师内在动机分问卷信度

	分问卷维度	内部一致性信度系数	分半信度系数
内在动机分问卷	爱岗敬业	0.845	0.791
	成就需要	0.852	0.845
	目标追求	0.874	0.717

从表3-15中可以看出，高职院校教师内在动机分问卷各维度的内部一致性信度系数在0.845~0.874之间，分半信度系数在0.717~0.845之间，可见内在动机分问卷的信度良好。

（四）效度分析结果

效度（Validity）即有效性，是指利用测量工具得到的结果能准确反映所测事物的程度。测量结果与所测的内容越吻合，表明效度越高，反之表明效度越低。❶ 本研究对问卷的内容效度和结构效度进行评估。

1. 内容效度分析

问卷内容效度是指设计的问卷题项与所要测量的内容吻合的程度。本研究采用专家咨询法，对问卷每个题项的内容进行分析评定。具体过程为：分别邀请两位国家级高职院校教学名师、一位高职院校校领导、一位心理学博士、一位职教研究专家、一位省教育厅职教处领导作为评定专家，对每个题项是否能够归属于该维度、六个维度是否归属于高职院校教师能力素质进行评定。每位专家对每一道题项和每一个维度做出1~4分的评分：1分代表题目与维度非常不相关，2分代表题目与维度比较不相关，3分代表题目与维度比较相关，4分代表题目与维度非常相关。在此基础上采用史静琤推荐的内容效度指数（Item-level CVI，I-CVI）对各题项进行分析。❷

先计算每个题项的 I-CVI，该值等于在该题项评分为3分或者4分的专家人数占专家总人数的百分比。再按照式（3-1）分别计算 Pc 和调整后的 Kappa。Kappa 为 0.40~0.59 代表专家认可度一般，0.60~

---

❶ 马文军, 潘波. 问卷的信度和效度以及如何用 SAS 软件分析 [J]. 中国卫生统计, 2000, 17 (6): 364-365.

❷ 史静琤, 莫显昆, 孙振球. 量表编制中内容效度指数的应用 [J]. 中南大学学报（医学版）, 2012, 37 (2): 152-155.

0.74 代表专家认可度较好，大于 0.75 代表专家认可度高。计算结果显示，问卷每个题项的 Kappa 均高于 0.80，代表专家对该题项认可度高，问卷具有良好的内容效度。

$$Pc = \frac{n!}{A!(A!-n!)} \times 0.5^n$$

$$Kappa = \frac{I - CVI - Pc}{1 - Pc} \qquad (3-1)$$

式中，Pc（Proportion of Agreement）是指评审者在内容效度分析中对每个项目的一致性比例。Pc 的计算方式是在每个项目的评审者中，对同一个项目给出相同答案的比例。Pc 的范围在 0～1 之间，值越接近 1，表示评审者之间的一致性越高。Kappa 是一种用于评估评审者之间一致性的统计指标。在内容效度分析中，调整后的 Kappa 通常用于衡量评审者对每个项目的一致性，考虑了随机一致性的影响。调整后的 Kappa 的范围在 -1～1 之间，值越接近 1，表示评审者之间的一致性越高；值越接近 -1，表示评审者之间的一致性越低。

2. 结构效度分析

结构效度是指问卷的结构是否和预设的理论构想相一致，具体外化为问卷测评得到的数据结果是否真实反映了预定的测评目标。《高职院校教师能力素质状况调查问卷》是根据初步构建的高职院校教学名师能力素质模型为原型进行编制的。各分问卷和题项是针对模型 6 个维度和 23 项能力素质要素的内容有针对性地进行设计的。因此，通过对问卷数据的统计分析得出结构效度，从而验证构建模型的结构效度。本研究运用相关分析技术计算总问卷与分问卷之间以及各分问卷之间的相关系数。根据测量学基本原理，相关系数大于 0.5 属于中等程度的相关，相关系数大于 0.8 属于较强程度的相关；总问卷与各分问卷的相关系数高于分问卷之间的相关系数，同时各分问卷之间的相关性适中，表明总问卷的结构效度比较高。分问卷的结构效度也同理进行分析测量。[1]

1）总问卷的结构效度

《高职院校教师能力素质状况调查问卷》整体的结构效度分析结果

---

[1] 陈岩松. 基于胜任力的高校辅导员绩效评价研究 [D]. 南京：南京航空航天大学，2011.

如表 3-16 所示。

表 3-16 《高职院校教师能力素质状况调查问卷》的结构效度

维度	能力素质	教学科研能力	实践能力	管理能力	发展能力	个性特质	内在动机
能力素质	1						
教学科研能力	0.916**	1					
实践能力	0.830**	0.753**	1				
管理能力	0.916**	0.764**	0.752**	1			
发展能力	0.904**	0.757**	0.672**	0.853**	1		
个性特质	0.811**	0.648**	0.490**	0.710**	0.770**	1	
内在动机	0.784**	0.636**	0.490**	0.668**	0.701**	0.778**	1

注：* 代表 $p<0.05$，** 代表 $p<0.01$，*** 代表 $p<0.001$。

表 3-16 中的统计数据显示，各分问卷之间的相关系数在 0.490~0.853 之间，呈现中等相关，可见各分问卷之间既具有相对独立性，又具有一定的相关性。总问卷与各分问卷的相关系数在 0.784~0.916 之间，属于较强程度的相关性，且高于各分问卷之间的相关系数，说明《高职院校教师能力素质状况调查问卷》的整体结构效度是比较高的。

2）高职院校教师教学科研能力分问卷的结构效度

高职院校教师教学科研能力分问卷的结构效度分析结果如表 3-17 所示。

表 3-17 高职院校教师教学科研能力分问卷的结构效度

维度	教学科研能力	课堂教学	教学改革	专业能力	指导学生	科学研究
教学科研能力	1					
课堂教学	0.886**	1				
教学改革	0.892**	0.789**	1			
专业能力	0.873**	0.731**	0.738**	1		
指导学生	0.844**	0.662**	0.662**	0.758**	1	
科学研究	0.788**	0.585**	0.632**	0.592**	0.613**	1

注：* 代表 $p<0.05$，** 代表 $p<0.01$，*** 代表 $p<0.001$。

从表 3-17 中可以看出，教学科研能力分问卷与各维度的相关系数在 0.788~0.892 之间，属于较强程度的相关性，且明显高于各维度之间

0.585~0.789 的相关系数。这表明了教学科研能力分问卷各维度之间既有相对独立性，又有一定的相关性，共同构成了较强内在关联的整体，教学科研能力分问卷的结构效度是高的。

3）高职院校教师管理能力分问卷的结构效度

高职院校教师管理能力分问卷的结构效度分析结果如表3-18所示。

表3-18 高职院校教师管理能力分问卷的结构效度

维度	管理能力	领导团队	沟通协调	统筹规划	合作分享	执行能力
管理能力	1					
领导团队	0.891**	1				
沟通协调	0.835**	0.635**	1			
统筹规划	0.830**	0.632**	0.691**	1		
合作分享	0.857**	0.696**	0.635**	0.715**	1	
执行能力	0.737**	0.471**	0.645**	0.626**	0.553**	1

注：*代表 $p<0.05$，**代表 $p<0.01$，***代表 $p<0.001$。

从表3-18中可以看出，管理能力分问卷与各维度的相关系数在0.737~0.891之间，属于较强程度的相关性，且明显高于各维度之间0.471~0.715 的相关系数。这表明了管理能力分问卷各维度之间既有相对独立性，又有一定的相关性，共同构成了较强内在关联的整体，管理能力分问卷的结构效度是高的。

4）高职院校教师实践能力分问卷的结构效度

高职院校教师实践能力分问卷的结构效度分析结果如表3-19所示。

表3-19 高职院校教师实践能力分问卷的结构效度

维度	实践能力	校企合作	企业实践	竞赛指导
实践能力	1			
校企合作	0.943**	1		
企业实践	0.949**	0.870**	1	
竞赛指导	0.654**	0.463**	0.467**	1

注：*代表 $p<0.05$，**代表 $p<0.01$，***代表 $p<0.001$。

从表3-19中可以看出，实践能力分问卷与各维度的相关系数在0.654~0.949之间，属于较强程度的相关性，且明显高于各维度之间

0.463~0.870 的相关系数。这表明了实践能力分问卷各维度之间既有相对独立性，又有一定的相关性，共同构成了较强内在关联的整体，实践能力分问卷的结构效度是高的。

5）高职院校教师发展能力分问卷的结构效度

高职院校教师发展能力分问卷的结构效度分析结果如表 3-20 所示。

表 3-20　高职院校教师发展能力分问卷的结构效度

维度	发展能力	总结思考	学习提升	探索创新
发展能力	1			
总结思考	0.883 **	1		
学习提升	0.941 **	0.738 **	1	
探索创新	0.940 **	0.775 **	0.818 **	1

注：* 代表 $p<0.05$，** 代表 $p<0.01$，*** 代表 $p<0.001$。

从表 3-20 中可以看出，发展能力分问卷与各维度的相关系数在 0.883~0.941 之间，属于较强程度的相关性，且明显高于各维度之间 0.738~0.818 的相关系数。这表明了发展能力分问卷各维度之间既有相对独立性，又有一定的相关性，共同构成了较强内在关联的整体，发展能力分问卷的结构效度是高的。

6）高职院校教师个性特质分问卷的结构效度

高职院校教师个性特质分问卷的结构效度分析结果如表 3-21 所示。

表 3-21　高职院校教师个性特质分问卷的结构效度

维度	个性特质	责任担当	良好心态	上进心强	锲而不舍
个性特质	1				
责任担当	0.898 **	1			
良好心态	0.885 **	0.786 **	1		
上进心强	0.930 **	0.769 **	0.773 **	1	
锲而不舍	0.932 **	0.746 **	0.753 **	0.837 **	1

注：* 代表 $p<0.05$，** 代表 $p<0.01$，*** 代表 $p<0.001$。

从表 3-21 中可以看出，个性特质分问卷与各维度的相关系数在 0.885~0.932 之间属于较高程度的相关性，且明显高于各维度之间 0.746~0.837 的相关系数。这表明了个性特质分问卷各维度之间既有相对独立性,又有一定的相关性,共同构成了较强内在关联的整体,个性特质分问卷的结构效度是高的。

7) 高职院校教师内在动机分问卷的结构效度

高职院校教师内在动机分问卷的结构效度分析结果如表3-22所示。

表3-22 高职院校教师内在动机分问卷的结构效度

维度	内在动机	爱岗敬业	成就需要	目标追求
内在动机	1			
爱岗敬业	0.851**	1		
成就需要	0.961**	0.754**	1	
目标追求	0.912**	0.636**	0.832**	1

注:*代表 $p<0.05$,**代表 $p<0.01$,***代表 $p<0.001$。

从表3-22中可以看出,内在动机分问卷与各维度的相关系数在0.851~0.961之间,属于较高程度的相关性,且明显高于各维度之间0.636~0.832的相关系数。这表明了内在动机分问卷各维度之间既有相对独立性,又有一定的相关性,共同构成了较强内在关联的整体,内在动机分问卷的结构效度是高的。

三、分析与讨论

研究者依据已经构建的高职院校教学名师能力素质模型,编制了《高职院校教师能力素质状况调查问卷》,问卷涵盖能力素质模型的教学科研能力、管理能力、实践能力、发展能力、个性特质和内在动机六个维度,为每个维度编制了相应的结构化题项,形成分问卷。在此基础上,通过对总问卷和各分问卷进行验证性因素分析和信度、效度分析,进而验证了高职院校教学名师能力素质模型的有效性。

1. 验证性因素分析结果分析

验证性因素分析分两个阶段进行。先对教学科研能力、管理能力、实践能力、发展能力、个性特质和内在动机六个分问卷分别进行验证性因素分析,六个分问卷的验证性因素分析的效度指数均达到了统计指标的要求,由此验证了高职院校教师教学科研能力、实践能力、管理能力、发展能力、个性特质和内在动机等分问卷和相应模型的结构是合理的。在此基础上进行总问卷的验证性因素分析，其效度指数也达到了统计指标的要求，验证了教学科研能力、管理能力、实践能力、发展能力、个性特质和内在动机六个维度之间的数据拟合程度较高、结构合理，从而验证了高职院校教学名师能力素质模型结构的有效性。

2. 信度结果分析

本研究对问卷进行信度分析，以考察问卷与高职院校教学名师能力素质模型是否具有测量上的一致性。研究纳入了两种信度指标：内部一致性信度系数和分半信度系数。统计数据表明，总问卷以及各分问卷均具有良好的内部一致性信度和分半信度。总问卷的内部一致性信度系数为 0.984，分半信度系数是 0.877；分问卷的内部一致性系数在 0.932 ~ 0.955 之间，分半信度系数在 0.867 ~ 0.927 之间；分问卷各维度的内在一致性信度系数在 0.770 ~ 0.930 之间，分半信度系数在 0.704 ~ 0.930 之间。信度系数大于 0.7 表明具有较高的一致性，可见总问卷和各分问卷的信度系数均达到了统计要求，表明问卷的信度是良好的。

3. 效度结果分析

本研究还对问卷的内容效度和结构效度进行了分析测量。首先，请六位专家对每个题项进行内容效度评分，通过计算得出每个题项和每个分问卷的 *Kappa* 均在 0.8 以上，可见问卷的内容效度良好。其次，运用相关性分析测量问卷的结构效度，即通过计算各分问卷维度之间相关系数以及分问卷与总问卷之间的相关系数，来评估问卷的结构效度。研究数据表明，各分问卷之间的相关系数呈中等相关，表明各分问卷之间既有相对独立性，又具有一定的相关性；总问卷与分问卷之间具有较强的相关性，其相关系数高于各分问卷之间的相关系数。根据测量学基本原理证明问卷的结构效度是比较高的。

上述数据分析结果表明，《高职院校教师能力素质状况调查问卷》的结构和内容具有较高的合理性、信度和效度，从而验证了所对应的高职院校教学名师能力素质模型是有效的。

第二节　教学名师能力素质现状分析

高职院校教学名师具有的能力素质不仅是其自身的财富，也可以成为普通教师专业发展所追求的目标，引领普通教师更好地发展。本节针对高职院校教学名师和非教学名师的能力素质进行对比分析，进一步验证高职院校教学名师能力素质模型的有效性。同时运用调查数据探讨高职院校教学名师能力素质的发展现状和特点，为培育高职院校教学名师，促进高职院校师资队伍建设提供一定的理论和实证基础。

一、研究方法

通过问卷调查收集高职院校教学名师和非教学名师的能力素质数据，并采用 SPSS 22.0 的描述性统计、独立样本 t 检验和方差分析进行数据的分析比较。

1. 研究对象

研究者将问卷通过问卷星进行编辑，采用方便取样的方法对高职院校教师进行调查，收回 1004 份问卷，删除无效问卷 4 份，有效问卷 1000 份，有效回收问卷率为 99.6%。其中校级以上教学名师 123 名，非教学名师 877 名。调查样本的具体情况如表 3–1 所示。

2. 研究工具

研究工具采用自编的《高职院校教师能力素质状况调查问卷》。通过第三章第一节中问卷信度和效度分析可知，问卷具有良好的信度和效度，可以作为测量高职院校教师能力素质现状的有效工具。

3. 研究过程

先由研究者将制作好的问卷发送至问卷星网站，再分享链接邀请高职院校教师按要求完成问卷。收集上来的问卷数据采用 SPSS 22.0 进行描述性统计、独立样本 t 检验和方差分析。

二、研究结果

（一）高职院校教师（非教学名师）的能力素质现状

通过描述性统计分析 877 名高职院校教师（非教学名师）能力素质的自评水平，具体如表 3–23 所示。

表 3-23　高职院校教师（非教学名师）能力素质自评表

维　度		极小值	极大值	均值
总问卷	教学科研能力	1	5	3.84±0.56
	管理能力	1	5	3.63±0.64
	实践能力	1	5	3.36±0.83
	发展能力	1	5	3.82±0.66
	个性特质	1	5	4.16±0.59
	内在动机	1	5	4.20±0.63
教学科研能力	课堂教学	1	5	3.97±0.57
	教学改革	1	5	3.71±0.74
	专业能力	1	5	4.09±0.60
	指导学生	1	5	4.07±0.60
	科学研究	1	5	3.47±0.84
管理能力	领导团队	1	5	3.13±0.87
	沟通协调	1	5	3.91±0.67
	统筹规划	1	5	3.84±0.72
	合作分享	1	5	3.63±0.78
	执行能力	1	5	4.05±0.68
实践能力	校企合作	1	5	3.37±0.84
	企业实践	1	5	3.39±0.93
	竞赛指导	1	5	3.24±1.19
发展能力	总结思考	1	5	3.85±0.73
	学习提升	1	5	3.88±0.69
	探索创新	1	5	3.72±0.74
个性特质	责任担当	1	5	4.20±0.64
	良好心态	1	5	4.18±0.68
	上进心强	1	5	4.14±0.65
	锲而不舍	1	5	4.13±0.63
内在动机	爱岗敬业	1	5	4.47±0.61
	成就需要	1	5	4.14±0.71
	目标追求	1	5	4.02±0.75

从表 3-23 中可以看出，高职院校教师能力素质的自评分值由高到低依次排序为内在动机、个性特质、教学科研能力、发展能力、管理能力和实践能力。在教学科研能力中，分值由高到低依次是专业能力、指导学生、课堂教学、教学改革、科学研究。在管理能力中，分值由高到低依次是执行能力、沟通协调、统筹规划、合作分享、领导团队。在实践能力中，分值由高到低依次是企业实践、校企合作、竞赛指导。在发展能力中，分值由高到低依次是学习提升、总结思考、探索创新。在个性特质中，分值由高到低依次是责任担当、良好心态、上进心强、锲而不舍。在内在动机中，分值由高到低依次是爱岗敬业、成就需要、目标追求。

（二）高职院校教学名师的能力素质现状

通过描述性统计分析 123 名高职院校教学名师能力素质要素的自评水平，具体如表 3-24 所示。

表 3-24　高职院校教学名师能力素质自评表

	维　度	极小值	极大值	均值
总问卷	教学科研能力	3	5	4.09 ± 0.57
	管理能力	3	5	3.98 ± 0.66
	实践能力	2	5	3.80 ± 0.79
	发展能力	2	5	4.06 ± 0.68
	个性特质	3	5	4.36 ± 0.58
	内在动机	3	5	4.39 ± 0.61
教学科研能力	课堂教学	2	5	4.13 ± 0.61
	教学改革	2	5	4.01 ± 0.69
	专业能力	2	5	4.31 ± 0.62
	指导学生	3	5	4.23 ± 0.58
	科学研究	1	5	3.84 ± 0.83
管理能力	领导团队	1	5	3.71 ± 0.86
	沟通协调	3	5	4.12 ± 0.66
	统筹规划	3	5	4.07 ± 0.68
	合作分享	2	5	4.02 ± 0.73
	执行能力	2	5	4.17 ± 0.71

续表

维　度		极小值	极大值	均值
实践能力	校企合作	1	5	3.77±0.83
	企业实践	1	5	3.82±0.89
	竞赛指导	1	5	3.80±1.13
发展能力	总结思考	2	5	4.11±0.70
	学习提升	2	5	4.11±0.72
	探索创新	2	5	3.96±0.77
个性特质	责任担当	3	5	4.42±0.61
	良好心态	3	5	4.36±0.68
	上进心强	3	5	4.37±0.65
	锲而不舍	3	5	4.29±0.63
内在动机	爱岗敬业	3	5	4.58±0.56
	成就需要	2	5	4.36±0.66
	目标追求	2	5	4.24±0.73

从高职院校教学名师能力素质的自评数据来看，自评分值由高到低依次是内在动机、个性特征、教学科研能力、发展能力、管理能力和实践能力。在教学科研能力中，分值由高到低依次是专业能力、指导学生、课堂教学、教学改革、科学研究。在管理能力中，分值由高到低依次是执行能力、沟通协调、统筹规划、合作分享、领导团队。在实践能力中，分值由高到低依次是企业实践、竞赛指导、校企合作。在发展能力中，分值由高到低依次是学习提升、总结思考、探索创新。在个性特质中，分值由高到低依次是责任担当、上进心强、良好心态、锲而不舍。在内在动机中，分值由高到低依次是爱岗敬业、成就需要、目标追求。

（三）教学名师和非教学名师的数据比较分析

用独立样本 t 检验对高职院校教学名师和非教学名师能力素质的自评数据指标进行比较分析，结果如表 3-25 所示。

表 3-25 教学名师和非教学名师在能力素质上的差异

维度		教学名师	非教学名师	t 检验
总问卷	教学科研能力	4.09 ± 0.57	3.84 ± 0.56	4.65***
	管理能力	3.98 ± 0.66	3.63 ± 0.64	5.60***
	实践能力	3.80 ± 0.79	3.36 ± 0.83	5.71***
	发展能力	4.06 ± 0.68	3.82 ± 0.66	3.78***
	个性特质	4.36 ± 0.58	4.16 ± 0.59	3.46***
	内在动机	4.39 ± 0.61	4.20 ± 0.63	3.09**
教学科研能力	课堂教学	4.13 ± 0.61	3.97 ± 0.57	2.84**
	教学改革	4.01 ± 0.69	3.71 ± 0.74	4.31***
	专业能力	4.31 ± 0.62	4.09 ± 0.60	3.72***
	指导学生	4.23 ± 0.58	4.07 ± 0.60	2.86**
	科学研究	3.84 ± 0.83	3.47 ± 0.84	4.59***
管理能力	领导团队	3.71 ± 0.86	3.13 ± 0.87	6.96***
	沟通协调	4.12 ± 0.66	3.91 ± 0.67	3.22**
	统筹规划	4.07 ± 0.68	3.84 ± 0.72	3.24**
	合作分享	4.02 ± 0.73	3.63 ± 0.78	5.28***
	执行能力	4.17 ± 0.71	4.05 ± 0.68	1.76
实践能力	校企合作	3.77 ± 0.83	3.37 ± 0.84	4.92***
	企业实践	3.82 ± 0.89	3.39 ± 0.93	4.86***
	竞赛指导	3.80 ± 1.13	3.24 ± 1.19	4.92***
发展能力	总结思考	4.11 ± 0.70	3.85 ± 0.73	3.72***
	学习提升	4.11 ± 0.72	3.88 ± 0.69	3.45**
	探索创新	3.96 ± 0.77	3.72 ± 0.74	3.37**
个性特质	责任担当	4.42 ± 0.61	4.20 ± 0.64	3.63***
	良好心态	4.36 ± 0.68	4.18 ± 0.68	2.73**
	上进心强	4.37 ± 0.65	4.14 ± 0.65	3.69***
	锲而不舍	4.29 ± 0.63	4.13 ± 0.63	2.65**
内在动机	爱岗敬业	4.58 ± 0.56	4.47 ± 0.61	1.86
	成就需要	4.36 ± 0.66	4.14 ± 0.71	3.26**
	目标追求	4.24 ± 0.73	4.02 ± 0.75	3.08**

注：* 代表 $p<0.05$，** 代表 $p<0.01$，*** 代表 $p<0.001$。

从表 3 - 25 中可以看出,在能力素质的六个维度方面,教学名师的得分均显著高于非教学名师。在六个维度的二级指标上,除执行能力和爱岗敬业两个指标以外,在其他指标上,教学名师的得分均显著高于非教学名师。这也说明了高职院校教学名师能力素质的各项特征要素是能很好区分教学名师和非教学名师能力素质差距的,进一步验证了高职院校教学名师能力素质模型的合理性和有效性。

（四）教学名师能力素质的相关变量分析

通过独立样本 t 检验和方差检验从高职院校教学名师的性别、年龄、学历、职称、专业、学校类别、是否获得过教学科研成果奖、是否主持过课题、是否有过企业实践等人口学和社会学变量上,探索对教学名师能力素质水平的影响分析。

1. 教学名师能力素质在"性别"上的差异

通过独立样本 t 检验教学名师能力素质在"性别"上的差异,结果如表 3 - 26 所示。

表 3 - 26　教学名师能力素质在"性别"上的差异分析

维度	性别 男 ($N=56$)	性别 女 ($N=67$)	t 检验
教学科研能力	4.09 ± 0.57	3.80 ± 0.79	0.02
管理能力	4.36 ± 0.58	4.39 ± 0.61	0.21
实践能力	3.98 ± 0.66	4.06 ± 0.68	-1.77
发展能力	4.13 ± 0.61	4.01 ± 0.69	1.30
个性特质	4.31 ± 0.62	4.23 ± 0.58	0.10
内在动机	3.84 ± 0.83	3.48 ± 0.90	0.81

从表 3 - 26 中可以看出,教学名师能力素质的六个维度在性别变量分析中均没有显著性差异。

2. 教学名师能力素质在"年龄"上的差异

通过方差检验教学名师能力素质在"年龄"上的差异,结果如表 3 - 27 所示。

表 3-27 教学名师能力素质在"年龄"上的差异分析

维度	30岁及以下	31~35岁	36~40岁	41~45岁	46~50岁	50岁以上	方差检验
教学科研能力	3.29±0.71	3.99±0.60	4.08±0.60	4.17±0.48	4.18±0.62	3.86±0.45	1.64
管理能力	3.06±0.27	4.08±0.60	3.92±0.70	4.15±0.65	3.98±0.64	3.71±0.53	2.11
实践能力	3.08±0.94	3.67±0.62	3.83±0.85	4.06±0.72	3.73±0.81	3.44±0.79	1.48
发展能力	3.25±0.47	4.13±0.46	4.00±0.80	4.21±0.64	4.01±0.71	3.89±0.41	1.69
个性特质	3.46±0.77	4.25±0.38	4.34±0.64	4.52±0.49	4.26±0.70	4.23±0.29	2.27*
内在动机	3.55±0.78	4.35±0.41	4.32±0.72	4.50±0.59	4.39±0.58	4.33±0.37	1.45

注：*代表 $p<0.05$，**代表 $p<0.01$，***代表 $p<0.001$。

从表 3-27 中可以看出，在年龄变量分析中，个性特质的数据具有显著性差异，管理能力、发展能力、教学科研能力、实践能力、内在动机的数据也都有一定差异。通过 LSD 事后检验发现，在 41~45 岁这个年龄阶段的教学名师能力素质的相关数据普遍要高于其他年龄阶段。这在一定程度上也印证了教学名师访谈中反映的情况，即 41~45 岁是教师个人能力素质快速发展时期，大部分教学名师也是在这个年龄阶段取得高层级教学科研项目和成果，获评为国家级或省级教学名师称号。

3. 教学名师能力素质在"学历"上的差异

通过方差检验教学名师能力素质在"学历"上的差异，结果如表 3-28 所示。

表 3-28 教学名师能力素质在"学历"上的差异分析

维度	本科（$N=46$）	硕士研究生（$N=60$）	博士研究生（$N=17$）	方差检验
教学科研能力	4.10±0.51	4.09±0.60	4.04±0.65	0.06
管理能力	4.02±0.61	3.93±0.72	4.03±0.57	0.30
实践能力	3.77±0.79	3.83±0.84	3.77±0.69	0.08
发展能力	4.13±0.59	3.99±0.77	4.12±0.60	0.59
个性特质	4.47±0.48	4.28±0.66	4.32±0.54	1.54
内在动机	4.45±0.50	4.33±0.67	4.43±0.64	0.57

从表 3-28 中可以看出，教学名师能力素质的六个维度在学历变量分析中均没有显著性差异。不过所有教学名师均为本科以上学历，说明本科学历是教学名师的基本要求，本科以上学历对教学名师能力素质水平影响不大。

4. 教学名师能力素质在"职称"上的差异

通过方差检验教学名师能力素质在"职称"上的差异，结果如表 3-29 所示。

表 3-29 教学名师能力素质在"职称"上的差异分析

维度	讲师 ($N=39$)	副教授 ($N=53$)	教授 ($N=31$)	方差分析
教学科研能力	3.94±0.64	4.07±0.56	4.30±0.41	3.67*
管理能力	3.76±0.74	4.02±0.63	4.03±0.71	1.96
实践能力	3.67±0.84	3.76±0.79	4.18±0.52	3.99*
发展能力	3.83±0.74	4.14±0.66	4.22±0.58	3.58*
个性特质	4.23±0.65	4.39±0.58	4.45±0.49	1.39
内在动机	4.25±0.69	4.42±0.60	4.53±0.46	1.70

注：* 代表 $p<0.05$，** 代表 $p<0.01$，*** 代表 $p<0.001$。

从表 3-29 中可以看出，在职称变量分析中，教学科研能力、实践能力、发展能力的数据都有显著性差异，管理能力、个性特质和内在动机的数据也都有一定差异。通过 LSD 事后检验发现，教授职称的各项能力素质数据都高于副教授的能力素质数据，副教授的能力素质数据都高于讲师的能力素质数据，特别在教学科研能力、实践能力、发展能力这三个维度上有体现。说明职称的提升与教学名师能力素质水平的高低呈正相关。

5. 教学名师能力素质在"专业"上的差异

通过方差检验教学名师能力素质在"专业"上的差异，结果如表 3-30 所示。

表3-30 教学名师能力素质在"专业"上的差异分析

维度	文史哲 (N=15)	理学 (N=7)	工学 (N=58)	农学 (N=18)	医学 (N=5)	管理学 (N=13)	艺术学 (N=7)	方差检验
教学科研能力	3.85±0.54	3.83±0.43	4.14±0.63	4.25±0.49	3.89±0.49	4.01±0.51	4.26±0.37	1.29
管理能力	3.76±0.57	3.70±0.59	4.04±0.73	4.15±0.54	3.91±0.57	3.83±0.65	4.06±0.52	0.93
实践能力	3.09±0.73	2.99±0.71	3.89±0.78	4.17±0.57	3.80±0.68	3.88±0.76	4.25±0.52	5.30***
发展能力	3.97±0.55	3.65±0.66	4.11±0.73	4.25±0.67	4.00±0.73	3.93±0.73	4.07±0.50	0.82
个性特质	4.38±0.59	4.20±0.61	4.37±0.65	4.46±0.46	4.13±0.75	4.33±0.47	4.3±0.44	0.31
内在动机	4.37±0.81	4.17±0.68	4.37±0.60	4.66±0.44	4.14±0.68	4.32±0.56	4.44±0.40	0.92

注：*代表$p<0.05$，**代表$p<0.01$，***代表$p<0.001$。

从表3-30中可以看出，在专业变量分析中，实践能力的数据有显著性差异，教学科研能力的数据也有一定差异。通过LSD事后检验发现，工学、农学、管理学、艺术学等学科教学名师的实践能力和教学科研能力都要高于文史哲和理学等学科的教学名师。这也真实反映了在高职院校，实践类学科教学名师参与企业实践、产学研合作和承担高级别教学科研项目的机会比较多，因而相关的能力素质水平要高于基础类学科教学名师。

6. 教学名师能力素质在"学校类别"上的差异

通过方差检验教学名师能力素质在"学校类别"上的差异，结果如表3-31所示。

表3-31 教学名师能力素质在"学校类别"上的差异分析

维度	国家级示范性（骨干）校 (N=54)	省级示范性（骨干）校 (N=63)	其他院校 (N=6)	方差检验
教学科研能力	4.22±0.49	4.01±0.61	3.67±0.50	4.03**
管理能力	4.12±0.63	3.88±0.66	3.70±0.65	2.70
实践能力	3.96±0.72	3.68±0.86	3.61±0.57	2.03
发展能力	4.19±0.70	3.98±0.68	3.78±0.38	1.95
个性特质	4.40±0.57	4.32±0.61	4.35±0.34	0.32
内在动机	4.45±0.56	4.35±0.66	4.25±0.23	0.61

注：*代表$p<0.05$，**代表$p<0.01$，***代表$p<0.001$。

从表 3-31 中可以看出,在学校类别变量分析中,教学科研能力的数据具有显著性差异,管理能力、实践能力、发展能力的数据也有一定差异,即国家级示范性(骨干)校的教学名师的教学科研能力、管理能力、实践能力、发展能力这几项能力素质水平都高于省级示范性(骨干)校和普通高职院校教学名师的能力素质水平。

7. 教学名师能力素质在"是否获得过教学科研成果奖"上的差异

通过独立样本 t 检验来探讨教学名师能力素质在"是否获得过教学科研成果奖"上的差异,结果如表 3-32 所示。

表 3-32　教学名师能力素质在"是否获得过教学科研成果奖"上的差异分析

维度	获得过教学科研成果奖 是（N=74）	获得过教学科研成果奖 否（N=49）	t 检验
教学科研能力	4.21±0.49	3.89±0.62	3.03**
管理能力	4.12±0.55	3.76±0.75	2.97**
实践能力	3.98±0.69	3.53±0.88	2.98**
发展能力	4.22±0.58	3.82±0.77	3.05**
个性特质	4.47±0.51	4.19±0.65	2.58*
内在动机	4.51±0.48	4.21±0.72	2.57*

注:* 代表 $p<0.05$,** 代表 $p<0.01$,*** 代表 $p<0.001$。

从表 3-32 中可以看出,教学名师能力素质的六个维度在"是否获得过教学科研成果奖"变量分析中均有显著性差异,即获得过教学科研成果奖的教学名师在能力素质的六个维度上都显著高于没有获得过教学科研成果奖的教学名师。这表明教学科研成果奖的获取是教学名师能力素质高低的重要条件和有效评判标准。

8. 教学名师能力素质在"是否主持过课题"上的差异

通过独立样本 t 检验来探讨教学名师能力素质在"是否主持过课题"上的差异,结果如表 3-33 所示。

表 3-33　教学名师能力素质在"是否主持过课题"上的差异分析

维度	主持过课题 是（N=80）	主持过课题 否（N=43）	t 检验
教学科研能力	4.14±0.53	3.98±0.63	1.57

续表

维度	主持过课题		t 检验
	是（$N=80$）	否（$N=43$）	
管理能力	4.06±0.59	3.82±0.74	1.90
实践能力	3.90±0.81	3.60±0.73	2.01*
发展能力	4.13±0.64	3.93±0.75	1.60
个性特质	4.39±0.55	4.29±0.64	0.88
内在动机	4.45±0.57	4.27±0.65	1.62

注：*代表 $p<0.05$，**代表 $p<0.01$，***代表 $p<0.001$。

从表3-33中可以看出，在"是否主持过课题"变量分析中，实践能力的数据具有显著性差异，教学科研能力、管理能力、发展能力、内在动机的数据也有明显差异，即主持过课题的教学名师的实践能力、教学科研能力、管理能力、发展能力、内在动机都高于没有主持过课题的教学名师。

9. 教学名师能力素质在"是否有过企业实践"上的差异

通过独立样本 t 检验来探讨教学名师能力素质在"是否有过企业实践"上的差异，结果如表3-34所示。

表3-34 教学名师能力素质在"是否有过企业实践"上的差异分析

维度	有过企业实践		t 检验
	是（$N=95$）	否（$N=28$）	
教学科研能力	4.13±0.60	3.94±0.44	1.82
管理能力	4.03±0.67	3.80±0.60	1.64
实践能力	3.90±0.78	3.46±0.77	2.64**
发展能力	4.12±0.67	3.84±0.70	1.94
个性特质	4.36±0.59	4.35±0.55	0.11
内在动机	4.42±0.59	4.30±0.65	0.89

注：*代表 $p<0.05$，**代表 $p<0.01$，***代表 $p<0.001$。

从表3-34中可以看出，在"是否有过企业实践"变量分析中，实践能力的数据具有显著性差异，教学科研能力、管理能力、发展能力的数据也均有一定差异，即有过企业实践经历的教学名师的实践能力、教学科研能力、管理能力、发展能力这几方面的能力素质水平都高于没有过企业实践经历的教学名师的能力素质水平。

三、分析与讨论

本节通过对高职院校教学名师和非教学名师的能力素质进行问卷调查，实证分析高职院校教学名师能力素质的现状，探讨年龄、性别、学历、职称等人口学和社会学变量对教学名师能力素质发展水平的影响。

分析结果表明，在性别和学历变量分析中，高职院校教学名师能力素质六个维度的数据都没有太大的差异，说明性别和学历对教学名师能力素质发展水平影响不大。在年龄变量分析中，教学名师在 41~45 岁这个年龄阶段的能力素质水平数据普遍高于其他年龄阶段，说明这个年龄阶段是教师个人能力素质快速发展时期。在专业变量分析中，工学、农学、管理学、艺术学等学科教学名师的实践能力和教学科研能力水平数据都要高于文史哲和理学等学科的教学名师。这也真实反映了在高职院校，实践类学科教学名师参与企业实践、产学研合作和承担高级别教学科研项目的机会比较多，因而相关的能力素质水平要高于基础类学科教学名师。而承担高级别的教学科研项目、获得高级别教学科研成果、参加企事业单位实践经历以及学校类别等变量分析表明，这些对教学名师能力素质发展水平的影响很大。承担高级别教学科研项目和获得教学科研成果为教学名师提供了非常好的锻炼平台，能很大程度提升个人的专业素质、科研能力以及领导团队的组织管理能力，这也是很多教学名师最后成长为学校领导的原因。从学校类别分析来看，国家级、省级示范性（骨干）院校无论是政策资源还是环境氛围都更加有利于教学名师的组织培养和个人发展。

通过教学名师和非教学名师能力素质的数据比对和相关变量分析结果，也能得出高职院校教学名师能力素质的相关特点。

1. 高职院校教学名师的能力素质具有显著性

问卷研究数据表明，在教学科研能力、管理能力、实践能力、发展能力、个性特质和内在动机六个能力素质维度上，教学名师的得分均显著高于非教学名师。六个维度的二级指标上，除执行能力和爱岗敬业两个指标以外，教学名师其他指标上的得分均显著高于非教学名师。这也说明了高职院校教学名师能力素质的特征要素能很好区分教学名师和非教学名师的能力素质差距，进一步验证了高职院校教学名师能力素质模型的合理性和有效性。

2. 高职院校教学名师的能力素质具有内发性

内发性主要是指高职院校教学名师能力素质中内隐性能力素质特征起决定性作用。质性研究和问卷统计数据都表明高职院校教学名师能力素质的分值由高到低排序都是内在动机、个性特征、教学科研能力、发展能力、管理能力和实践能力。进一步验证了胜任力的冰山理论，即内在动机和个性特征是一个人深层次的内隐性能力素质特征，较大程度地影响人的外显性能力素质特征，如教学科研能力、发展能力、管理能力和实践能力等。

3. 高职院校教学名师的能力素质具有特殊性

特殊性主要是指高职院校教学名师能力素质中，实践能力是高职院校教学名师的重要鉴别点，也是相对于普通高校教学名师和中小学教学名师最主要的区分特征。问卷研究结果显示，在"是否获得过教学科研成果奖""是否主持过课题"以及"是否有过企业实践"这三个变量分析中，实践能力数据都有显著性差异。这说明企业实践经历对高职院校教师非常重要，能帮助教师掌握企业发展最前沿的信息和技术，大大增强教师的实践能力。同时，高职院校教学科研方面的课题和成果大多是与企业生产实际需求紧密结合的，教师的实践能力越强，获得成果和课题申报成功的可能性就越大；同样，多承担相应的课题项目和成果申报也大大增强了教师的实践能力。所以，实践能力是高职教学名师最具代表性的能力素质特征，也是区别于其他高校教学名师的特殊性能力素质特征。

第四章 高职院校教学名师成长的影响因素分析

高职院校教学名师的成长固然很大程度上取决于自身的能力素质，但其所处的环境、平台等外部影响因素的作用也是不能忽视的。本章针对高职院校教学名师访谈中有关成长影响因素的内容，分别运用扎根理论研究法和问卷调查法进行编码和统计分析，得出影响教学名师成长的主要因素及其具体内涵。

第一节 教学名师成长影响因素数据统计

本节通过梳理20位高职院校教学名师访谈中有关成长影响因素的内容，运用扎根理论研究法对访谈文本进行编码，并依据编码编制问卷对样本区域内高职院校教学名师进行调查统计。

一、编码统计

运用扎根理论研究法对教学名师访谈文本中影响其成长的相关内容进行开放式编码，形成"高职院校教学名师成长影响因素开放式编码词典"，如表2-4所示。

在此基础上对表2-4中的24项内容进行关联式编码，根据相同属类归纳为发展平台、发展环境、关键事件和关键人物四个维度，为影响高职院校教学名师成长的主要因素。经统计，20位高职院校教学名师在访谈中对影响其成长的因素提及的人数和次数，如表4-1所示。

表4-1　高职院校教学名师成长影响因素关联式编码词典

关联式编码	提及人数	提及次数/人次	包含开放式编码
发展平台	14	40	学校层次、重点学科（专业）、高级别团队、岗位职务、高级别项目
发展环境	12	24	团队氛围、学校政策、职教发展背景、行业发展变化
关键人物	10	19	领导、导师、同事、专家、亲人
关键事件	6	8	职称提升、学历提升、发展机遇、职级提升

二、问卷量化统计

根据上述高职院校教学名师成长影响因素的关联式编码，编制《高职院校教师成长影响因素调查问卷》（见附录四），对样本区域高职院校教师进行问卷调查。问卷根据影响因素编码分发展平台、发展环境、关键事件和关键人物四个维度设置题项，让被试者根据影响因素的重要程度对选项进行排序。在问卷调查中，共有123名校级以上教学名师递交了问卷。本研究采用SPSS软件进行统计分析，影响高职院校教学名师成长的主要因素统计结果如表4-2所示。

表4-2　影响高职院校教学名师成长的主要因素统计表

名称	选项	频次	百分比/%	累积百分比/%	权值	平均得分
发展平台	0	8	6.50	6.50	0	4.37
	1	73	59.35	65.85	5	
	2	21	17.07	82.93	4	
	3	11	8.94	91.87	3	
	4	10	8.13	100	2	
发展环境	0	9	7.32	7.32	0	3.68
	1	25	20.33	27.64	5	
	2	48	39.02	66.67	4	
	3	21	17.07	83.74	3	
	4	20	16.26	100	2	

续表

名称	选项	频次	百分比/%	累积百分比/%	权值	平均得分
关键人物	0	11	8.94	8.94	0	3.29
	1	16	13.01	21.95	5	
	2	24	19.51	41.46	4	
	3	49	39.84	81.30	3	
	4	23	18.70	100	2	
关键事件	0	15	12.20	12.20	0	2.88
	1	8	6.50	18.70	5	
	2	22	17.89	36.59	4	
	3	27	21.95	58.54	3	
	4	51	41.46	100	2	
其他	0	87	70.73	70.73	0	1.17
	1	1	0.81	71.54	5	
	3	1	0.81	72.36	3	
	5	34	27.64	100	1	

如表 4-2 所示，选项中"0"为没有选择，"1"为排序在第一位的，频次是排在第一位的有多少次，之后是频次占总体的百分比和累计百分比。通过分析排序题所有填写的排序情况，可以得到选项的平均综合得分 AVE。AVE 是选项综合排名情况的反映，其值越高则表示排序越靠前。AVE 的计算方法为

$$AVE = \sum (w_i \times n_i)/n \qquad (4-1)$$

式中，$i = 1, 2, 3, \cdots$ 表示该选项在排列中的位置；n_i 为频次，即该选项位于位置 i 的次数，$\sum n_i = n$；w_i 为权值，由位置 i 决定。对于 4 个选项进行的排序，w_i 取值为 $w_1 = 4$，$w_2 = 3$，$w_3 = 1$。

若一个选项共被选 24 次，且处于位置 1 到位置 4 的频次分别为 4、6、8 和 6，则根据式（4-1）计算 $AVE = (4 \times 4 + 6 \times 3 + 8 \times 2 + 6 \times 1) \div 24 = 2.33$。由此，影响高职院校教学名师成长主要因素的平均综合得分如图 4-1 所示。

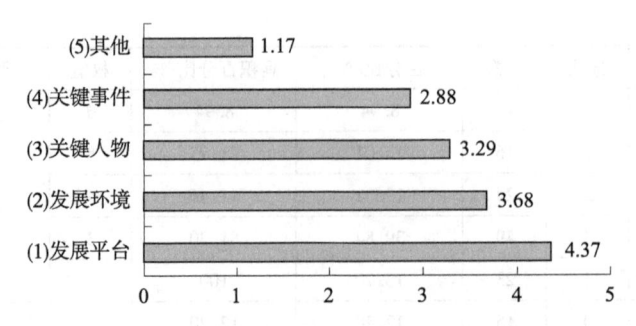

```
(5)其他     1.17
(4)关键事件  2.88
(3)关键人物  3.29
(2)发展环境  3.68
(1)发展平台  4.37
         0  1   2   3   4   5
```

图 4-1 影响高职院校教学名师成长主要因素的数据统计

由表 4-1、表 4-2 和图 4-1 可以看出，高职院校教学名师成长的主要因素，无论是从 20 名教学名师的访谈材料中的编码次数，还是从 123 名教学名师的问卷数据统计上看，发展平台的数据均排名第一，其他依次分别为发展环境、关键人物和关键事件，说明高职院校教学名师成长影响因素的二级编码比较合理，与问卷数据相互印证。

第二节 发展平台因素分析

在影响高职院校教学名师成长的主要因素中，发展平台这一因素在质性研究编码中提及的人数和次数分别是 14 人和 40 人次，在问卷统计中的平均综合得分为 4.37，排序均为第一。在发展平台因素中，平均综合得分由高到低依次是学校层次、重点学科（专业）、高级别团队、岗位职务、高级别项目和其他，如表 4-3 和图 4-2 所示。

表 4-3 发展平台因素问卷数据统计表

名称	选项	频次	百分比/%	累积百分比/%	权值	平均综合得分
学校层次	0	14	11.38	11.38	0	5.17
	1	73	59.35	70.73	6	
	2	7	5.69	76.42	5	
	3	13	10.57	86.99	4	
	4	7	5.69	92.68	3	
	5	8	6.5	99.19	2	
	6	1	0.81	100	1	

续表

名称	选项	频次	百分比/%	累积百分比/%	权值	平均综合得分
重点学科（专业）	0	15	12.20	12.20	0	4.44
	1	11	8.94	21.14	6	
	2	52	42.28	63.41	5	
	3	24	19.51	82.93	4	
	4	16	13.01	95.93	3	
	5	5	4.07	100	2	
高级别团队	0	10	8.13	8.13	0	4.2
	1	15	12.20	20.33	6	
	2	30	24.39	44.72	5	
	3	37	30.08	74.80	4	
	4	25	20.33	95.12	3	
	5	6	4.88	100	2	
岗位职务	0	17	13.82	13.82	0	3.54
	1	11	8.94	22.76	6	
	2	19	15.45	38.21	5	
	3	15	12.20	50.41	4	
	4	33	26.83	77.24	3	
	5	28	22.76	100	2	
高级别项目	0	16	13.01	13.01	0	3.24
	1	11	8.94	21.95	6	
	2	9	7.32	29.27	5	
	3	22	17.89	47.15	4	
	4	18	14.63	61.79	3	
	5	47	38.21	100	2	
其他	0	84	68.29	68.29	0	1.44
	1	2	1.63	69.92	6	
	3	1	0.81	70.73	4	
	4	1	0.81	71.54	3	
	5	2	1.63	73.17	2	
	6	33	26.83	100	1	

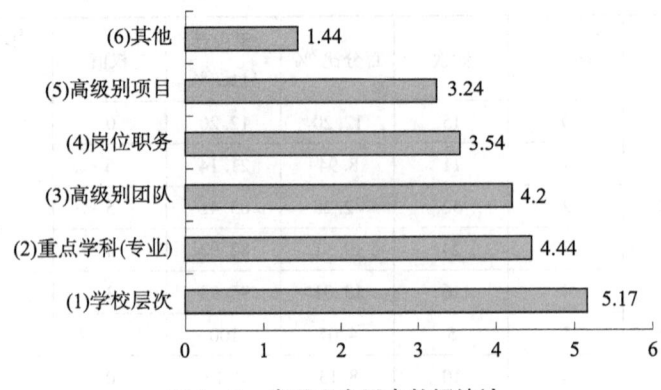

```
(6)其他        1.44
(5)高级别项目   3.24
(4)岗位职务     3.54
(3)高级别团队   4.2
(2)重点学科(专业) 4.44
(1)学校层次     5.17
```

图 4-2　发展平台因素数据统计

一、学校层次

学校层次作为影响高职院校教学名师成长的主要因素是不容忽视的。我国高等职业教育是为了培养应用型人才和技术技能型人才，在完成中等教育基础上开展的职业教育。与全日制本科高校相比，高职院校的社会认可度和社会影响力都偏低，这就导致高职院校教师在教学科研、学科发展、专业建设等方面得到的重视和信任比较少。高职院校教师在其职业初期需要付出更多的努力才能获得社会大众的认可。[1]

W2：高职和本科是不一样的，一般本科和211、985高校又是不一样的。学校就是一个大平台，层次这个客观因素很重要。项目申报、名师评定，不同的学校得到的待遇是不一样的。985、211高校自带光环，社会认可度高，不管做什么，大家都会觉得它好。对于普通院校，特别是高职院校，一些人会带着挑剔的眼光来看待，一般都会认为生源差，老师水平也不高，所以发文章、报课题的水平肯定一般。

Y1：我觉得我们的学校平台太低，如果我在东南大学或者常州大学，能申报到的项目可能更多。对于现在的很多科研项目，我们要联合其他名校一起申报才能成功。其实大部分事情都是我们在做，但没办

---

[1] 李婷. 高职教师成长影响因素及对策探究 [J]. 知识经济，2016 (16)：96.

法，我们只能为别人做嫁衣，只能借助别人的平台多得到一些机会，慢慢发展自己。

高职院校与本科院校有差距，同样在高职院校中，国家级示范性（骨干）院校、省级示范性（骨干）院校和一般高职院校的发展平台也有很大差别，对教师的专业成长的影响也很大。目前，江苏省拥有国家级示范性（骨干）院校15所，省级示范性（骨干）院校43所。不同级别的高职院校获得的经费和资源不一样，教师所承担的任务和成长的机会也有很大差别。一所高职院校一般只有1~2位教学名师，但一所国家级示范性（骨干）院校就拥有8位教学名师。学校层次的不同给教学名师的数量和质量带来很大的影响。

Z3：学校平台也是很重要的。国家级示范校在创建的时候，任务多，经费足，老师有更多的机会展示自己，一般承担一两次重要任务并顺利完成，也就锻炼成长起来了。

G2：我觉得影响教学名师成长的第一因素就是学校平台，我们学校是国家出现高职类型后首批被命名的学校之一，也是第一批国家示范性高职院校，有了这样一个好的发展平台，只要你肯努力干，就一定能出成果。

二、重点学科（专业）

不同高职院校的办学方向和办学特点都有所不同，不少高职院校都是从归属不同行业的中专校升格而成的，从开设起就带有鲜明的行业背景，所以每个高职院校都有各自的重点发展学科和相关专业，在扶持政策、资源经费上都会有一定的倾斜。[1] 访谈中，绝大多数教学名师基本都来自各个院校的重点发展学科和相关专业，并担任学科带头人或专业负责人。

Z2：模具专业一直是我们学校的重点发展专业，为此，学校投入了很多经费和资源搭建模具中心，购置了很好的设备，比如测量信息多、

---

[1] 李建求. 论高职院校的专业建设［J］. 高等教育研究，2003（4）：75-79.

精度高的数控机床等。常州有很多模具厂，当时，他们或许听过CAD、CAM这种技术，但都没见过，更没用过。我们的老师就依托学校的模具中心加强与企业的合作，共同完成了很多攻关项目和课题，模具专业的建设得到了进一步发展，我们的老师也得到了很好的专业锻炼。

Z4：纺织工程专业是我们学校最老的也是最强的专业，学校没有更名之前一直是靠纺织出名的。学校给予我们这个专业的重视和资源是最多的，同时对我们的要求也是最高的，所以我们身上背负的压力也是最大的。这个专业该有的荣誉，包括省级品牌专业，国家级重点专业、精品专业，国家级、省级实训基地，国家资源库，我们全拿到了。我的做法是，别人能做到的我们都能够做到，而且还要做得更好。

三、高级别团队

相较于教师个人，团队的力量更为强大，能做的事更多，做成事、做好事的概率也更大。[1] 特别是在高级别的团队中，教师能获得更好的专业发展。访谈的教学名师大多是省级以上教学或科研团队的负责人，拥有的团队成员多，掌握的资源也多，所以更容易做出成绩，获取高级别的成果。

Z4：我们学校一直都是靠纺织专业创品牌的。学校领导让我担任纺织学院的院长，又集全校之力组建了最好的团队，我自然而然要背负起把纺织专业发展好的责任。这份责任促使我更加努力，也使我获得了更好的发展。

X1：其实，每个老师都有自己的特长和优势。例如，有些老师特别擅长信息化教学；有些老师特别擅长指导学生参赛，具有很强的教学能力和参赛能力；有些老师特别擅长专业建设和课程建设。我觉得团队建设就是通过相关的机制，为教师们搭建合作的平台，把不同老师的优势和资源整合起来，相互取长补短，形成1加1大于2的合力，一起去完成靠个人没法完成的事情。

---

[1] 吴晓亮. 分布式课程领导：学校教研组团队建设的一种新方式［J］. 江苏教育研究，2015（2）：52-54.

四、岗位职务

教学名师在成长过程中都会经历多个岗位锻炼，不少教学名师都是从普通教师、二级学院教研组组长、教研室主任、教学副院长，再到院长或学校职能部门负责人这样一路发展过来的。个人的优秀和努力使学校对他们委以重任，相应的岗位和职务也为他们提供了更广的发展平台，让他们能够有机会更好地组建团队、整合资源、集中力量完成更重要的任务，也促进他们自身的快速成长。

X2：我这十年中担任了学校的很多重要岗位，虽然工作非常辛苦，但也给我提供了一个广阔的锻炼平台，可以说是我职业的成长期和成熟期。这个平台的视野非常开阔，让我不再局限在一个系，或局限在学校里。通过岗位平台，我能接触到全国教育界、高职院校的专家学者，交流面非常广，信息渠道也远不是一个普通教师所能相比的。所以，在这个平台上，我能和更多优秀的专家共同探讨专业问题，从而提升了自身的专业能力，也为学校的学科发展和专业建设做出了贡献。

G1：实事求是地讲，作为一名普通老师，纵然你有很多想法，但调不动人，没有资源，很多事是办不成的。计算机系副主任这个职务能够让我协调计算机系的资源，组织更多的老师组成团队一起进行教学改革，一起申报科研项目。

D1：我最早的职务是系主任，这个岗位促使我必须去思考如何开展教学改革，如何提高教学质量，并且要带领老师们一起去实践。一名普通老师就不会去想这个问题，最多就是把自己的教学和科研工作做好。

五、高级别项目

申报或承担高级别的教学科研项目，有利于教师关注学科发展趋势，紧跟专业研究热点，加强专业知识的系统学习，完善专业知识结构，促进教师的专业化成长。❶ 在教学名师的成长过程中，承担高级别

---

❶ 林莉. 影响大学卓越教师成长的因素分析：以36位高等学校教学名师的成长经历为样本［J］. 高教论坛，2018（11）：47-49.

的教学科研项目，一方面是对他们专业能力的认可，另一方面有助于他们在更高的平台组建团队，整合资源，促进团队和个人的同步发展。

Z3：一个教师的成长是需要经历磨难的，尤其是承接并完成国家级项目。从申报、实施到最后验收，如果教师能经历一次或者两次，那么其成长是非常快的。申报项目的时候，大家会反复思考、反复讨论。作为项目负责人，更要主动了解社会需求，借鉴成功经验，分析其他院校的发展情况和我们学校自身的发展优势，进而确定目标，制定方案。因此，做项目、报成果对教师的锻炼是很大的。

Z2：我做精品课程时，要照顾的事情就多了。我既要关注学生的学习，改革教学模式，又要加强校企合作，联合企业进行实践教学。整个过程让我在课程设计、教学设备的研制及课程实施方面的能力都得到了很大提升，对我个人的成长帮助很大。

六、其他

影响教学名师能力素质提升的发展平台还有很多，例如参与职业技能鉴定标准的制定，参加教学能力与职业技能竞赛等，都能进一步完善和提升教师的职业信念和专业素质。

Z2：职业技能标准的制定是关键，需要学校联合企业、行业，从专业顶层的视角，花费大量的精力制定初级、中级及高级等级要求。当然，每个等级的要求是不一样，越高级就越难。一名教师能够和企业、行业技术人员共同参与完成职业技能鉴定标准的制定，不仅是该教师在该专业领域全面知识积累的体现，更能进一步提升该教师的专业能力。

X1：我们农业院校都属于省农委主管。省农委的科教处在提升教师专业技能方面搭建了很多平台。我曾经参加了好几次教学能力与职业技能竞赛，这就是一个很好的平台，能有效推动和激励教师教学能力和专业技能的提升。

第三节 发展环境因素分析

在影响高职院校教学名师成长的主要因素中，发展环境这一因素在质性研究编码中提及的人数和次数分别是 12 人和 24 人次，在问卷统计中的平均综合得分为 3.68，排序均为第二。在发展环境因素中，平均综合得分由高到低依次是团队氛围、学校政策、行业发展、职教背景和其他。如表 4-4 和图 4-3 所示。

表 4-4 发展环境因素问卷数据统计表

名称	选项	频次	百分比/%	累积百分比/%	权值	平均综合得分
职教背景	0	13	10.57	10.57	0	3.35
	1	30	24.39	34.96	5	
	2	18	14.63	49.59	4	
	3	24	19.51	69.11	3	
	4	37	30.08	99.19	2	
	5	1	0.81	100	1	
行业发展	0	10	8.13	8.13	0	3.39
	1	17	13.82	21.95	5	
	2	32	26.02	47.97	4	
	3	42	34.15	82.11	3	
	4	22	17.89	100	2	
学校政策	0	6	4.88	4.88	0	4.28
	1	63	51.22	56.10	5	
	2	30	24.39	80.49	4	
	3	18	14.63	95.12	3	
	4	6	4.88	100	2	

续表

名称	选项	频次	百分比/%	累积百分比/%	权值	平均综合得分
团队氛围	0	10	8.13	8.13	0	4.31
	1	11	8.94	17.07	5	
	2	37	30.08	47.15	4	
	3	25	20.33	67.48	3	
	4	38	30.89	98.37	2	
	5	2	1.63	100	1	
其他	0	85	69.11	69.11	0	1.29
	1	2	1.63	70.73	5	
	3	1	0.81	71.54	3	
	4	1	0.81	72.36	2	
	5	34	27.64	100	1	

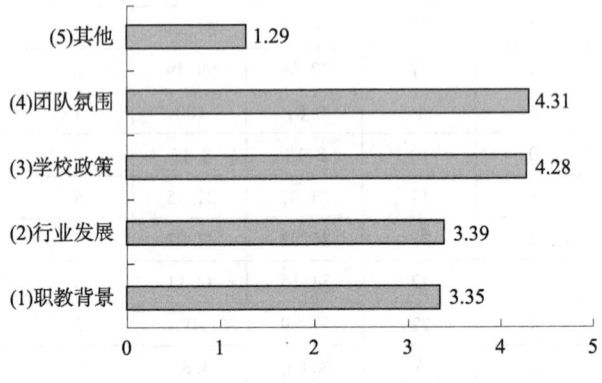

(5)其他 1.29
(4)团队氛围 4.31
(3)学校政策 4.28
(2)行业发展 3.39
(1)职教背景 3.35

图4-3 发展环境因素数据统计

一、团队氛围

团队在这里泛指集体，大到整个学校、学院，小到系部、教研室，也包括各类教学科研团队。每个人都需要有归属，每位教师都会纳入各种级别的团队，也是他们长时间共处合作的重要环境。因此，团队氛围

对教师的个人成长影响是比较大的。❶

G2：我们学校开始是依托一所部队院校的整个专业建设而成的，这样的背景使我们学校一直以来都秉承着军人的硬朗作风，严明纪律。在这样的集体中工作、学习让我感到非常踏实，也学到了军人优良的品质。

W1：从我个人的成长来讲，我非常感谢教学团队的同人，特别是明老师。我刚开始教学的时候，每次上课，明老师都会跟着去，板书怎么写，教案怎么写，教学进度怎么安排，他都给我进行指导。我的许多工作能力都来自明老师的言传身教。拿做精品课程来说，我一开始只知道埋头干活儿，根本不去研究它的政策和评审指标，写了三次申报材料，都没有达到明老师的要求，他把我狠狠地批评了一顿。这件事情令我印象非常深刻，从此以后，不管申报什么项目或成果，我都会先去研究它的评审指标和相关政策，把思路理清楚了再去做。所以，我后来能获得这些荣誉和成果与领导、同事的帮助是分不开的。

G1：我们对团队的老师要宽容一些。出了问题，我们不要急着去批评或指责，坐下来一起琢磨这个问题出在哪里，这样更有利于解决问题，办成事。

"三人行，必有我师焉。"很多高职院校教师都是在团队中通过与同事交流探讨，以及老教师的传帮带，汲取他们教学科研上的经验，不断完善自身的能力素质，充实自身的教学科研经验。

二、学校政策

科学合理的学校政策容易形成正确的导向，使大家形成共同的价值取向和道德标准，给教师营造和谐友爱、奋发向上的工作环境，使老师在物质上、精神上凝聚力量。❷ 特别是激励机制，对教师的成长具有直

---

❶ 潘慧春，禹旭才. 职业院校教师成长的环境因素分析［J］. 湖南师范大学教育科学学报，2008，7（1）：108－110.

❷ 郑炎明. 论高职院校青年教师的成长路径［J］. 广西青年干部学院学报，2016，26（3）：16－19.

接促进作用，能有效帮助教师发挥主观能动性，挖掘潜能，开拓创新。[1]

Z1：我觉得学校应该给教师多一些培养和扶持的政策，特别是对资质条件或者能力素养比较好的年轻老师，提供有利于他们成长的环境和发展通道，尽量避免论资排辈。我认为学校一定要健全这方面的机制。

X1：对教师实践能力的培养，需要学校管理层多出一些激励机制，鼓励教师走出学校，进入企事业单位学习。同时，也需要有一定的压力机制，不完成任务就要接受相应的处罚，帮助教师激发其潜能。在这两种机制的共同作用下，老师能快速成长，学校师资队伍的质量能明显提升。

C1：我觉得学校制定政策的时候要注意两个方面。一方面，要充分发挥政策的正面导向，出台一项政策不能只激励了一小部分人，却打击了一大部分人。政策的出台要起到激励作用，要能调动大部分人的积极性，引导老师去创新、去努力。另一方面，政策要有包容性，需要给老师们一段时间去调整、适应，既要给他们创造条件，也要帮助他们解决一些问题。

容错机制也是学校政策中很重要的一方面，是对老师的宽容和保护，为鼓励老师勇于创新探索提供了必备的支撑条件。

W2：学校要出台政策鼓励青年教师敢于创新、尝试，同时也要有容错机制。我曾经尝试过很多别人没有做过的事情。既然是尝试性的工作，人难免会犯错误，所以需要有容错机制。学校对老师们的创新和尝试应该多些宽容，允许他们犯错，否则很容易打击教师的积极性。

三、行业发展

职业教育与行业发展息息相关，一方面，很多高职院校来源于行业的培训学校，另一方面，为了自身的专业发展也需要根据行业的发展变化调整专业方向或是筹建新专业，这也为高职院校教师完善知识架构、

---

[1] 高小艳，许晓东. 高职教师成长的影响因素及对策［J］. 教育与职业，2012（32）：77-78.

提升专业素质提供了一个良好的机遇。❶

Z1：在学校成长的过程中有很多机遇，依托行业发展需求筹建新专业就是很好的契机。我所在的纺织品设计专业就是根据行业发展需求创建的，我们这一批人还是比较幸运的，赶上了纺织行业大力发展的时期。

G2：高职院校在发展过程中，除了关注学校的内涵建设，还一定要关注外部发展环境，特别是行业企业的发展和变化。近几年，我们都在积极地做这件事，例如：成立理事会和专业教学指导委员会，主动引入企业参与教学和人才培养方案的设计，发挥行业企业在学校改革发展中的作用；建立校企合作专职队伍，主动走进企业，打通工学融合的渠道；与多家企业合建学生实习与就业基地，建立多种校企合作订单培养机制。通过这样的一些举措，我们与行业企业保持着密切的联系合作，对人才培养和"双师型"师资队伍建设都有非常大的帮助。

四、职教背景

20世纪90年代末开始，我国把高等职业教育作为教育发展重点。1996年《中华人民共和国职业教育法》的颁布为各类职业教育的蓬勃发展提供了发展思路和空间，很多职业院校完成了升格。❷ 特别是党的十九大以来，高等职业教育受到越来越多的重视，得到了越来越好的政策扶持，这也为高职院校教师成长提供了良好的发展环境。

G1：我其实真的很普通，只是非常幸运，遇到了职业教育大发展的机会，并且自己也努力抓住了机会。我个人成长最快的时间段和国家大力发展职业教育的阶段正好是吻合的。机会主要出现在2000年职业教育大力发展时期，我们学校是第一批升格的学校。当时我已经能够独当一面做很多事情了，所以承担了专业建设、课程建设及各种实训基地建设等工作，还承担了教育部等各种各样的工程项目。当时，国家给了很

---

❶ 张莉. 教师成长的环境因素初探 [J]. 继续教育研究, 2007 (3)：106 – 108.

❷ 郭晓芹. 职业院校优秀教师成长的因素研究 [J]. 九江职业技术学院学报, 2016 (3)：52 – 53.

多政策和各种资金的扶持，帮助我们有机会做到行业最好。所以，我真的只是非常幸运地抓住了那段时间出现的机会，这些宝贵的机会和经历促使我成为一名教学名师。

Z2：我们个人的发展离不开学校的发展，而高职院校的发展离不开整个职业教育大环境的影响。我们学校在2010年成功获批国家级示范性骨干高职院校，获得中央财政专项资金2000万元、省里配套资金2000万元支持，为学校发展打了一剂强心针。经过几年建设，学校的整体管理水平、教职工的凝聚力和教育教学能力都得到了大幅提高。我们学校是以机械专业为重点的，我正好在这个专业，所以见证了这个专业的变化，见证了学校的发展。当然，我们也都积极参与了专业建设，获得了更好的发展平台和机会，对我们个人的成长影响是很大的。

第四节　关键人物因素分析

在影响高职院校教学名师成长的主要因素中，关键人物这一因素在质性研究编码中提及的人数和次数分别是10人和19人次，在问卷统计中的平均综合得分为3.29，排序均为第三。在关键人物因素中，平均综合得分由高到低依次是领导、导师、同事、专家、亲人和其他，如表4-5和图4-4所示。

表4-5　关键人物问卷数据统计表

名称	选项	频次	百分比/%	累积百分比/%	权值	平均综合得分
领导	0	11	8.94	8.94	0	4.83
	1	54	43.90	52.85	6	
	2	18	14.63	67.48	5	
	3	17	13.82	81.30	4	
	4	15	12.20	93.50	3	
	5	6	4.88	98.37	2	
	6	2	1.63	100	1	

续表

名称	选项	频次	百分比/%	累积百分比/%	权值	平均综合得分
专家	0	13	10.57	10.57	0	3.95
	1	12	9.76	20.33	6	
	2	32	26.02	46.34	5	
	3	21	17.07	63.41	4	
	4	29	23.58	86.99	3	
	5	16	13.01	100	2	
同事	0	8	6.50	6.50	0	3.96
	1	8	6.50	13.01	6	
	2	29	23.58	36.59	5	
	3	39	31.71	68.29	4	
	4	28	22.76	91.06	3	
	5	11	8.94	100	2	
导师	0	12	9.76	9.76	0	4.73
	1	36	29.27	39.02	6	
	2	32	26.02	65.04	5	
	3	24	19.51	84.55	4	
	4	15	12.20	96.75	3	
	5	4	3.25	100	2	
亲人	0	24	19.51	19.51	0	2.96
	1	11	8.94	28.46	6	
	2	6	4.88	33.33	5	
	3	10	8.13	41.46	4	
	4	15	12.20	53.66	3	
	5	55	44.72	98.37	2	
	6	2	1.63	100	1	
其他	0	87	70.73	70.73	0	1.38
	1	2	1.63	72.36	6	
	4	1	0.81	73.17	3	
	5	2	1.63	74.80	2	
	6	31	25.20	100	1	

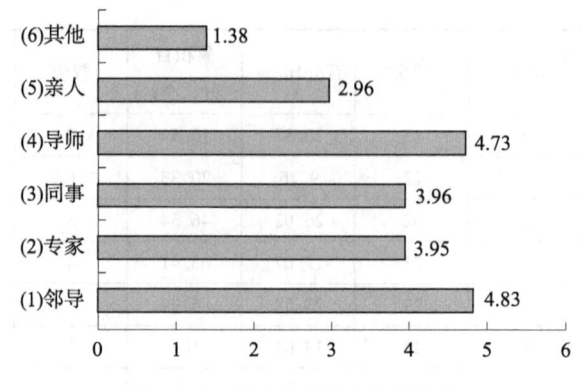

```
(6)其他     1.38
(5)亲人     2.96
(4)导师     4.73
(3)同事     3.96
(2)专家     3.95
(1)领导     4.83
```

图 4-4　关键人物因素数据统计

一、领导

学校主要领导对于一所学校的发展至关重要。陶行知曾这样评价校长的作用,"校长是一个学校的灵魂"。[1] 美国知名教育家克拉克·克尔（Clark Kerr）也提到,"几乎所有的校长都将以某种明显的甚至是主要的方式影响学校"。[2] 高职院校领导的主要作用有三个：领导作用、凝聚作用、协调作用。这些都对教学名师的培养至关重要。

Z5：2003 年，我担任系主任，当时的校党委书记思想非常活跃，特别想做事，一心想把学校层次和人才培养质量搞上去。在他的带领下，我们学校从一所名不见经传的学校建设成为全国高职教育第一梯队的学校，我们都对他很服气，都跟着他奋斗。

G2：我刚到这个学校的时候，学校的三个老校长是全国职业教育闻名的"三驾马车"，三个人各有特色。特别是一把手校长，他是大家公认的职业教育专家，涉及高职教育的重大问题研究时一定少不了他。这样的领导决定了整个学校的发展氛围，也成了学校发展的主心骨，对我个人的成长影响也非常大。

---

[1] 巫志锋. 校长领导力：立足学校发展，提升校长领导力 [J]. 广东教育（综合版），2017（A01）：11-12.

[2] 杨海华. 职业教育管理的新视域：《做一个胜任的校长：高职院校校长胜任力研究》评介 [J]. 职教通讯，2015（34）：78-80.

G2：我得益于学校几任领导创造的良好氛围。他们都属于很有钻研精神的领导，花了大量精力来研究学校的内涵建设，是我们很好的榜样。

Z6：在你成长的道路上，有高水平的领导带领你，事情更容易成功。你个人水平再高，能力再强，如果没有领导的支持和带领，就像蒙着眼睛，塞着耳朵，不会轻易成功的。

C1：我们学校前后几届领导班子都是支持我的。实事求是地讲，如果没有他们的支持，那么我再有想法也很难靠自己去做成很多事情。学校的支撑、领导的支持是非常重要的。

Y1：我是1985年到学校的，1986年、1987年按照职业院校对教师的要求，我到了和专业对口的工厂进行学习锻炼。后来我从教研室主任到科技处处长，再到现在的教师发展中心主任，每个阶段都得到了学校领导的关心和支持。实话实说，没有一个好的学校，没有一个好的平台，没有一个好的领导，我可能成长不起来。

领导的信任与支持是教师成长路上的助推器。好的领导信任教师，积极搭建促进教师成长的平台，在工作中主动发现教师的优点，适时给予真诚的表扬和精神上的鼓励，让其能张扬个性、发挥潜能。同时，好的领导也能够正确对待教师的不足与失败，最大限度地给予理解和宽容，帮助教师反思、自省，留给教师改正缺点、弥补错误的时间和机会。

G1：我觉得领导的鼓励很重要。不需要专门给你发一个奖，只要在大会上公开表扬，一句简单的夸奖或认可都会让你的信心提升。领导说这件事情别人都没有做过，让我试试。最后我做成了，领导会对我说这件事情做得不错，这就是一种鼓励。我经常收到领导和同事这样的短信，他们会说我的这个想法很好，那个思维很不错，给了我很多信心和鼓励。

W1：我觉得帮助我成长的因素主要就是我们学校和院系的领导对我的关心和照顾。2009年，我因为个人原因辞去了学院副主任的职务，领导很理解，并没有因为这件事剥夺我后面的发展机会。学校仍然派我出国学习，提拔重用我，所以我对学校是非常感激的。

G1：当我做一件事情，领导也不知道能不能成功时，他能够支持我，给我创造条件。即使我失败了，领导也知道这件事情受多方面影响，不会认为我做得不好，这种理解和宽容给了我敢于创新、敢于尝试的勇气。

二、导师

求学经历对教学名师的成长都有重要影响，特别是学业导师，往往都是教师专业成长的引领者，他们的教学能力、敬业精神、指导和鼓励都是教师们不断成长的指路明灯。[1]

X1：记得我上大学时修了一门化学教学的课程，是由一位70多岁的老教师授课的。他给我们上课时精神特别好。那个时候没有电脑、PPT之类的，都是用粉笔写板书。上课时，老教师除了教授专业知识，还会给我们示范板书应该怎么写，怎么布局，甚至教我们怎么擦黑板才不会让粉笔灰四处扩散，不会对学生的健康产生影响。这样的一些细节给我留下了深刻的印象，让我学到了老教师骨子里头的职业精神。

L2：我受益于在南京理工大学访学时遇到的一位导师。他师德高尚，很睿智，一直鼓励我专注科研。每当我进步时，他都会第一时间祝贺我，并勉励我朝着更高的目标去努力。在他的鼓励下，我陆续发表了高质量文章被EI（工程索引）收录，并拿到了国家自然科学基金项目。

L1：我非常佩服我的博士生导师。他特别善于因材施教，知道什么样的人应该用什么样的方法去鼓励。虽然我刚入学的时候基础比较差，但他总能发现我的优点，从来都是表扬我。他从来都不催我，总说我比原来又有进展了。他越表扬我，我就越拼命地学和做，最后啃下了研究中的硬骨头，取得了突破性进展。

访谈的教学名师大部分是硕士以上学位，在他们求学过程中有很多导师，不仅在知识传授、专业提升上给予他们帮助，更在为人处世、教育理念上对他们产生了巨大影响，为他们的成长成才示范引领。

---

[1] 黄庶冰. 高校青年教师成长的影响因素及对策探讨［J］. 时代金融，2013（9）：309-310.

三、同事

一个学院或一个教研室的同事对教师特别是青年教师的影响是很明显的。当大家都在积极努力向上的时候，他也会受到鞭策，会不由自主地跟着同事一起奋斗，由最初的崇拜他们到和他们一样出色，最后成为一名优秀教师。❶

G2：我刚大学毕业到学校工作时，学校里有一批老教师，基本都来自清华大学、上海交通大学、西安交通大学等知名高校。我特别崇拜他们对学术的钻研精神。例如，当时计算机刚刚兴起，有位教汽车内燃机课程的即将退休的老教师玩计算机玩得最好。我返聘他作为指导老师帮忙带实训，帮我管理数控专业的机房。他任务完成得非常好，不断研究计算机方面的新技术并用于工作中。老知识分子这种爱钻研的精神对我影响很大。

Z4：我们这个专业可以说是全校最累的专业，但是我们的老师都非常好，相互之间非常配合。大家一起做研究，一起到企业去实践，定期开展一些课题的研讨，有了好的成果和经验都愿意共享，都乐于营造一个和谐的氛围。所以，能和这样的同事一起共事，我觉得很有幸福感，也有获得感。

四、专家

专家主要指在教育和学术领域有专门研究或特长的人。每一位教学名师在成长过程中都经常受到专家的帮助和指导，在拓展研究领域、明确研究方向、指导课题成果申报等过程中，专家都发挥着重要的作用。

G2：那时候，省教育厅周厅长基本上每个学期都会来到我们学校，来了就问我们的专业建设进展如何。然后我们就跟他汇报近期做了什么，做得怎么样。接着他又会问下面想干什么，并给我们布置任务。所以，我们常常不把周厅长当作领导，而是作为职业教育专家来对待。他

---

❶ 潘慧春，禹旭才. 职业院校教师成长的环境因素分析［J］. 湖南师范大学教育科学学报，2008，7（1）：108-110.

一直强调职业教育的前瞻性,强调理论和实践结合,给了我很多启示,教会我怎样把问题和研究结合起来,怎样抓住最根本的实质性问题给予突破。

C1:2005年学校评估时,我提出了"四个创新、六个合作"的概念。当时评估组副组长、南京理工大学的教务处处长很感兴趣,认为我解决了一个非常重要的教学难题,鼓励我去申报江苏省教学成果奖,并在申报过程中多次给予指导,帮助我们解决遇到的困难。在他的鼓励和帮助下,我们最终成功获批了省级教学成果一等奖。

五、亲人

职业院校教师的成长是一个系统工程,家庭支持系统会在相当长的时期影响教师成长。❶ 常言道,父母是人成长的第一任老师,父母的职业背景、教育引导对人的成长影响是毋庸置疑的,教学名师Z5、X1在访谈中都提到了这个因素。而成年以后,丈夫或妻子成为家庭的主要成员,也是相互影响的重要因素,生活中的关心理解、专业学业上的支持帮助既是事业发展的有力支撑,更是教学名师成长的不竭动力。

Z5:我的引路人是我的岳父,在我人生道路的几个重要节点,他总能给我提醒和帮助。比如,在我遇到事业挫折的时候,是他鼓励我去读研究生。

X1:我出生于教师家庭,父母都是老师,对我影响很大,所以我从小的志愿就是当一名教师,去培养更多的学生。

Z2:我夫人也是学机械的,也在学校工作,所以对我的工作和学习,她都很理解。以前我们工作时经常没日没夜地加班,有时好多天不回家,她毫无怨言,非常支持,使我可以全身心地投入工作。

第五节 关键事件因素分析

在影响高职院校教学名师成长的主要因素中,关键事件这一因素在

---

❶ 潘慧春,禹旭才.职业院校教师成长的环境因素分析[J].湖南师范大学教育科学学报,2008,7(1):108-110.

质性研究编码中提及的人数和次数分别是6人和8人次，在问卷统计中的平均综合得分为2.88，排序均为四。在关键人物因素中，平均综合得分由高到低依次是职称提升、学历提升、发展机遇、职级提升和其他，如表4-6和图4-5所示。

表4-6 关键事件因素问卷数据统计

名称	选项	频次	百分比/%	累积百分比/%	权值	平均综合得分
学历提升	0	15	12.20	12.20	0	3.81
	1	35	28.46	40.65	5	
	2	34	27.64	68.29	4	
	3	25	20.33	88.62	3	
	4	12	9.76	98.37	2	
	5	2	1.63	100	1	
职称提升	0	6	4.88	4.88	0	4.03
	1	42	34.15	39.02	5	
	2	45	36.59	75.61	4	
	3	22	17.89	93.50	3	
	4	7	5.69	99.19	2	
	5	1	0.81	100	1	
职务提升	0	14	11.38	11.38	0	2.97
	1	9	7.32	18.70	5	
	2	18	14.63	33.33	4	
	3	44	35.77	69.11	3	
	4	37	30.08	99.19	2	
	5	1	0.81	100	1	
发展机遇	0	12	9.76	9.76	0	3.37
	1	34	27.64	37.40	5	
	2	17	13.82	51.22	4	
	3	16	13.01	64.23	3	
	4	44	35.77	100	2	

续表

名称	选项	频次	百分比/%	累积百分比/%	权值	平均综合得分
其他	0	86	69.92	69.92	0	1.54
	1	3	2.44	72.36	5	
	2	2	1.63	73.98	4	
	4	2	1.63	75.61	2	
	5	30	24.39	100	1	

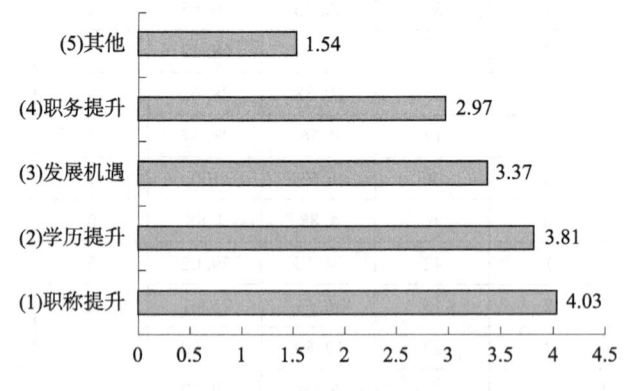

- (5)其他 1.54
- (4)职务提升 2.97
- (3)发展机遇 3.37
- (2)学历提升 3.81
- (1)职称提升 4.03

图 4-5 关键事件因素数据统计

一、职称提升

职称评定是每一名教师专业发展必经的一个过程，评定周期一般为 3~5 年。不少教师以职称评定为发展动力，强化自我发展意识，高质量规划职业生涯，从而不断提高和完善自己的能力素质。❶访谈的 20 名教学名师都是高级职称，这既是他们前期努力的结果，也为他们后期发表学术论文、成功申报课题项目提供了平台，有助于他们获得更多的机会进行教学、科研方面的交流和提升。

T1：我早年在企业工作，只有高级工程师的职称。我转到学校工作

---

❶ 万正维，王浩. 试论高校青年教师成长的影响因素及促进策略 [J]. 教育探索，2013 (2)：97-98.

后，希望自己能尽快达到教师的最高职称，后来用三年时间评上了教授。所以有人开玩笑说，我用三年时间做了别人三十年完成的事情。但我在准备职称评审阶段投入了很多，以学校教师的最高标准要求自己，在最短的时间内完成了从企业到高校的转变。

X2：我现在是三级教授，跟普通教师相比，申请课题和发表论文还是有优势的。我经常带领团队的年轻教师参加学术交流会和行业研讨会，帮助他们修改各种申报材料，鼓励他们发表文章，让他们在职称上早日突破，尽快成长起来。

二、学历提升

参与访谈的20名教学名师都是硕士以上学历。硕士或是博士阶段的学习能有效拓宽一个人的视野，极大提升其学术水平和科研能力。《国务院关于加快发展现代职业教育的决定》指出，保证职教师资队伍优质来源，通过全覆盖、多层次培训提高师资队伍水平，是现代职业教育体系高质量构建的关键。[1]

Z5：就我而言，读硕、读博的经历改变了我的人生轨迹。从1998年到2004年，从攻读硕士到攻读博士的连续六年，是我人生的重要阶段。通过读书，我找到了持续努力奋斗的动力，拓宽了视野，明晰了研究方向，并真正学到了科学的学习方法和研究方法。这对我的专业成长是有重大帮助的。

L1：攻读博士学位的经历是我一生都很难忘记的。我于1989年本科毕业，没有读硕士，2002年直接去读了博士。读博的时候，我的理论基础很薄弱，也没有系统地做过科研，相当于从零开始。但我学得很认真，完成了前几位师兄师姐都没有完成的科研难题，得到了导师的充分肯定，最后我的博士论文还获得了优秀毕业论文的荣誉。攻读博士学位让我真正懂得了如何搞科研，如何写出高质量论文，对我的成长是帮助很大的。

---

[1] 吴仁华，蔡彬清，陈群. 依托工程管理专业学位培养现代职教师资的探索：以福建工程学院为例［J］. 国家教育行政学院学报，2016（5）：19-24.

教学名师 Z5 和 L1 的学历提升经历,是他们明确研究方向、掌握研究方法、提升研究能力的蜕变过程,对他们的教学、科研工作影响很大,也是帮助他们成长为教学名师的重要原因。

三、发展机遇

实际上,具备教学名师潜质的人还是比较多的,但要真正成为教学名师,有时还需要天时、地利、人和的综合影响。发展机遇也是教学名师成长过程中重要的影响因素。

X1:就我自身来讲,发展机遇很重要。我刚到农业院校工作时,学校正好要开设食品加工这个新专业,起步阶段有很多关于专业建设的基础性工作,我有幸参与了这项工作,并积极、认真、尽自己最大努力地做好,一直到现在成为这个专业的带头人。所以,学校学科的发展需要机遇,专业老师的发展有时也需要机遇。

G1:我始终觉得自己蛮幸运的,抓住了学校创建新专业的机遇,通过尝试创新取得了成功,并到了现在的职业高度。现在的年轻教师要想达到这个高度难度相对更大,因为现在基本每个学校都开设了这个专业,很多东西都比较成熟了,再去创新和跨越还是比较难的。

C2:实事求是地说,我觉得教学名师的评选有时候也有点儿运气的成分。当时我觉得自己不够资格,不想报,后来人事处领导动员我为了学校的名誉也要去试一试,所以我就在截止时间前一天提交了申报材料,结果申报成功了。

机遇往往同时出现在很多人面前,对大家来说是公平的。但只有充分准备的人才能抓得住机遇。研究者在访谈中发现,教学名师大多善于发现并抓住机遇,取得了很多开创性的成果。

Z2:1998 年,学校申请到了一个 30 万美元的世界银行贷款项目,并且要求学校一比一地配套建设,我们争取到了这个好的发展机会。那时的 30 万美元差不多相当于现在的 300 万美元,我们总共有 600 万元人民币的投资来建设模具中心,可以说建设标准是非常高的。我们买了当时机械类行业内最先进的一些设备和最主流的软件,大大促进了我们专业的发展。

D1：2004年，我们的动画专业基地作为常州市第一个创意产业平台首先建立起来了，政府拨了一亿元作为平台建设资金。在此之前的七八年，常州市政府开始重视创意产业的发展，我们敏锐地发现了这个趋势，围绕这个主题耕耘多年，所以最后抓住了这样一个发展机遇。现在，我们动画专业的很多项目都是在这个平台上实施的。

四、职务提升

在前面的发展平台因素分析时也提到，岗位职务是促进教学名师成长的重要平台，因此，职务提升对教师成长来说也是关键的事件。一方面，职务提升使教师拥有更好的平台，协调更多的资源，更有利于成事；另一方面，"在其位，谋其政"，职务提升意味着要承担的责任更重了，需要思考、管理、协调的事也更多了，教师各方面的能力素质在此过程中自然而然地提高了。

Z4：我刚到学校时，教研室人员青黄不接，很多老教师退休了，年轻教师又跟不上。在这种情况下，我入校一年后，学校就让我担任教研室主任，开始建设新专业。这迫使我不断学习、思考，想方设法带领大家一起改革创新。这个过程很辛苦，但也让我收获颇丰。不管是我的专业能力还是组织管理能力，都得到了快速提升。

Z5：不同的岗位，不同的职务，对一个人的发展影响还是比较大的。如果你只是普通教师，那可能只需要求自己上好每一堂课，带好每一个学生。如果你是教研室主任，那就要思考如何带领整个教研室的老师完成教学任务，开展教学改革。如果你是教务处处长，那就要思考整个学校的教学运营安排。所以，不同的职务承担的责任不同，压力也不同。相应地，你能调控的资源不一样，运作的平台不一样，得到的锻炼机会也不一样。所以，压力与机会并存，我们的能力也是随着职务的不断提升而不断提升的。

五、其他

影响教师成长的关键事件还有很多，例如，学校教学质量评估、转型升级等，都是教师提升自身能力素质、促进专业发展的关键时期。

X1：学校教学质量评估的过程也是学校不断优化、不断完善的过程。不少高职院校是从原来的中专院校转型而来的，教学管理、专业建设和课程建设等都不健全，通过教学质量评估，这些方面都得到了极大改进和提升。所以，学校教学质量评估是一个发展契机，不管是对学校发展还是对教师个人发展，都是一个自我审视、提升、完善的机会。

第六节 分析与讨论

本章对20名教学名师访谈内容的质性分析和123名教学名师数据的量化分析进行了综合分析比较。研究表明，不管是质性分析还是量化分析，影响教学名师成长的主要因素从高到低的排序均为发展平台、发展环境、关键人物及关键事件。在发展平台这个因素上，质性编码中有14人40人次提及，提及人数人次排序第一；量化分析得分为4.37，也是排序第一。在发展环境这个因素上，质性编码中有12人24人次提及，提及人数人次排序第二；量化分析得分为3.68，排序第二。在关键人物这个因素上，质性编码中有10人19人次提及，提及人数人次排序第三；量化分析得分为3.29，排序第三。在关键事件这个因素上，质性编码中有6人8人次提及，提及人数人次排序第四；量化分析得分为2.88，排序第四。可见，质性分析和量化分析的结果具有高度一致性，相互印证了研究结果的可信度。

对教学名师影响因素的研究，为更好地培养教学名师带来一些启示。

（1）高职院校应该打造适合教学名师成长的发展平台。高职院校领导班子要高度重视教学名师培养，条件成熟的学校可以通过实施"教学名师"培育工程，为教学名师的培养打造平台，提供资源。学校特别应该在重点发展学科（专业）建设、组建高级别团队、申报高级别项目和成果等方面为有潜力的教师提供岗位和资源，提供更多的政策和资金支持，帮助他们尽快成长起来。同时，学校应该充分发挥教学名师的示范效应，让教学名师在教师发展平台的建设中发挥更多的作用。例如，让教学名师担任团队负责人，发挥组织领导作用，牵头创建高级别团队，申报高级别课题项目，承担重点学科和专业建设等。有了这样一些高层次的团队和平台做支撑，更有利于培养更多优秀教师、优化教师结构、改善资源条件，从根本上提高教育教学质量。

（2）高职院校应该注重营造适合教学名师成长的发展环境。教师的发展不仅受个人努力影响，更需要良好的发展环境做支撑。美国教育界最早将教师的发展从关注个人扩展到关注团队，并提出了学习共同体的概念。学习共同体是由一群志同道合的学习者构成的团队，学习是其共同的理想追求，在多元化、多层次的分享、交流和共勉中相互依存、同进同退。学校应该鼓励教师顺应行业发展变化和职教发展的实际需求，打造更多的学习共同体，通过合理的团队共建机制、良好的团队合作氛围，帮助教学名师快速成长。[1] 同时，学校应当加大人事和分配制度的政策导向，引导广大教师关注教学科研，尊重教学名师，使教学名师成为师生争相学习的榜样，让教学名师真正有为有位，充分发挥他们的正向示范作用。[2]

（3）教学名师的成长离不开关键人物的支持。关键人物的支持是教学名师成长路上的助推器，对教师的工作态度、价值观和情感产生重要的影响，对他们的教学行为和专业发展发挥引领、示范、激励的作用。[3] 研究指出，教师所在单位或部门领导是影响教学名师成长的非常重要的关键人物，他们在出台政策扶持、提供锻炼岗位、组建团队支持等方面能给予有力的帮助。导师和专家是教学名师成长过程中另一类重要的关键人物，不仅指导教学名师完成学业，而且在学术能力、学术态度、科研团队资源等方面都能给予重要的引导和帮助。同事是教师教育教学活动中不可或缺的伙伴，和谐的同事关系、合作的团队氛围、科学的同行评价都是教师成长的有利因素。当然，家人的关心和支持也是举足轻重的，这往往是教学名师成长最大的后盾和动力。

---

[1] 王宇航，王宇红，王斌. 优质高职院校"教练型"教学名师培育平台建设研究 [J]. 职教论坛，2017（29）：9-12.

[2] 蒋玉莲. 高职院校培养"教学名师"的体制性思考 [J]. 学术论坛，2009，32（11）：196-200.

[3] 冷佳青，伍雪辉. 学名师成长过程的经验分析与启示 [J]. 现代教育科学，2018（1）：68-72，76.

（4）教学名师的成长离不开关键事件的促进。有些关键事件也许是以任务或者危机的形式出现的，但是任务完成了就是成绩，危机处理好了就是机会。有些关键事件对于教学名师的成长会起到极大的促进作用。这样的关键事件包括职称提升、学历提升、职务提升等，是每位教学名师在成长过程中都会面临的，给大家提供的发展机遇也是相同的。能否抓住这些发展机遇，并尽自己最大的努力完成好相关的任务，决定了教师不同的发展方向。所以，教师在发展过程中要自加压力、不断努力，归根结底还是教师内在的能力素质决定了利用好关键事件的能力，有了充分的能力储备，才能抓住好的机遇快速成长。

第五章　高职院校教学名师能力素质模型的应用分析

高职院校教师的培养是一个长期、持续、分阶段的过程，招聘选拔的实施、职业生涯的规划、不同阶段的培训、学校政策的引导都影响着一名普通教师成长为教学名师的概率。高职院校教学名师能力素质模型的构建，为优秀教师的培养提供了方向和标准，适用于整个教师人力资源管理体系，在每一个环节都能发挥重要作用。本章依据第二章构建的高职院校教学名师能力素质模型，尝试对高职院校教师招聘甄选、绩效管理、职业规划、培训提升等人力资源管理环节进行创新优化，提升高职院校师资队伍建设和管理的科学化水平。

第一节　招聘甄选优秀职教师资

高职院校教师招聘的目标就是最大限度地实现人、岗位和组织的匹配。根据特定组织和岗位上的优秀教师构建能力素质模型，基本能得出完成相应岗位工作所需的能力素质要求，可以为岗位需求设定和师资招聘甄选提供科学依据和参照标准，从而最大可能地找到符合要求、具备潜力的优秀师资。

一、基于能力素质模型的招聘甄选特点

1. 招聘标准与岗位需求高度一致

招聘标准的科学制定是进行有效招聘的前提条件。学校可以以特定岗位上的教学名师为实际校标样本，以测得的能力素质为依据，构建岗位能力素质模型，以此得出招聘标准。并在此基础上，根据不同的岗位需求，开发针对性强的考核题目，衡量应聘者与目标岗位所要求的核心

能力素质的契合度，有助于在统一的招聘标准上突出招聘重点，做出科学的甄选决定，招聘到与岗位要求高度契合的人才。

2. 招聘目标与组织战略有效契合

当前，高职院校教师招聘的理想目标是找到能够了解高职院校特定文化、适应高职院校发展战略的专业人才，强调与组织的目标战略能高度匹配，注重与组织的整体利益能紧密结合。在前述能力素质模型构建过程中不难发现，正是在综合分析特定组织和岗位上的个人行为表现后，才得出胜任相关岗位要求的能力素质特征。基于特定岗位的人不是孤立的个体，而是与组织环境、组织文化和组织发展方向紧密融合的个体，最能体现"个体－岗位－组织"的匹配特点。因而，基于能力素质模型的招聘有利于实现学校组织的目标战略。

3. 招聘结果有利于选拔出具有潜力的理想人选

传统的教师招聘往往侧重于外显性能力素质的考察，如对学历、知识和技能的要求，而忽视对内隐性能力素质的考察，如应聘者的个性特质和内在动机等。外显性能力素质特征一般易于考察或鉴定，在一定程度上与实际的工作绩效也是紧密关联的。但能力素质理论证明，对于人的发展和复杂职位的胜任起关键作用的，往往是不易测量的个性特质和内在动机等内隐性要素。基于能力素质模型的招聘选拔，注重对应聘者能力素质的全面考察，不仅能科学测量其外显性能力素质，更注重考察其内隐性能力素质，从而招聘到素质全面、发展潜质好的人才。

二、能力素质测评方法

选取合适的方法对应聘者的能力素质进行测评是招聘的重要一环，测评结果是最终是否录用的重要依据。用于教师能力素质测评的方法有很多，针对高职院校教师的特点，比较常用的方法如下。

1. 履历分析

履历分析是借助应聘者履历档案，了解其成长历程、知识技能和经验水平，进而判断其是否适合需求岗位的人才评估方法。这种评估方法的优点是能快速完成初步筛选，排除与岗位要求差距较大的人选，测评成本比较低。缺点是信息量较小，无法判断资料的真实性和应聘者的真实能力。因此，该方法一般要和面试、试讲等其他测评方法结合使用。

2. 面试

面试是在特定的时间地点，通过面对面的交谈和观察，分析应聘者的专业知识、技能水平、理解沟通能力、性格特点以及求职动机等信息的测评方法。根据标准化程度的不同，面试一般分为结构化面试和非结构化面试。结构化面试是指，面试者根据特定岗位能力素质要求设计专项题库，按照固定的程序，与应聘者面对面交流测试，进而评价应聘者与岗位要求契合度的人才测评方法。❶ 结构化面试具有内容明确、程序严谨、评分标准统一等优点。有学者实证研究发现，结构化面试的平均效度为 0.62，而非结构化面试的效度在 0.20~0.37 之间。❷ 因而，结构化面试比非结构化面试能更为有效地考察一个人，准确地预测其未来的工作绩效，测评的信度和效度比较高。总的来说，面试花费时间较少，比较容易实施，已经成为应用普遍的一种测评方式，适合于规模较大、规范性较强的选拔性测试。

3. 试讲

试讲是在有限时间内，应聘者通过口语、形体语、各种教学技能和组织形式的展示而进行的一种模拟教学，通过试讲主要考查应聘者实际的教学能力。试讲一般时长 15min 左右，不讲授一堂完整的课，但要包括复习、导入新课、提问、巩固练习等完整的教学阶段。在试讲过程中，应聘者需要将下面的面试官当作自己的学生，跟他们要有一定的互动和交流，引导他们通过读、讲、议、练等形式完成学习任务。试讲结果一般由听课专家根据应聘者的课堂表现来进行评价。

4. 心理测验

心理测验是一种通过观察应聘者具有代表性的行为和使用现成的量表，依据确定的原则对应聘者的心理特点进行推论和量化分析的科学手段，较为常见的心理测验包括动机测验、人格测验、智力测验、能力测验等。例如，麦克利兰提出的成就动机、权力动机和亲和动机是当前最被认可的动机测验方法，主要基于自陈式量表进行测评，如北森动力测

---

❶ 李元勋. 我国中级职业经理人的选聘研究 [D]. 厦门：厦门大学，2009.

❷ 许安国. 行业特色研究型大学教师胜任素质模型构建及实证研究 [D]. 北京：北京交通大学，2013.

验。人格测评主要应用于个体的动机、性格、态度、兴趣等非认知结构特征的测评，典型的方法主要有问卷法或投射法，如艾森克人格问卷（EPQ）、明尼苏达多项人格测验（MMPI），以及主题统觉测验、填句测验等。❶

5. 背景调查

背景调查是一种通过应聘者曾经的领导、导师、同事、同学等了解其个性品质、学习能力、合作精神等行为表现的方法。背景调查可以验证应聘者应聘资料的真实性，有利于排除存在负面行为的应聘者，更能帮助面试者了解应聘者在以往任职单位的工作表现及离职原因，从而做出正确的选择。❷

为了提高教师能力素质测评的有效性和科学性，可以结合以上测试方法的优缺点综合使用。根据高职院校教师的岗位特点，同时参考专家意见，高职院校教师能力素质的推荐测评方法如表 5-1 所示。

表 5-1　高职院校教师能力素质测评方法

	教学科研能力	管理能力	实践能力	发展能力	个性特质	内在动机
能力素质指标	专业能力 指导学生 课堂教学 教学改革 科学研究	领导团队 沟通协调 统筹规划 合作分享 执行能力	校企合作 企业实践 竞赛指导	总结思考 学习提升 探索创新	责任担当 锲而不舍 良好心态 上进心强	爱岗敬业 成就需求 目标追求
能力素质测评方法组合	履历分析 试讲 面试 背景调查	面试 履历分析 背景调查	试讲 面试 履历分析	心理测试 面试 履历分析	面试 心理测试 试讲 背景调查	心理测试 背景调查面试

在表 5-1 中，每一项能力素质指标都可以通过多种测评方法从不同角度联合测试。如对科学研究能力的测评可以综合采用履历分析、结

---

❶ 许安国. 行业特色研究型大学教师胜任素质模型构建及实证研究 [D]. 北京：北京交通大学，2013.

❷ 强国民. 胜任力视角下高校教师招聘体系探究 [J]. 中小企业管理与科技（上旬刊），2010（4）：33-34.

构化面试、试讲和背景调查等方法。应聘者履历上体现的论文和科研项目的数量、质量，能初步反映其科研能力和科研方向；通过结构化面试，能考察其是否具备创新思维、科学道德和奉献精神等；通过试讲，能考察应聘者是否具备运用教学、科研成果服务课堂教学的能力；通过背景调查，能够了解应聘者在学习期间或前单位的态度和能力。

三、招聘甄选的流程与方法设计

在明确招聘岗位的基础上，依据该岗位上优秀教师的能力素质模型进行岗位需求分析，明确岗位招聘要求，并以此对应聘者进行能力素质的测量与评估，最终做出合理决策。❶ 基于能力素质模型的教师招聘甄选流程如图 5-1 所示。

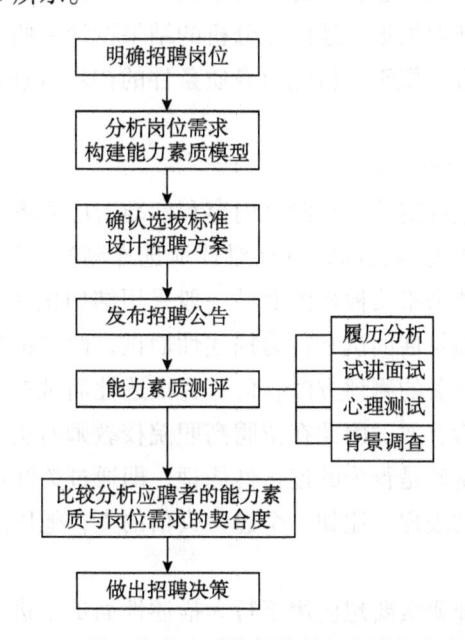

图 5-1 基于能力素质模型的教师招聘甄选流程

1. 明确招聘岗位

学校根据各自的战略目标、发展规划和学科布局，对不同岗位的招

---

❶ 谢滋红. 素质模型在 A 公司人力资源管理中的应用研究 [D]. 湘潭：湘潭大学，2013.

聘数量都有不同的需求和规划，因此，明确需要招聘的岗位是选拔合适人选的首要前提。

2. 分析岗位需求，设计招聘方案

不同的教学岗位，对其招聘对象的知识素养、专业技能和学历职称等方面的要求标准也各不相同。基本做法是，依据能力素质理论，结合各教学岗位的需求和具体情况，分析该岗位教学名师的能力素质特征及其行为等级标准，从而确定目标岗位的教师能力素质模型，并据此设计对应的选任标准与重点测试内容。

3. 发布招聘公告

招聘公告一般需要明确招聘岗位的职责要求以及报名资格、选拔范围、选拔程序等相关信息。与传统的做法有所不同的是，基于能力素质模型的招聘公告还要根据上述岗位分析的结果设计一些能反映应聘者能力素质特征的内容，便于进行能力素质条件的初步审查，进而提高招聘效率。

4. 进行能力素质测评

根据招聘方案确定的重点测试内容和标准对应聘者进行能力素质测评。可以根据不同的测试内容有针对性地选择测试方法。以面试为例。如前所述，基于能力素质模型的面试一般采用结构化面试方式。结构化面试又通常分为情景性面试和行为描述性面试，两者都是广泛运用于人才选拔并且效果显著的测评方法，但行为描述性面试在选拔复杂职位和高层次人才时更为有效，因此在招聘高职院校教师时更为合适。行为描述性面试的理论基础是行为的连贯性原理，即通过关注应聘者过去的行为来预测其将来的表现。比如一个经常失信的人，他以后失信的概率也会比较高。

能力素质特征要素要想应用于行为描述性面试中进行考察，必须转化为具体的，能反映被试人行为特征、心理状态、事态进展和结果的行为性问题。一般让被试者陈述具体的事例来说明待测的能力素质，要求事例具体、翔实、有条理。面试官通过确认被试者在过去某项任务或背景中的实际行为，取得一种或数种与能力素质要素相关的信息。经转化的、与高职院校教师能力素质要素相对应的行为性问题，如表5-2所示。

表5-2 高职院校教师能力素质要素相对应的行为性问题

序号	能力素质要素	对应的行为性问题
1	成就需求	请谈谈你的求学和发展经历
2	探索创新	请举一个在以往工作或生活中引发的创新设想并付诸实施的事例,重点说明探索过程和具有的创新特征
3	执行能力	请你评价一下自己的执行能力,并举一个在工作岗位上克服困难或复杂局面完成任务取得成效的案例
4	合作分享	请你通过陈述一件有关团队合作的事情谈谈对团队合作的理解。重点说明你在团队中的职责是什么,以及你是如何促进团队合作的
5	锲而不舍	你自认为坚持时间最长的事情是什么?并谈谈对锲而不舍精神的理解。重点说明在这件事中,你遇到过什么困难或挫折,你是如何解决的,你对最终结果是否满意

为了便于面试时赋值打分,待测能力素质转化成行为性问题后,还需要将上述问题按照行为的表现程度附上相应的分值,如表5-3所示。

表5-3 行为指标表现及相应分值

分值		行为程度	行为表现
十分制	五级制		
9~10分	A	完全具备	被试完全具备该项能力素质所描述的要求
7~8分	B	较好具备	被试较好具备该项能力素质所描述的要求
4~6分	C	基本具备	被试基本具备该项能力素质所描述的要求
1~3分	D	稍微具备	被试在极少数情况下具备该项能力素质所描述的要求
0	E	不具备	被试不具备该项能力素质所描述的要求

由于待测能力素质特征是高度概括的专有概念,如"探索创新""锲而不舍"等,其内涵十分丰富,再加上行为描述性面试建立于面试官与被试者的交流互动,主观性强、不确定因素比较多,要想准确测试或挖掘出被试者的能力素质特征,对应的行为性问题及相应的指标设计就十分关键。以探索创新为例,设计对应的行为性问题及指标,如表5-4所示。

表 5-4 探索创新所对应的行为性问题及指标

被测要素	行为性问题	具体表现	等级或分值	
探索创新	请举出在以往工作或生活中引发的创新设想并付诸实施的事例	不仅按照要求说出工作或生活中具有重大创新价值的事例，而且在将创新动机付诸实施的过程中表现出显著的灵活、机智、不限于常规等创新特征	A	9~10 分
		能够按照要求阐述具有创新价值的具体事例，实施效果好、过程反映出应试者具有比较明显的探索创新特征	B	7~8 分
		基本能够根据要求说出提出新观念或创造新事物的事例，但创新价值和实际效果一般	C	4~6 分
		虽然举了一些事例，但与要求不太相符，没有明显的创新意识和特征	D	2~3 分
		几乎没能举出符合要求的事例	E	0~1 分

5. 确定最终录用人选

根据以上设定的招聘方案进行能力素质的各项测评，并将测评结果进行统计分析，按综合得分的高低选拔一定数量的候选人，提交专家组或会议审议，在进一步比较应聘者能力素质水平与需求岗位契合度的基础上确定最终录用人选。

第二节　有效管理岗位工作绩效

绩效管理是人力资源管理系统的中枢，对于推动人力资源各功能板块的有效联动、持续健康发展至关重要。❶高职院校教学名师能力素质模型提供了高职院校教师能力素质的参考标准，这是导致教师产生高绩效的关键能力素质。但在实践的运用过程中，还要结合不同学科、不同专业的具体要求进行调整与完善，才能适用于不同教师能力素质的测评，为工作绩效提供科学的管理依据。

---

❶ 刘烨. ZS 职业技术学院教师岗位能力素质模型的构建与应用研究 [D]. 成都：电子科技大学，2012.

一、基于能力素质模型的绩效管理特点

1. 绩效管理涵盖内容更加全面

基于能力素质模型的绩效管理，将行为、结果和潜能一并纳入考核范围，不仅注重教师当前能力素质水平的考核结果，也注重教师隐性潜能的挖掘与培养，注重能力素质的可持续性发展。[1] 对教师全面能力素质的考核，有助于教师发现自身的不足和问题，并有针对性地进行能力素质的改进，不断向优秀的绩效靠拢；同时也有助于单位或上级管理部门为教师制定出绩效提升和能力发展的行动建议，通过培训或有效的激励措施等手段开发教师的潜能，更加符合以人为本的管理理念。

2. 绩效管理考核指标更加科学明晰

教学名师能力素质模型提供了高绩效的岗位能力素质说明，能够区分高绩效教师和一般或低绩效教师的表现差异。依据这些能力素质进行设计，转化为具体的考核内容和标准，能形成明确、科学的绩效考核指标体系，客观评价教师岗位职责的履行和岗位任务的完成情况，有助于教师找到自我提升的有效路径，提供学校绩效管理的科学方法。

3. 绩效管理有助于平衡岗位目标和个人目标

传统的考核体系注重岗位目标的实现，是通过工作任务的层层分解和量化考核来实现的。基于能力素质模型的绩效管理同时兼顾岗位目标的实现和个人能力素质的发展。在绩效管理的过程中，从岗位目标实现和个人目标实现两方面来界定考核标准，关注教师在完成两个目标过程中的成效与结果、不足与问题，并根据过程中的具体表现及时反馈调整，从而实现岗位绩效目标和教师个人发展目标的双赢。

二、绩效管理的流程与方法设计

绩效管理应该从结果和过程两个方面来评价。对结果的评价相对容易，通过考核关键绩效指标就能界定结果、评判优劣，而过程评价则相对困难和复杂。借助能力素质模型理论，整合结果与过程评价，实现绩

---

[1] 谢滋红. 素质模型在 A 公司人力资源管理中的应用研究［D］. 湘潭：湘潭大学，2013.

效制定、绩效辅导、绩效考核、绩效反馈的全过程和全方位联动，具体流程如图 5-2 所示。

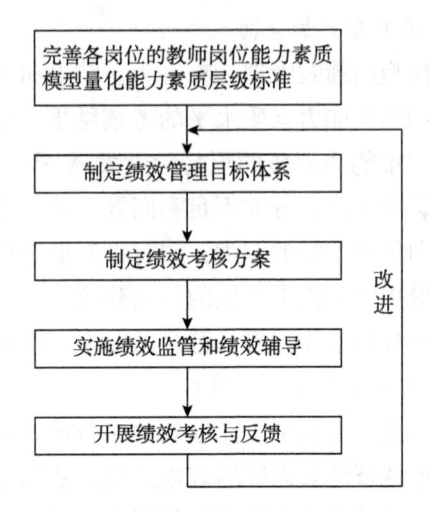

图 5-2 基于能力素质模型的教师绩效管理流程

1. 制定绩效管理目标

基于教师前期工作绩效反馈情况，结合岗位能力素质要求制定绩效管理的目标。绩效目标一般分为岗位目标和个人目标。岗位目标是硬性的工作结果目标，要求符合学校发展战略；个人目标是指依据岗位教学名师能力素质模型确定的、符合个人发展规律的能力素质目标。通过设定岗位目标和个人目标，让教师明白要具备什么样的能力素质和具体表现才能高绩效地完成工作任务，符合学校和个人发展的双重需求。

2. 制定绩效考核方案

绩效考核方案的制定大致分成以下几部分：首先，管理部门要结合岗位需求和部门考核指标制定教师考核办法，包括具体的考核等级、量化指标、评分标准及权重系数等。❶ 其次，教师根据考核指标具体分解情况，制定出详细的个人年度绩效考核方案，提交管理部门进行审核。最后，管理部门正式确定绩效考核方案，要求被考核教师予以实施。

---

❶ 谢滋红. 素质模型在 A 公司人力资源管理中的应用研究 [D]. 湘潭：湘潭大学，2013.

3. 实施绩效监管和绩效辅导

能力素质模型的建立帮助管理部门和教师本人都能清楚地了解与绩效密切相关的能力素质要素和具体行为表现。从管理部门来说，可以依据绩效考核指标体系对教师的具体执行过程进行跟踪管理，及时掌握教师的工作情况，及时提供指导、反馈、帮助，以及外部资源和条件的支持，确保教师按照设定的绩效目标有效进行。从教师本人来说，也有利于进行自我评估和改进，在完成目标过程中不断提高和完善自身的能力素质。在绩效方案实施过程中，当出现一些与原先设想出入比较大，或是确实难以克服的困难和阻力，致使任务无法完成时，教师和管理部门应及时协商，对绩效方案进行调整。

绩效辅导一般包括日常辅导和中期回顾。日常辅导是指管理部门对教师的任务进度和完成质量进行不定期的考察和指导，提出改进的意见建议。中期回顾是指一般在年中，按照设定的考核指标对教师进行比较全面的、正式的预评估和反馈，督促教师按照计划进度实施绩效方案。

4. 开展绩效考核与反馈

绩效考核就是依据考核标准对教师的年度绩效任务完成情况进行评定，并及时反馈考核结果。绩效考核和反馈事关教师的成就感和下一步的绩效改进，是整个绩效管理的关键环节。通过考核和反馈帮助教师分析能力素质和工作表现，并提出针对性的改进举措，为下一阶段的绩效提升指明方向。

三、绩效管理的举例分析

基于能力素质模型的绩效管理模式，有助于教师能力的培养和潜力的挖掘，更符合以人为本的管理理念。绩效管理的具体实施方法基本可以分为"分级—量化—评价"三个阶段。"分级"，即完善绩效管理依据而对某一项能力素质进行分级描述，确定分级标准；"量化"，即对不同的层级赋以分值项描述；"评价"，即根据分级标准及相应的分值项对教师的能力素质进行评分，并结合辅助指标给出最终评价。[1]

---

[1] 刘烨. ZS职业技术学院教师岗位能力素质模型的构建与应用研究［D］. 成都：电子科技大学，2012.

以能力素质"教学改革"绩效评价为例，确定评价方案后，进行教师教学、教研过程中的绩效跟踪，及时掌握教师的工作情况和存在的问题，给予恰当的指导和建议，确保教师实现设定的绩效目标。在教师绩效评价管理中，首先给出能力素质"教学改革"的五个等级标准和量化分值；然后采用设定的评价方法完成教师"教学改革"能力要素的立体评价，得到教师在"教学改革"能力素质要素上的分值；最后结合教研课题、教研获奖、教学建设项目、论文及著作等辅助指标完成教师能力素质"教学改革"的总体评价，如表5-5所示。教师可以根据其最终的评价结果，对照绩优教师的行为表现，通过自我反思、讨论或面谈建议等方法，提高自己教学改革方面的探索与创新，实现绩效的优化改进。

表5-5 "教学改革"绩效评价表

能力素质名称	教学改革	所属能力素质	教学科研能力
定义	围绕提升教学质量、培养优秀人才而进行的有关培养计划、教学模式、教学内容及教学方法等方面的改革创新能力			
等级	等级定义		分值范围
A	积极响应行业、企业发展需求，创新性地提出教学新模式、新方法或新体系，有效提升人才培养质量，在学术界产生重大的影响		9~10分
B	能响应行业、企业发展需求，在教学模式、教学方法及教学体系上有改革创新举措，促进人才培养，对本学科产生较大的影响		7~8分
C	能主动了解行业、企业发展需求，借鉴现有的创新手段或方法实现人才培养，对本学科具有一定的影响		4~6分
D	了解行业、企业发展需求，有一定的教学改革创新意识并采取有限的举措		2~3分
E	对专业发展、行业变化反应迟钝；处理、解决问题模式固化，无创新或是无效创新		0~1分
辅助指标：教研课题、教研获奖、教学建设项目、论文及著作等的数量与级别，如获得国家级教研课题、教学成果奖、精品课程、CSSCI检索论文或国家级优质教材等将辅助说明个人教改创新能力为较高等级			

续表

能力素质名称	教学改革	所属能力素质	教学科研能力
国家级	教研课题、教学成果奖、教学竞赛、教学资源建设平台、精品课程、教研论文（CSSCI来源期刊）、优质教材、在线课程		参考定为4级
省级	教研课题、教学成果奖、教学竞赛、优秀毕业设计指导教师、教学资源建设平台、精品课程、教研论文（中文核心期刊）、优质教材、在线课程		参考定为3级
市级	教研课题、教学成果奖、教学竞赛、教学资源建设平台、教研论文（统计源）		参考定为2级
院级	教改课题、优秀毕业设计指导教师、教学团队负责人、创新创业导师、立项教材		参考定为1级

相关能力素质特征：专业能力、指导学生、课堂教学、科学研究

第三节 合理规划教师职业生涯

教师想要取得职业上的成功，从一名普通教师成长为教学名师，科学合理地进行职业规划非常重要。职业规划是教师个人成长的内在需求和动力源泉，也是学校引导、激励教师专业化成长的有效手段。基于能力素质模型的教师职业规划，重点帮助教师进行自我评估和定位，科学设定工作目标，改变工作态度，增强专业技能，逐步提升个人综合能力素质和工作绩效，实现教师职业生涯的良性发展。

一、基于能力素质模型的教师职业规划特点

1. 职业规划更有利于体现专业化发展阶段的特点

教师职业规划最重要的目标就是实现教师的专业化发展。这是一个持续的发展过程，需要教师分阶段地设立目标和具体标准，通过学习实践、培训提升和考核反思不断推进。能力素质模型依托于高职院校教学名师构建，为教师专业发展树立了榜样，清楚展现了教师专业化发展的目标和追求，便于高职院校教师对照标准进行自我评估和定位，分阶段开展职业规划，最大限度地调动其发展的积极性。如新手教师阶段，要

求能够明确教师职责，掌握教育教学基本技能；教学能手阶段，要求具备较强的教育教学能力，充分胜任个体的教育教学工作；骨干教师阶段，要求具备优秀的教育教学能力，并具备一定的教学改革能力；专业带头人阶段，除了个人理论素养和专业技能突出，更要具备组织管理能力，指导团队和新教师成长；教学名师并不是每位教师都能达到的阶段，但一定是每位教师的理想。他们在专业建设、课程建设、教学改革、团队建设等方面充当带头人，发挥着重要的示范引领作用。基于教学名师能力素质模型的职业规划，引导教师通过阶段性目标实现专业化成长，更符合发展实际，也更具有操作性。

2. 职业规划更有利于提升教师内职业生涯素养

教师职业生涯可以分为外职业生涯和内职业生涯。外职业生涯是指教师的工作单位、工作内容、工作职务、工作环境以及工资待遇等因素的组合及其变化过程。因为外职业生涯的因素往往取决于他人，所以具有一定的不可控性。内职业生涯是指教师所具备的知识能力、思想观念、心理素质、内在动机等因素的组合及其变化过程。内职业生涯的因素由个体探索获得，一旦形成则具有相对的稳定性。❶ 当前，大多数教师职业规划更多地强调影响外职业生涯素养的重要性，却忽视了内职业生涯素养的提升。分析教学名师能力素质模型的结构和内涵，着重聚焦和对应高职院校教师的内职业生涯素养。因而，基于能力素质模型的职业规划，能让人力资源管理部门和教师个人更加认识到提升内职业生涯素养的重要性，从而有针对性地培养。

3. 职业规划更有利于实现目标管理

能力素质模型的要素特征和标准都是非常明确和量化的，有助于人力资源管理部门和教师个体进行实时评估和定位，更加科学地制定职业发展的阶段和不同阶段的目标。阶段性目标和重点内容的设计可以有效结合目标管理的 SMART 原则。S（Specific）意为具体性，即要求高职院校教师每个时期的规划目标必须是具体的；M（Measurable）意为可衡量性，即规划目标是数量化或者行为化的，便于对比分析和有效判断；A（Attainable）意为可行性，即规划目标的制定要与教师能力相匹

---

❶ 张再生. 职业生涯开发与管理［M］. 天津：南开大学出版社，2003.

配,在付出努力的情况下可以实现,避免设立过高或过低的目标;R(Relevant)意为相关性,即规划目标是与本职工作相关联的,与不同阶段的目标是相关联的;T(Time Bound)意为时限性,即规划目标要有特定期限,便于掌握和调整进度。❶

二、职业规划的流程与方法设计

基于岗位能力素质模型的教师职业规划,是根据教师的实际能力素质,结合教学单位的发展目标和组织环境等因素,帮助教师准确了解个人特质、工作特点及发展需要,指导教师分阶段地实现职业目标,并在过程中对教师提供支持和帮助,从而促进教师提高获得高绩效的技能和行为,实现个人发展愿景和学校发展战略的双赢。基于能力素质模型的教师职业规划流程如图5-3所示。

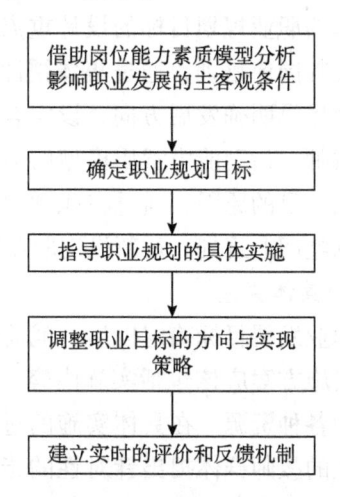

```
借助岗位能力素质模型分析
影响职业发展的主客观条件
        ↓
  确定职业规划目标
        ↓
 指导职业规划的具体实施
        ↓
 调整职业目标的方向与实现
         策略
        ↓
 建立实时的评价和反馈机制
```

图5-3 基于能力素质模型的教师职业规划流程

1. 借助能力素质模型分析影响职业发展的主客观条件

职业规划的首要环节是对教师个体主观条件和所处客观环境进行分析评估,这决定着职业规划的发展方向和目标。❷ "主观条件的分析与评

---

❶ 德鲁克.管理的实践[M].北京:机械工业出版社,2019.
❷ 陈永花.专业需求视角下高职教师职业规划的标准与流程[J].教育与职业,2017(17):81-84.

价"正好可以借助特定岗位教学名师能力素质模型,对教师的教学科研能力、管理能力、实践能力、发展能力和个性特质及价值观等内在动机等进行分析,评估自身的优势与不足,明确发展领域,规划发展目标。"客观环境评估"也可以借助教学名师成长影响因素的研究成果,从发展平台、发展环境、关键人物以及关键事件等方面分析自身所处的客观环境。在全面分析的基础上,高职院校教师可以采用SWOT法,以职业发展为核心,归纳出影响职业发展的优势(Strength)、劣势(Weakness)、机会(Opportunity)和威胁(Threat)[1],扬长避短、借势借力,初步明确职业发展目标和策略。

2. 确定职业规划目标

职业规划目标可以划分为短期目标、中期目标、长期目标,每个阶段都有不同的侧重点,在前面教师专业化发展不同阶段特点的分析中已经提到。高职院校教师的职业规划目标的设计重点针对两类群体:一类是新教师,可结合新教师岗前培训,通过集体授课、培训辅导、个别指导等方式,引导新教师尽早明确发展方向,设定合理目标;另一类是工作绩效一般的中青年教师,借助能力素质模型的对比和岗位绩效差距的分析,找出存在问题和不足的原因,通过在职学习培训有针对性地提升能力素质,或者及时调整职业规划,重新设定职业发展目标。[2]

3. 指导职业规划的具体实施

教师每个阶段的职业发展目标确定以后,就需要考虑采取具体的实施方案来有效落实。实施方案应该包括实施内容、步骤、截止时间、预期结果,以及所需要的各种资源。在具体实施的过程中,人力资源管理部门应该针对不同层次的教师群体提出针对性的指导意见,帮助教师了解学校未来发展的目标战略、岗位的任职要求,指导教师建立个人职业规划档案,明确自身能力素质提升的重点。同时,在不影响学校发展和教师职业规划总体目标的前提下,为教师的个性化发展提供自由选择的空间。

---

[1] PIERCY N, GILES W. Making SWOT analysis work [J]. Marketing intelligence & planning, 1989, 7 (5/6): 5-7.

[2] 陈永花. 专业需求视角下高职教师职业规划的标准与流程 [J]. 教育与职业, 2017 (17): 81-84.

4. 调整职业目标的方向与实现策略

由于高职院校教师的综合素质、发展能力以及所处客观环境的不同，职业规划实施过程中难免会出现与预期不符的情况，有的未能实现预期计划，有的提前完成预期目标，有的发现预期目标与自身实际发展不符等。这既有外部客观因素的影响，也有教师个人主观因素的影响。因此，高职院校教师在职业规划实施过程中需要定期判断主客观因素，根据实际情况适时地调整职业目标的方向、完成时限以及相应的策略。事实上，随着职业目标的不断调整和修订，高职院校教师的自我认知和判断能力也会不断提升，职业目标与现实环境、发展实际会更加契合，促使职业规划更加合理，更有利于高职院校教师的职业发展。

5. 建立实时的评价和反馈机制

高职院校教师实现职业目标的动力源于自我要求和外部要求，而自我要求的产生也经常源于外部要求的压力。为此，学校要及时引入评价与反馈机制，在教师完成一个阶段的规划目标后，进行科学的评价和反馈，形成正向的激励，传导有效的压力。除采用提升职务、晋升职称、提高工资待遇等外在激励手段外，高职院校应该引导教师更加注重职业发展的成就感和获得感，激发教师正向的职业情怀和价值取向，促使教师的职业生涯与学校的事业发展同向同行。

第四节　科学设计培训提升体系

基于能力素质模型的教师培训，是根据特定岗位的能力素质模型，分析教师当前的能力素质差距，制订培训计划和设计培训课程，更加有的放矢地开展培训活动，以求提高培训的实际效果。

一、基于能力素质模型教师培训的特点

1. 培训体系契合学校发展战略需求

基于能力素质的培训体系依据学校的发展需求来构建，以实现学校战略目标为前提。培训体系的设计充分考虑经济社会发展要求、学校的发展目标、办学理念、师资建设等各项因素，并依据教师个人能力素质测评的结果制定培训内容与计划，最终实现人的能力素质与岗位需求高

2. 培训目标更具有针对性

传统的培训内容以工作内容分析为基础，重点培训专业理论知识，培训目标不明确，培训内容范围窄、重点不突出，且与教师的工作绩效相关度不高，不能满足现代高职院校教师的岗位要求。[1]通过特定岗位构建能力素质模型，分析岗位发展的实际需求，能帮助管理部门和教师更清楚培训的目的是什么；通过教师绩效差距分析，找出绩效差距的根源，能更清楚培训的重点内容是什么。培训目标与内容的明确能帮助培训更加有的放矢、事半功倍。

3. 培训内容更注重内隐性能力素质开发

传统的培训内容设计更多地关注看得见、易测量的外显性能力素质，基于能力素质模型的培训，同时关注教师内隐性能力素质的开发，更有利于教师综合能力素质的提高，最终实现与目标岗位需求的高度匹配。

二、培训提升体系的流程与方法设计

基于能力素质模型的培训提升是通过比较优秀教师和普通教师的绩效差异，构建特定岗位教师的能力素质模型，根据不同教师现有的能力素质水平和发展需求，有针对性地开展培训活动。教师培训提升体系是一个由需求分析、计划设计、培训实施、评估反馈四个环节构成的闭环系统，如图5-4所示。

图5-4 基于能力素质模型的教师培训提升流程

1. 培训需求分析

培训需求分析是其他各项培训流程的前提和基础。培训需求分析的主要任务是依据学校发展需求和个人实际绩效找到能力素质差距，并确

---

[1] 姚凯，陈曼. 基于胜任素质模型的培训系统构建[J]. 管理学报，2009，6（4）：532-536.

定解决方案。第一，明确学校发展需求和重点任务。培训需求分析不仅要考虑学校当前的发展战略，还要考虑未来发展的需求，在此基础上构建教师能力素质模型和职业行为标准，明晰教师应该做到什么的信息。第二，明确个人素质差距。借助教学名师能力素质模型对比个人绩效结果，找到教师个体能力素质的差距，明晰教师实际做到了什么，还差什么的信息。第三，分析差距原因。并不是所有的差距都是可以通过培训提升的。比如环境、政策、技术设备等方面需要学校考虑解决或改善。只有通过培训可以提高的教师能力素质才是培训的内容。第四，对培训需求分类汇总。学校将培训需求根据共性与个性、长期与短期等的不同进行分类汇总，并依据各能力素质对绩效影响的大小进行优先排序，有重点地、有针对性地制订培训计划，把有限的培训资源运用于能力素质的提升和改善。基于能力素质模型的教师培训需求分析逻辑如图5-5所示。

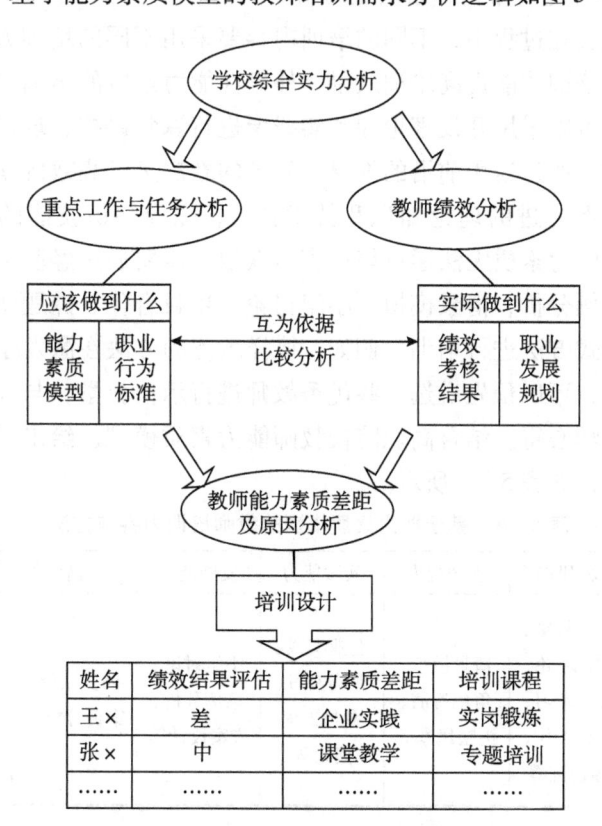

图5-5 基于能力素质模型的教师培训需求分析逻辑

2. 培训计划设计

培训计划由培训主管部门综合分析各方面信息而定。一份完整的培训计划应该包含培训目的、培训课程体系、培训成果标准、培训考核办法、总结评价等。其中，培训课程体系的设计是核心，其立足点就是要提升教师胜任工作岗位的能力素质。课程体系可以分为横向设计和纵向设计。纵向主要是指根据教师的不同等级开展不同的培训，根据教师的资历和能力水平的不同，可分为新教师、教学能手、专业带头人和教学名师等不同等级；横向就是针对教师的不同能力素质需求开展培训，主要包括教学科研能力、管理能力、实践能力、发展能力，以及反映内在动机和个性特质的内隐性能力素质的培养。纵横结合的课程体系更适合教师能力素质的培训和提高。

3. 选择合适的培训方法实施培训

在培训实施过程中，不同的培训内容要采用不同的培训方法，有针对性地开展培训才能提高培训效果。外显性能力素质的培训目标和内容比较明确，可以采用开设理论课和实践课进行课堂讲授、现场指导等方式开展培训。通过运用前沿的教材、先进的教法进行高效的学习，便于教师快速掌握先进的理论知识和技术技能，完成知识技能的积累和运用。内隐性能力素质无法通过培训直接获取，需要通过经验习得，一般可以采用案例分析、情景模拟、小组讨论、项目合作、课题研究、团队拓展等体验式方法进行培训。例如，榜样示范的方法在激发学员动机方面比较有效，可以预先挑选一些优秀教师进行示范教学，与大家分享成长经验和教学心得。结合高职院校教师能力素质模型，给出了教师培训内容与方法，如表5-6所示。

表5-6 基于能力素质模型的教师培训内容与方法

培训内容	教学科研能力	管理能力	实践能力	发展能力	个性特质	内在动机
培训方法	课堂观摩、交流讨论、说课练习；项目合作、课题研究等	情景模拟、角色扮演、头脑风暴等	企业实践、跟岗实习、参与工程建设等	小组讨论、案例分析、方案设计等	团队拓展、案例分析等	专家指导、榜样示范等

4. 培训效果评估

培训是否切实提高了教师的能力素质、促进了教师的专业化成长，是检验培训效果的关键。培训评估应该坚持结果评估与过程评估相结合，根据培训内容和方式的不同，采取不同的评估方式。[1] 培训评估的实施可以分四个层面进行：课程层面、能力素质层面、行为层面和绩效层面。具体评估内容、方式及时间如表5-7所示。

表5-7 培训评估实施方案

评估层面	评估内容	评估方式	评估时间
课程层面	受训人员对培训的满意度测评以及相应的意见和建议	学员访谈、调查问卷等	培训结束时
能力素质层面	受训人员能力素质的提高程度	现场教学评估、能力素质测试等	培训结束一个月左右
行为层面	受训人员的日常工作表现	单位领导评价、同行评价、学生评价等	培训结束半年内
绩效层面	受训人员培训之后工作绩效是否提高	工作质量、绩效考核结果等	日常工作表现、年度绩效考核

第五节 分析与讨论

本章基于能力素质模型对高职院校教师招聘甄选、绩效管理、职业规划、培训提升等方面进行了创新优化，提出了建议路径和方法。基于能力素质模型的人力资源管理比传统的管理模式更有优势，主要突出在合理利用和有效开发教师的能力素质。合理利用是对教师具备的能力素质进行科学的鉴别、获取及利用，帮助教师发挥现有的能力素质获得高绩效。有效开发是对教师潜在的能力素质进行判断、发现和挖掘，以激

---

[1] 谢滋红. 素质模型在A公司人力资源管理中的应用研究 [D]. 湘潭：湘潭大学，2013.

发教师的潜能，获得更好的专业化发展。❶ 合理利用和有效开发教师能力素质，能充分激发教师的主观能动性，帮助提升教师综合能力素质，推动高职院校教师人力资源管理体系的良性运转，有力促进学校和教师的双向互动发展。

从学校的角度来说：第一，引入教师能力素质理论，有利于创新高职院校人力资源管理理念和制度，摆脱传统师资管理模式的羁绊束缚，构建与新时代学校发展需求相适应的人力资源管理体系。第二，运用能力素质模型，可以根据岗位实际需求为教师招聘甄选提供科学依据，最大限度地实现人岗匹配。第三，运用能力素质模型，能够科学评估高职院校教师能力素质的现状，明晰与优秀教师能力素质之间的差距，为科学的绩效管理提供标准参照。第四，运用能力素质模型，有利于引导高职院校教师开展职业规划，明确发展方向和目标，增强能力素质建设的自觉性。第五，运用能力素质模型，能准确掌握高职院校教师的知识结构、技能水平和个性特征等情况，有助于确定师资培训的内容和方式，改善和提升教师的整体能力素质。

从教师的角度来说：第一，运用能力素质模型，能够帮助高职院校教师了解实现高绩效工作所需要的能力素质要求，明确个人的差距不足和努力方向，激发内在动机和发展动力，通过持续的学习培训和合理的职业规划，不断提高自身的能力素质水平，促进个人的专业化发展。第二，运用能力素质模型，能对高职院校教师现有和潜在的能力素质进行科学评价，在此基础上建立的绩效管理体系能体现"优劳优酬、优绩优酬"，具有较高的公正性和合理性，正向激励作用比较明显。第三，基于能力素质模型设计的培训提升体系，能对不同岗位教师所需的核心能力素质进行个性化设计和培训，能有效增强教师获得高绩效的能力素质，帮助教师更好地适应岗位的发展需求。

---

❶ 许安国. 行业特色研究型大学教师胜任素质模型构建及实证研究［D］. 北京：北京交通大学，2013.

第六章 研究结论

本研究主要运用了行为事件访谈法、扎根理论研究法、问卷调查法等研究方法，在国内首次面向高职院校教学名师这一群体开展了能力素质的研究，取得了一些阶段性成果。但由于研究者的水平有限，本研究还存在着一些不足，有待后续研究进一步完善。

第一节 主要结论与创新

一、高职院校教学名师能力素质模型的构建与验证

高职院校教学名师能力素质模型是指构成高职院校教学名师所有能力素质特征要素的集合。本研究主要运用行为事件访谈法，对20名获得省级及以上教学名师称号或类似荣誉称号的高职院校教师进行访谈，运用扎根理论研究法对访谈资料进行分析编码，提炼出23类能力素质特征要素，在此基础上建构了高职院校教学名师的能力素质模型。

根据麦克利兰的冰山模型理论，高职院校教学名师的能力素质模型分为外显性能力素质和内隐性能力素质两大类。外显性能力素质包括教学科研能力、管理能力、实践能力和发展能力。其中，教学科研能力有专业能力、指导学生、课堂教学、教学改革、科学研究五项特征要素；管理能力有领导团队、沟通协调、统筹规划、合作分享、执行能力五项特征要素；实践能力有校企合作、企业实践、竞赛指导三项特征要素；发展能力有总结思考、学习提升、探索创新三项特征要素。内隐性能力素质包括个性特质和内在动机。其中，个性特质有责任担当、锲而不舍、良好心态、上进心强四项特征要素；内在动机有爱岗敬业、成就需要、目标追求三项特征要素。

根据初步构建的能力素质模型,编制了《高职院校教师能力素质状况调查问卷》,对江苏省区域内 123 名高职院校教学名师和 877 名非教学名师样本进行问卷调查。问卷围绕教学科研能力、管理能力、实践能力、发展能力、个性特质和内在动机六个维度,为每类能力素质特征要素编制了相应的结构化问卷。通过验证性因素分析、信度和效度分析得出,问卷的结构、信度和效度良好;对比教学名师和非教学名师的统计数据,能够有效区分两者能力素质水平的差异,从而验证了高职院校教学名师能力素质模型的有效性。能力素质模型的建构也为下一步运用模型改善高职院校人力资源管理体系奠定了基础。

二、高职院校教学名师的能力素质现状

通过对样本区域高职院校教学名师和非教学名师的能力素质进行问卷调查,实证分析高职院校教学名师能力素质的现状,探讨了年龄、性别、学历、职称等人口学和社会学变量对教学名师能力素质发展水平的影响,并得出高职院校教学名师具有显著性、内发性和特殊性等特点。显著性是指教学名师能力素质的得分均显著高于非教学名师,验证了高职院校教学名师能力素质模型的有效性。内发性是指高职院校教学名师能力素质中内隐性能力素质特征对其行为与表现起决定性作用。特殊性是指实践能力是高职院校教学名师最具代表性的能力素质特征,也是区别于普通高校和中小学教学名师最显著的特征。

三、高职院校教学名师成长的影响因素

通过对 20 名教学名师访谈内容的质性分析和 123 名教学名师问卷数据的量化分析,得出影响教学名师成长的因素主要为发展平台、发展环境、关键人物和关键事件。发展平台主要包括学校层次、重点学科(专业)、高级别团队、岗位职务、高级别项目等因素;发展环境主要包括团队氛围、学校政策、职教背景、行业发展等因素;关键人物主要包括领导、导师、同事、专家、亲人等因素;关键事件主要包括职称提升、学历提升、发展机遇、职务提升等因素。

四、高职院校教学名师能力素质模型的应用

运用教学名师能力素质模型,创新优化高职院校师资队伍建设和管理,提升人力资源管理工作的科学性。高职院校教师人力资源管理体系主要包括招聘选拔、绩效管理、职业规划和培训提升等方面。主要思路为:运用能力素质模型对高职院校教师进行测评,测评结果可以作为招聘选拔教师以及对教师工作进行绩效管理的科学依据;高职院校教师可以根据能力素质测评结果,及时发现自身的优势与不足,为职业生涯发展做好规划;高职院校可以针对岗位发展需求和在岗教师的能力素质现状进行有针对性的培训,促进高职院校教师的专业化发展和职业教育的高质量发展。

五、研究创新

1. 研究内容

截至目前的文献梳理,以高职院校教学名师为研究对象开展能力素质模型研究的文献很少。本研究以高职院校教学名师为研究对象构建能力素质模型,并注重对个人与组织两个层面、外在和内在两个部分的能力素质开展研究。

2. 研究方法

本研究整合质性研究和量化研究的优势,综合运用行为事件访谈法、扎根理论研究法、问卷调查法、专家咨询法等构建和验证能力素质模型,研究信度、效度更有保证。

3. 研究应用

本研究运用高职院校教学名师能力素质模型,在高职院校教师招聘选拔、绩效管理、职业规划和培训提升等方面提出程序和方法上的创新优化,有利于提升人力资源管理的科学化水平,促进高职院校优质师资队伍建设。

第二节 研究不足与展望

本研究取得了一定的研究成果,但在整个研究过程中,还存在不少

缺陷和不足，主要集中在以下两个方面。

一、研究样本的覆盖面和代表性不够

本研究以江苏省内 20 位高职院校教学名师作为正式访谈的样本对象。虽然样本数量符合质性研究规范，但由于研究时限和场域等客观条件的限制，访谈样本区域仅限一省，覆盖面略显不够。同样，由于客观条件所限，问卷调查只涉及 13 所高职院校教师，调查问卷取样的范围不够广，样本的代表性略有不足。因此，在后续的研究中，可以扩大研究范围和样本量，进一步提高高职院校教学名师能力素质研究的代表性。

二、能力素质模型的有效性尚未在实践中进一步验证

构建教学名师能力素质模型的目的，归根结底是要将其运用到培养和管理教师的实践中，以提高教学名师的数量和质量。即在事实性认识的基础上，总结其规律性特点，建构其内部的关系性存在，落实于改进经验层面研究对象的现状。❶ 本研究根据构建的教学名师能力素质模型编制了《高职院校教师能力素质状况调查问卷》，通过问卷调查和数据分析，对能力素质模型进行了验证，并探讨了能力素质模型在高职院校人力资源管理中的应用，创新优化了教师招聘选拔、绩效管理、职业规划、培训提升等方面的程序方法。但是，如果能将构建的能力素质模型运用到高职院校人力资源管理的实践中，考察其实际效果进行评价才是最为理想的方法。由于受现实管理体制等客观条件所限，本研究未能在这方面有所实践检验。在今后条件许可的情况下，将考虑进行实践研究，并在此基础上进一步完善能力素质模型。

综上所述，教师能力素质研究是一个开放的、动态的、复杂的研究体系。本研究从高职院校教学名师的角度切入，仅做了初步的探索，研究中获得的结论、提出的建议都有待接受学术同人的批判和管理实践的检验。期待能有更多同人从不同的视角广泛开展教师能力素质研究，为提高师资队伍建设质量，促进中国教育高质量发展做出教育者的努力。

---

❶ 李德方. 高职院校校长胜任力研究［D］. 南京：南京大学，2014.

参考文献

一、中文文献

（一）图书

［1］哈里斯，缪伊斯. 教师领导力与学校发展［M］. 许联，吴合文，译. 北京：北京师范大学出版社，2007.

［2］陈向明. 质的研究方法与社会科学研究［M］. 北京：教育科学出版社，2000.

［3］陈向明. 教师如何作质的研究［M］. 北京：教育科学出版社，2001.

［4］陈小平. 中小学校长领导力模型构建研究［M］. 北京：中国人事出版社，2014.

［5］迪布瓦. 胜任力［M］. 杨传华，译. 北京：北京大学出版社，2005.

［6］戴兰平. 高等职业院校建设与特色管理［M］. 长沙：湖南大学出版社，2008.

［7］戴士弘. 职业教育课程教学改革［M］. 北京：清华大学出版社，2007.

［8］富兰. 教育变革的新意义：第4版［M］. 武云斐，译. 上海：华东师范大学出版社，2009.

［9］傅建明. 教师专业发展：途径与方法［M］. 上海：华东师范大学出版社，2007.

［10］高建设. 战略引领与胜任力：集团总部员工胜任力模型研究［M］. 北京：航空工业出版社，2012.

［11］胡八一. 能力素质模型构建与应用案例精选［M］. 广州：广东经济出版社，2007.

［12］姜大源. 职业教育学研究新论［M］. 北京：教育科学出版社，2007.

［13］教育部师范教育司. 教师专业化的理论与实践：修订版［M］. 2版. 北京：人民教育出版社，2003.

［14］李德方. 做一个胜任的校长：高职院校校长胜任力研究［M］. 北京：知识产权出版社，2015.

［15］林崇德，杨治良，黄希庭. 心理学大辞典［M］. 上海：上海教育出版社，2003.

［16］刘捷. 专业化：挑战21世纪的教师［M］. 北京：教育科学出版社，2002.

［17］彭剑锋，荆小娟. 员工素质模型设计［M］. 北京：中国人民大学出版

社，2003.

[18] 秦杨勇. 平衡计分卡与能力素质模型经典案例解析［M］. 北京：中国经济出版社，2012.

[19] 沈远新. 领导者能力与素质测评方法和提高［M］. 北京：中共中央党校出版社，2008.

[20] 王明伦. 高等职业教育发展论［M］. 北京：教育科学出版社，2004.

[21] 魏则胜. 职业道德理论与实践［M］. 广州：中山大学出版社，2017.

[22] 吴能全，许峰. 胜任能力模型设计与应用［M］. 广州：广东经济出版社，2006.

[23] 吴振利. 美国大学教师教学发展研究［M］. 北京：教育科学出版社，2012.

[24] 萧浩辉. 决策科学辞典［M］. 北京：人民出版社，1995.

[25] 詹先明. "双师型"教师发展论［M］. 合肥：合肥工业大学出版社，2010.

[26] 张红霞. 教育科学研究方法［M］. 北京：教育科学出版社，2009.

[27] 郑希付，陈娉美. 普通心理学［M］. 中南大学出版社，2000.

[28] 中国职工教育和职业培训协会. 中国职业培训发展报告（2005）［M］. 北京：新华出版社，2005.

[29] 中华人民共和国教育部高等教育司，中国高教学会产学研合作教育分会. 必由之路：高等职业教育产学研结合操作指南［M］. 北京：高等教育出版社，2004.

[30] 庄西真. 服务于经济社会发展的江苏省职业教育领军人才成长研究［M］. 南京：江苏教育出版社，2010.

（二）学位论文

[31] 鲍广德. 北京市高校经济管理类教师胜任力模型研究［D］. 北京：首都经济贸易大学，2009.

[32] 陈立新. 卫生高职院教师胜任力模型构建的研究［D］. 南京：东南大学，2017.

[33] 陈岩松. 基于胜任力的高校辅导员绩效评价研究［D］. 南京：南京航空航天大学，2011.

[34] 陈艺文. 高职院校教师人力资源管理研究［D］. 桂林：广西师范大学，2008.

[35] 丁少春. 教师岗位能力素质模型在研究型高校中的构建［D］. 兰州：兰州大学，2011.

[36] 段宜杉. 高职院校"双师型"教师队伍建设问题对策研究［D］. 大连：大连理工大学，2016.

[37] 郝敏宁. 影响教师专业发展的因素分析 [D]. 西安：陕西师范大学, 2007.

[38] 贺津津. 建设教育强省背景下江西民办高职院校"双师型"教师队伍建设体系研究 [D]. 南昌：江西科技师范大学, 2018.

[39] 胡艳琴. 高职"双师型"教师通用胜任力模型构建研究 [D]. 苏州：苏州大学, 2008.

[40] 江朝. 基于工作幸福感的湖南省 H 高职院校青年教师激励机制优化研究 [D]. 湘潭：湘潭大学, 2016.

[41] 黎兴成. 高校教师专业发展的自组织机制研究 [D]. 济南：山东师范大学, 2016.

[42] 李德方. 高职院校校长胜任力研究 [D]. 南京：南京大学, 2014.

[43] 李倩. 基于马斯洛需求层次理论的高职院校青年教师发展研究 [D]. 成都：西南交通大学, 2016.

[44] 李元勋. 我国中级职业经理人的选聘研究 [D]. 厦门：厦门大学, 2009.

[45] 林雪. 辽宁省中职"教学名师"成长的内源性影响因素研究 [D]. 大连：辽宁师范大学, 2013.

[46] 刘敬霞. 民族地区高职院校"双师型"教师胜任力模型构建 [D]. 南宁：广西大学, 2017.

[47] 刘礼艳. 流动儿童外显/内隐心理韧性与应对方式及其关系研究 [D]. 苏州：苏州大学, 2015.

[48] 刘烨. ZS 职业技术学院教师岗位能力素质模型的构建与应用研究 [D]. 成都：电子科技大学, 2012.

[49] 牛莘婷. 高职教师教学能力现状及提升对策研究 [D]. 秦皇岛：河北科技师范学院, 2015.

[50] 彭红莉. 教师专业化背景下的教师资格制度改革研究 [D]. 上海：上海师范大学, 2011.

[51] 桑杏丽. 高职院校"双师型"教师队伍建设策略研究 [D]. 南京：南京航空航天大学, 2016.

[52] 史华瑾. 中等职业学校教学名师群体特征研究 [D]. 大连：辽宁师范大学, 2010.

[53] 宋明江. 高职院校"双师型"教师教学能力发展研究 [D]. 重庆：西南大学, 2015.

[54] 王楠. "高等学校教学名师"工程研究 [D]. 武汉：中南民族大学, 2010.

[55] 王耀吟. 双主体教学模式下三年制医学专科生岗位胜任力评价 [D]. 合肥：安徽医科大学, 2019.

[56] 谢滋红. 素质模型在 A 公司人力资源管理中的应用研究 [D]. 湘潭：湘潭大学，2013.

[57] 徐环. 高职教师专业化问题研究 [D]. 天津：天津大学，2009.

[58] 徐建平. 教师胜任力模型与测评研究 [D]. 北京：北京师范大学，2004.

[59] 许安国. 行业特色研究型大学教师胜任素质模型构建及实证研究 [D]. 北京：北京交通大学，2013.

[60] 杨小玲. 初为人师：走近大师的专业发展道路之探索 [D]. 上海：华东师范大学，2014.

[61] 郁凯荣. 国家示范性高职院校专任教师绩效管理研究 [D]. 南京：南京农业大学，2015.

[62] 张弛. 基于胜任力的中小学教师专业成长路径研究 [D]. 哈尔滨：黑龙江大学，2017.

[63] 张乃松. 高职院校青年教师发展研究 [D]. 长沙：湖南师范大学，2016.

[64] 张少卿. 胜任力模型在高职院校教师人力资源管理中的运用研究 [D]. 天津：天津大学，2009.

[65] 张雪丽. 基于能力素质模型的 LY 职业学院教师培训体系研究 [D]. 南昌：南昌大学，2014.

[66] 张志浩. 人力资源理论视角下高职院校"双师型"教师培养研究 [D]. 南昌：江西农业大学，2016.

[67] 赵磊. 高职院校职业指导教师专业素养研究 [D]. 金华：浙江师范大学，2015.

[68] 郑媖. 高校学生能力素质模型构建及其应用研究 [D]. 武汉：武汉大学，2013.

[69] 朱建柳. 高职院校专业教师职业能力模型建构及其应用 [D]. 上海：华东师范大学，2016.

[70] 左彦鹏. 高职院校"双师型"教师专业素质研究 [D]. 大连：辽宁师范大学，2016.

(三) 期刊

[71] 包海云. 试论中等职业学校教师成长的因素及其影响 [J]. 新课程研究，2012（7）：35 – 36.

[72] 蔡琼，宋洁绚. 高校教学名师的成长与培育路径 [J]. 教育研究，2016（12）：126 – 128.

[73] 常学勤. 教师专业发展的内涵与标准 [J]. 山西教育（管理），2009（3）：

38-40.

[74] 常振亮. 教育科研是跨越"教书匠"的桥梁 [J]. 中国教育学刊, 2017 (9): 103.

[75] 陈道喜. 技工院校教学名师的培养与反思 [J]. 中国新通信, 2017 (4): 129.

[76] 陈亮, 张元婧. 教师胜任力研究现状及未来研究方向 [J]. 人才开发, 2009 (1): 27-28.

[77] 陈永花. 专业需求视角下高职教师职业规划的标准与流程 [J]. 教育与职业, 2017 (17): 81-84.

[78] 陈玉珍. 高职教师需要提高哪些素质 [J]. 中国成人教育, 2001 (3): 47.

[79] 陈中浙. 荀子的成才论:《劝学》篇解读 [J]. 群言, 2008 (9): 41-44.

[80] 寸雪涛. 应用德菲尔法预测东盟国家语种专业发展趋势的探讨 [J]. 高教论坛, 2012 (1): 61-63.

[81] 邓睿, 王健. 提升教师职业成就感: 催生教育家的现实途径 [J]. 教书育人, 2011, 23 (31): 16-18.

[82] 丁岚, 王成华, 冯绍红. 基于文献计量分析的我国高校教师胜任力研究综述 [J]. 南京航空航天大学学报 (社会科学版), 2015 (1): 39-43.

[83] 杜华. 名师成长的影响因素分析: 以首届全国高校教学名师奖获得者于洪珍教授为例 [J]. 煤炭高等教育, 2006 (6): 111-112.

[84] 杜贤兵, 姚建青. 高校教学名师的统计学特征和教学特质: 以第四届、第五届全国教学名师为样本 [J]. 新课程研究 (中旬刊), 2012 (2): 15-17.

[85] 杜晓利. 富有生命力的文献研究法 [J]. 上海教育科研, 2013 (10): 1.

[86] 樊小杰, 张红霞. 国家级教学名师的成因条件分析 [J]. 大学 (学术版), 2009 (6): 44-49.

[87] 樊小杰, 张红霞. 国家级教学名师的个人背景分析及启示 [J]. 现代教育管理, 2009 (11): 78-80.

[88] 方向阳. 高职院校专业教师胜任力模型研究 [J]. 职业技术教育, 2011 (25): 75-79.

[89] 冯明, 尹明鑫. 胜任力模型构建方法综述 [J]. 科技管理研究, 2007, 27 (9): 229-230.

[90] 高小艳, 许晓东. 高职教师成长的影响因素及对策 [J]. 教育与职业, 2012 (32): 77-78.

[91] 顾泽慧, 张静秋. 校企双主体办学背景下高职实践教学体系的构建 [J]. 职业技术教育, 2017, 38 (11): 21-23.

[92] 关婷. 高职院校教师学习力提升研究 [J]. 北京农业职业学院学报,2019 (4): 75-79.

[93] 郭必裕. 高校管理人员职员制与职称评定的考量 [J]. 煤炭高等教育,2017 (1): 92-95.

[94] 郭长平. 高职院校教师科研能力提升的路径研究 [J]. 浙江工贸职业技术学院学报,2012 (4): 27-30.

[95] 郭全美. 国家级教学名师成长特质及重要启示: 基于六位国家级教学名师的访谈质性研究 [J]. 职教论坛,2018 (9): 86-91.

[96] 郭晓芹. 职业院校优秀教师成长的因素研究 [J]. 九江职业技术学院学报,2016 (3): 52-53.

[97] 何农,杜政. 关于高职院校实施"名师工程"的思考 [J]. 邢台职业技术学院学报,2002 (3): 1-3.

[98] 何婷婷. 高职教学方法改革探讨 [J]. 文化创新比较研究,2018,47 (11): 96-98.

[99] 胡冬艳,王浩. 高职院校"教学名师"现状调查分析与思考 [J]. 邢台职业技术学院学报,2012 (3): 62-64.

[100] 胡洪春. 机遇与挑战: 高校青年教师专业发展的困境与出路 [J]. 教育现代化,2019,6 (6): 84-86.

[101] 胡润恒. 如何提升高职学院中层干部的执行能力 [J]. 办公室业务,2014 (19): 18,63.

[102] 胡晓军. 高校教师岗位胜任力的评价方法研究及其应用 [J]. 理工高教研究,2007 (3): 60-62.

[103] 黄庶冰. 高校青年教师成长的影响因素及对策探讨 [J]. 时代金融,2013 (9): 309-310.

[104] 黄水香. 成就需要理论在高校教师激励机制中的应用 [J]. 中外企业家,2011 (18): 158-159.

[105] 蒋玉莲. 高职院校培养"教学名师"的体制性思考 [J]. 学术论坛,2009,32 (11): 196-200.

[106] 教育部将新建100所国家示范性高等职业院校 [J]. 教育发展研究,2010 (13): 86.

[107] 孔英. 针对当前高职生源现状保证人才培养质量的思考 [J]. 泰州职业技术学院学报,2017 (6): 18-20.

[108] 雷军环,谢英辉. 高职职业核心能力"渗透式"培养教学体系的构建与实践 [J]. 教育与职业,2011 (36): 99-101.

[109] 冷佳青, 伍雪辉. 教学名师成长过程的经验分析与启示 [J]. 现代教育科学, 2018 (1): 68-72, 76.

[110] 李方桥, 谭爱华, 徐刚. 高职院校教学团队建设探索与实践: 以湖北三峡职业技术学院名师工作室为例 [J]. 现代农业科技, 2018 (5): 263-264.

[111] 李建求. 论高职院校的专业建设 [J]. 高等教育研究, 2003 (4): 75-79.

[112] 李岚, 刘轩. 高职院校教师绩效评价体系设计分析: 基于胜任力模型和 AHP 法 [J]. 技术与市场, 2010, 17 (11): 167-169.

[113] 李名梁, 李媛媛. 我国职业技能大赛对职业教育吸引力的影响分析 [J]. 职教论坛, 2012 (24): 73-76.

[114] 李诺娅. 高职备课的几个重要环节 [J]. 武汉电力职业技术学院学报, 2007 (1): 4-6.

[115] 李田伟, 李福源. 高校教师能力素质模型 [J]. 中国健康心理学杂志, 2013 (3): 374-377.

[116] 李婷. 高职教师成长影响因素及对策探究 [J]. 知识经济, 2016 (16): 96.

[117] 李一飞. 校长应具备的职业情怀和基本能力 [J]. 基础教育参考, 2011 (12): 18-20.

[118] 梁步菁. 行为事件访谈法 (BEI) 在胜任力模型构建中的运用 [J]. 企业技术开发, 2010, 29 (4): 54-55.

[119] 林立杰, 钟全雄. "分享与合作式"教学模式在管理类专业课堂教学中的应用 [J]. 教育现代化, 2017, 4 (19): 103-104, 108.

[120] 林莉. 影响大学卓越教师成长的因素分析: 以 36 位高等学校教学名师的成长经历为样本 [J]. 高教论坛, 2018 (11): 47-49.

[121] 刘芳. 基于胜任力视角的职业经理人的素质评价解析 [J]. 商场现代化, 2013 (14): 113-115.

[122] 刘洪彪, 殷晓飞. 结构化面试在研究生复试中的应用研究 [J]. 黑龙江高教研究, 2006 (3): 115-117.

[123] 刘晶, 张祥兰. 高职院校教师胜任力模型研究 [J]. 北京科技大学学报 (社会科学版), 2013 (6): 68-73.

[124] 刘礼艳, 刘电芝, 严慧一, 等. 优秀贫困大学生心理弹性与保护性因素分析 [J]. 现代大学教育, 2013 (3): 66-73.

[125] 刘强. 加强职业教育统筹规划 促进经济社会事业发展 [J]. 陕西发展和改革, 2015 (2): 4-5.

[126] 刘永和. 名师工作站: 教育家成长的宽阔平台: 南京市"名师工作站"的建设与思考 [J]. 江苏教育研究, 2010 (10): 10-13.

[127] 卢竹. 我国高等职业教育转型发展的演进及动因研究：基于多学科的视角 [J]. 职教通讯, 2018 (13): 25-29.

[128] 鲁步秀. 拥有良好心态, 做幸福教师 [J]. 科学咨询 (教育科研), 2015 (10): 12.

[129] 罗萍, 刘杨武. "项目化教学" 在高职教学改革实践中的效果探讨 [J]. 新课程研究 (中旬), 2017 (4): 111-112.

[130] 罗雪珍, 龚彩云, 陈贵洪. 工匠精神视域下高职院校敬业教育探究 [J]. 河南科技学院学报 (社会科学版), 2018, 38 (6): 40-44.

[131] 马文军, 潘波. 问卷的信度和效度以及如何用 SAS 软件分析 [J]. 中国卫生统计, 2000, 17 (6): 364-365.

[132] 苗东升. 系统思维与复杂性研究 [J]. 系统科学学报, 2004, 12 (1): 1-5.

[133] 聂家林. 高职院校教师胜任力模型的构建和综合评价 [J]. 产业与科技论坛, 2013 (23): 234-236.

[134] 牛端, 张敏强. 高校教师胜任特征：O*NET 工作分析研究 [J]. 教师教育研究, 2008, 20 (6): 43-48.

[135] 牛端, 张敏强. 高校教师胜任特征模型的构建与验证 [J]. 心理科学, 2012 (5): 218-224.

[136] 潘慧春, 禹旭才. 职业院校教师成长的环境因素分析 [J]. 湖南师范大学教育科学学报, 2008, 7 (1): 108-110.

[137] 潘琦华, 万畅. 高职教师个人-组织契合度与敬业度对工作绩效的影响分析 [J]. 湖南第一师范学院学报, 2015, 15 (6): 56-60.

[138] 潘雅玲, 吴良斌. 加强公安高职院校名师培养机制建设的思考 [J]. 中国职业技术教育, 2017 (4): 83-85.

[139] 濮海慧, 徐国庆. 基于教学场的职业院校教师专业能力发展模型 [J]. 教育理论与实践, 2017 (6): 22-25.

[140] 强国民. 胜任力视角下高校教师招聘体系探究 [J]. 中小企业管理与科技 (上旬刊), 2010 (4): 33-34.

[141] 秦艳平, 马松超. 论新时代领导者战略思维能力的培养 [J]. 决策探索 (下半月), 2018 (1): 56-58.

[142] 覃维昆, 易著梁. 高职专业教学与培养高职生自信心的途径探讨 [J]. 创新, 2009, 3 (12): 91-93.

[143] 邱强. 高校教学名师阶段性发展规律研究 [J]. 大学教育, 2016 (3): 50-51.

[144] 曲世卓. 高职课堂教学创新的思考 [J]. 中国成人教育, 2008 (2): 128 – 129.

[145] 任嵘嵘, 史学军, 齐西伟, 等. 河北省高校教学型教师胜任力模型 [J]. 中国教师, 2007 (S1): 154, 171.

[146] 时勘. 基于胜任特征模型的人力资源开发 [J]. 心理科学进展, 2006, 14 (4): 586 – 595.

[147] 时荣. 高职教育供给侧改革背景下"双师型"教师队伍的培养机制研究 [J]. 中国培训, 2016 (22): 249 – 250.

[148] 宋云华. 高职教学名师的内涵及其社会价值 [J]. 中国培训, 2017 (6): 128, 130.

[149] 孙新凤. 关于高职院校名师培养工作的理性思考 [J]. 当代职业教育, 2014 (5): 103 – 105.

[150] 汤舒俊, 刘亚, 郭永玉. 高校教学胜任力模型研究 [J]. 教育研究与实验, 2010 (6): 78 – 81.

[151] 万正维, 王浩. 试论高校青年教师成长的影响因素及促进策略 [J]. 教育探索, 2013 (2): 97 – 98.

[152] 汪立超. 高职院校教师敬业度提升路径探究 [J]. 安徽职业技术学院学报, 2017 (3): 54 – 57.

[153] 王国华. 校企合作视阈下高职院校涉农专业教学评价机制研究 [J]. 山西农经, 2016 (17): 45.

[154] 王丽荣. 当前高校教学名师评选指标体系的变化与趋势展望 [J]. 黑龙江教育: 高教研究与评估, 2007 (10): 84 – 85.

[155] 王丽珍. 教师专业发展能力模型建构 [J]. 教育理论与实践, 2013 (22): 36 – 40.

[156] 王琳. 教师专业发展与学校管理制度: 矛盾与矛盾之解决策略 [J]. 中小学管理, 2004 (5): 12 – 13.

[157] 王玲凤. 论内部动机的激发与学生创造性的培养 [J]. 教育探索, 2002 (5): 48 – 50.

[158] 王庆辉, 杨荣昌, 陈敏. 高职院校国家级教学名师的基本特征研究及启示 [J]. 中国职业技术教育, 2016 (36): 45 – 52.

[159] 王宇航, 王宇红, 王斌. 优质高职院校"教练型"教学名师培育平台建设研究 [J]. 职教论坛, 2017 (29): 9 – 12.

[160] 王昱, 戴良铁, 熊科. 高校教师胜任特征的结构维度 [J]. 高教探索, 2006 (4): 84 – 86.

[161] 王忠诚,宁秋平.谈职业技能鉴定与高职教育的有效衔接[J].辽宁高职学报,2004,6(1):22-25.

[162] 魏婉婷."教书育人"的教学哲学考察[J].当代教育与文化,2017,9(4):12-17.

[163] 魏莹莹,韦娇艳,罗秋兰.依托高校教学名师的教师教学培训探析[J].高教论坛,2012(10):36-38.

[164] 巫志锋.校长领导力:立足学校发展,提升校长领导力[J].广东教育(综合版),2017(A01):11-12.

[165] 吴建新,欧阳河,黄韬,等.专家视野中的职业教育校企合作长效机制设计:运用德尔菲专家咨询法进行的调查分析[J].现代大学教育,2014(5):74-84.

[166] 吴健.以职业技能竞赛引领高职教学改革的几点思考[J].教育探索,2013(4):79-80.

[167] 吴仁华,蔡彬清,陈群.依托工程管理专业学位培养现代职教师资的探索:以福建工程学院为例[J].国家教育行政学院学报,2016(5):19-24.

[168] 吴霞,盛荣杰.学习者内在动机和外在动机的发展[J].边疆经济与文化,2005(10):102-104.

[169] 吴晓亮.分布式课程领导:学校教研组团队建设的一种新方式[J].江苏教育研究,2015(2):52-54.

[170] 冼梨娜.高职院校卓越教师培养的价值追求与实施路径[J].教育与职业,2017(10):80-82.

[171] 熊思鹏,何齐宗.高校青年教师教学胜任力的调查与思考[J].教育研究,2016(11):126-132.

[172] 徐建平,张厚粲.质性研究中编码者信度的多种方法考察[J].心理科学,2005,28(6):1430-1432.

[173] 徐艳.职业院校教师沟通协调能力构成的研究[J].辽宁高职学报,2012,14(6):82-83.

[174] 严寒冰,王海刚.以赛促教 教学相长:指导参加高职物流技能竞赛的心得体会[J].物流技术,2018(1):157-160.

[175] 颜炼钢.高职院校专业教师下企业实践的问题及对策新探[J].教育与职业,2014(15):73-75.

[176] 杨海华.职业教育管理的新视域:《做一个胜任的校长:高职院校校长胜任力研究》评介[J].职教通讯,2015(34):78-80.

[177] 姚本斌,岑建辉.基于"政校合作 校企合作"的中职优质资源共享模式的

研究 [J]. 当代教育实践与教学研究,2017 (3):144.

[178] 姚凯,陈曼. 基于胜任素质模型的培训系统构建 [J]. 管理学报,2009,6 (4):532 – 536.

[179] 姚蓉. 高校教师胜任力模型构建初探 [J]. 图书情报导刊,2008,18 (30):186 – 189.

[180] 俞亚萍,刘礼艳. 我国高职教师能力素质研究综述:基于文献计量和 CiteSpace 分析 [J]. 职教论坛,2017 (32):5 – 9.

[181] 俞亚萍,刘礼艳. 高职院校教学名师能力素质模型建构 [J]. 中国职业技术教育,2019 (33):86 – 92.

[182] 袁明,刘伟杰. 互联网 + 环境下的高职精品课程建设 [J]. 计算机时代,2018 (4):65 – 67.

[183] 苑振柱. 高等职业院校教师双职业能力的培养与提升 [J]. 河南科技学院学报,2015 (4):38 – 41.

[184] 乐优捷. 高职院校学生职业生涯规划存在的问题及对策研究 [J]. 产业与科技论坛,2018,17 (7):199 – 200.

[185] 岳丽英. 职教名师成长路径探索 [J]. 当代职业教育,2016 (3):60 – 63.

[186] 张呈旭. 基于校企合作的民办高职院校"双师型"师资培养培训存在的问题与策略 [J]. 科技经济导刊,2019 (22):128 – 129.

[187] 张桂春,白玲. 职业学校"教学名师"素质的逻辑推衍与内涵建构 [J]. 教育科学,2015,31 (5):91 – 96.

[188] 张莉. 教师成长的环境因素初探 [J]. 继续教育研究,2007 (3):106 – 108.

[189] 张权,刘禄琼. 高职物流专业教师的人力资源培训系统研究:基于胜任力模型 [J]. 科技视界,2014 (24):48 – 50.

[190] 张胜利,朱育锋. 基于素质洋葱模型的大学生就业力提升策略研究 [J]. 中国培训,2017 (9):52 – 53.

[191] 张淑敏,蓝欣. 中职教学名师成长的机制环境探析 [J]. 新疆职业教育研究,2010,1 (3):65 – 67.

[192] 张翔. 教学反思:引领高职院校教师专业成长的核心因素 [J]. 教育与职业,2008 (29):23 – 25.

[193] 张妍,孔繁昌,吴建芳,等. 积累、改革、实践:教学名师成长历程的个案分析 [J]. 现代教育科学,2010 (4):93 – 96.

[194] 张琰,马必学. 高职院校教师到企业实践的方法和途径 [J]. 武汉职业技术学院学报,2012,11 (2):117 – 120.

[195] 张意忠. 同伴互助、博采众长:高校教学名师生成之道 [J]. 教育研究,

  2011（3）：49－50.

[196] 张意忠，宋彦婷. 高校教学名师及其生成机制［J］. 江西师范大学学报（哲学社会科学版），2011，44（4）：39－44.

[197] 张毅. 职教名师的特质及成长途径研究［J］. 高教学刊，2015（23）：211－213.

[198] 张颖，蒋永忠，黄锐. 高职院校"双师型"教师胜任力模型的构建［J］. 安徽农业大学学报（社会科学版），2010，19（2）：61－64.

[199] 赵辰柯. 基于教育名师特征的教育硕士培养策略研究［J］. 西部素质教育，2018（16）：156－157.

[200] 赵苗苗. 教师专业成长影响因素分析［J］. 晋中学院学报，2008（2）：113－115，121.

[201] 赵晓芳. 基于胜任力模型的高职教师职称评定体系构建［J］. 教育理论与实践，2016（36）：26－28.

[202] 郑炎明. 论高职院校青年教师的成长路径［J］. 广西青年干部学院学报，2016，26（3）：16－19.

[203] 钟祖荣，张莉娜. 教师专业发展阶段的调查研究及其对职后教师教育的启示［J］. 教师教育研究，2012（6）：20－25.

[204] 周红. 高等学校教学名师内涵辨析［J］. 煤炭高等教育，2004（4）：65－67.

[205] 周建松. 关于高职院校培育名师名家的若干思考［J］. 江苏高教，2011（5）：134－136.

[206] 周金阳，周德群，孙继红. 中小型国有农业企业经营者胜任力分析［J］. 农业经济问题，2009（4）：86－91.

[207] 周苏. 以科学研究促进教学进步［J］. 计算机教育，2008，75（15）：146－147.

[208] 庄丽丽，刘楚佳. 高职教师的专业发展：以教学名师为视角［J］. 广州城市职业学院学报，2009，3（2）：12－17.

二、外文文献

[1] ALLDREDGE M E, NILAN K J. 3M's leadership competency model: an internally developed solution［J］. Human resource management, 2000, 39（2－3）：133－145.

[2] BAARTMAN L, GULIKERS J, DIJKSTRA A. Factors influencing assessment quality in higher vocational education［J］. Assessment & evaluation in higher education, 2013, 38（8）：978－997.

[3] BERLINER D C. The development of expertise in pedagogy.［J］. Beginning teachers, 1988（2）：35.

[4] BIERI C, SCHULER P. Cross – curricular competencies of student teachers: a selection model based on assessment center admission tests and study success after the first year of teacher training [J]. Assessment & evaluation in higher education, 2011, 36 (4): 399 – 415.

[5] BISSSCHOFF T, GROBLER B. The management of teacher competence [J]. Journal of in – service education, 1998, 24 (2): 191 – 211.

[6] BLACK L, WILLIAMS J, HERNANDEZ – MARTINEZ P, et al. Developing a 'leading identity': the relationship between students' mathematical identities and their career and higher education aspirations [J]. Educational studies in mathematics, 2010, 73 (1): 55 – 72.

[7] BRENNAN M. Structures and systems in higher education institutions for the promotion of continuing vocational education [J]. Innovations in education & training international, 1998, 35 (3): 198 – 209.

[8] FESSLER R. Dynamics of teacher career stages [M]. New York: Teachers College Press, 1995.

[9] FULLER F F. Concerns of teachers: a developmental conceptualization [J]. American educational research journal, 1969, 6 (2): 207 – 226.

[10] GLASER B G, STRAUSS A L. The discovery of grounded theory: strategies for qualitative research [J]. Nursing research, 1968, 17 (4): 377 – 380.

[11] GLATTHORN A A. Constructivism: implications for curriculum [J]. International journal of educational reform, 1994, 3 (4): 449 – 455.

[12] HARGREAVES A, FULLAN M. What's worth fighting for out there? [M]. New York: Teachers College Press, 1998.

[13] HILL F. The implications of service quality theory for british higher education: an exploratory longitudinal study. [J]. Journal of general education, 1997, 46 (3): 207 – 231.

[14] HOYLE E E, MEGARRY J. World yearbook of education 1980: the professional development of teachers [M]. London: Taylor & Francis Ltd. , 2012.

[15] IDRISS C M. Challenge and change in the german vocational system since 1990 [J]. Oxford review of education, 2002, 28 (4): 473 – 490.

[16] KATZ L G. Developmental stages of preschool teachers [J]. The elementary school journal, 1972, 73 (1): 50 – 54.

[17] LAHIFF A. Maximizing vocational teachers' learning: the feedback discussion in the observation of teaching for initial teacher training in further education [J]. London

review of education, 2015, 13 (1): 3-15.

[18] LITTLE J W. Locating learning in teachers' communities of practice: opening up problems of analysis in records of everyday work [J]. Teaching & teacher education, 2002, 18 (8): 917-946.

[19] MASON T C, ARNOVE R F, SUTTON M. Credits, curriculum, and control in higher education: cross-national perspectives [J]. Higher education, 2001, 42 (1): 107-137.

[20] MCBER H. Research into teacher effectiveness: a model of teacher effectiveness [R]. London: DfEE, 2000.

[21] MCCLELLAND D C. Testing for competence rather than for "intelligence" [J]. American psychologist, 1973, 28 (1): 1-14.

[22] MESSMANN G, MULDER R H. Exploring the role of target specificity in the facilitation of vocational teachers' innovative work behaviour [J]. Journal of occupational & organizational psychology, 2014, 87 (1): 80-101.

[23] MWIYA B, BWALYA J, SIACHINJI B, et al. Higher education quality and student satisfaction nexus: evidence from Zambia [J]. Social science electronic publishing, 2017, 8 (7): 1044-1068.

[24] PERRY P. The training of teachers for better schools [J]. European journal of teacher education, 2006, 10 (1): 17-21.

[25] PIERCY N, GILES W. Making SWOT analysis work [J]. Marketing intelligence & planning, 1989, 7 (5/6): 5-7.

[26] POWELL J J W, GRAF L, BERNHARD N, et al. The shifting relationship between vocational and higher education in France and Germany: towards convergence? [J]. European journal of education, 2012, 47 (3): 405-423.

[27] RODOLFA E, GREENBERG S, HUNSLEY J, et al. A competency model for the practice of psychology [J]. Training & education in psychology, 2013, 7 (2): 71.

[28] SHERMAN R O, BISHOP M, EGGENBERGER T, et al. Development of a leadership competency model [J]. Journal of nursing administration, 2007, 37 (2): 85-94.

[29] SHI K. Human resource development based on competency model [J]. Advances in psychological science, 2006, 14 (4): 586-595.

[30] SPENCER L M, SPENCER S M. Competence at work: models for superior performance [M]. New York: John Wiley & Sons, Inc., 1993.

[31] STEFFY B E. Life cycle of the career teacher [J]. Administrator effectiveness, 1999 (10): 146.

[32] SUN W B, CUI H W, XU C Q. Innovative mode of integrated development of higher vocational education based on social interaction theory [J]. Educational sciences theory & practice, 2018, 18 (9): 3043-3051.

[33] TIGELAAR D E H, DOLMANS D H J M, WOLFHAGEN I H A P, et al. The development and validation of a framework for teaching competencies in higher education [J]. Higher education, 2004, 48 (2): 253-268.

[34] WIDEEN M, MAYERSMITH J, MOON B. A critical analysis of the research on learning to teach: making the case for an ecological perspective on inquiry [J]. Review of educational research, 1998, 68 (2): 130-178.

[35] WINBERG C, PALLITT N. "I am trying to practice good teaching": reconceptualizing eportfolios for professional development in vocational higher education [J]. British journal of educational technology, 2016, 47 (3): 543-553.

[36] ZHANG Y J. Model innovation and teaching effect evaluation of accounting teaching in higher vocational colleges in the era of big data [J]. Educational sciences theory & practice, 2018, 18 (6): 3920-3927.

[37] ZHU S M, MAO Y N. The levels and training strategies of Chinese higher vocational education [J]. Chinese education & society, 2017, 50 (5-6): 441-450.

附录一　高职院校教学名师访谈提纲

老师您好！

非常感谢您接受我们的访谈。本次访谈记录仅供课题"高职院校教学名师能力素质模型构建及应用研究"研究使用，在研究的过程及后期的成果发表中，我们将充分保护您的权益，未经您允许不会泄露您的个人信息和访谈内容。

我们采用的研究方法为行为事件访谈法，访谈内容主要包括：

1. 您的个人基本信息。包括姓名、性别、出生年月、专业背景、学历、职称、获得奖励情况等。

2. 您在成长为教学名师的过程中，在教学、科研、实践等领域感到最为典型的事件。包括最成功（最有成就感）的三件事和最失败（最有挫败感）的三件事。（事件发生的缘由是什么？事件的具体过程是什么？您是如何思考并行动的？您所起的作用是什么？事件的结果如何？）

3. 您是怎样看待这个典型事件的？它让您得到了什么？失去了什么？它产生了什么影响？针对这个事件，您有什么体会与建议？

4. 您认为高职院校教学名师应具备的核心能力素质有哪些？

5. 影响您成长为一名教学名师的因素主要有哪些？

6. 您所在学校培养教学名师的主要措施有哪些？

7. 除我们刚刚谈到的以外，您还有什么需要补充的？

附录二　高职院校教学名师访谈协议

本次访谈是研究课题"高职院校教学名师能力素质模型构建及应用研究"的一个重要组成部分。在访谈过程中,您需要回答访谈者提出的一些问题,这些问题主要包括:

1. 您的个人基本信息。包括姓名、性别、出生年月、专业背景、学历、职称、获得奖励情况等。

2. 在成长为教学名师的过程中,您在教学、科研、实践等领域感到最为典型的事件,包括最成功(最有成就感)的三件事和最失败(最有挫败感)的三件事(事件发生的缘由、具体过程;您是如何思考并行动的;您所起的作用;事件的结果)。

3. 您是怎样看待这个典型事件的?它让您得到了什么?失去了什么?它对您的教师事业产生了什么影响?针对这个事件,您有什么体会与建议?

4. 您认为高职院校教学名师应具备的核心能力素质有哪些?

5. 影响您成长为一名教学名师的因素主要有哪些?

为了使研究更具客观性,得出的结论更具科学性,我们请您准确、客观地回答问题。你的回答将被录音并用于研究。如果访谈中涉及您不想明确说出的人名、地名或机构名称等,您可以用代称。

我们向您郑重承诺,对您的访谈记录将仅用于课题研究工作,在研究的过程及后期的成果发表中,我们将充分保护您的权益,未经您允许,不会透漏您的个人信息。

本协议一式两份,双方签字后生效。

受访者签名:_____　　　访谈者签名:_____
____年____月____日　　　　　____年____月____日

附录三　高职院校教师能力素质状况调查问卷

尊敬的老师：

您好！为了解高职院校教师的能力素质基本状况和培育路径，诚邀您参加本次问卷调查。问卷分为两部分，第一部分是基本信息，第二部分是单选题。您的评价对课题完成非常重要，请您阅读所有项目，按照自己的真实情况选择。问卷无须填写姓名，答案无对错之分，请您不要有任何顾虑。感谢您的支持与配合！

《高职院校教学名师能力素质模型构建及应用研究》课题组

第一部分：您的基本信息（请在相应的横线上填写或相应数字后画"√"）

1. 您的性别：1□男　2□女
2. 您的年龄（周岁）：
3. 您的学历：1□中专或高中　2□大专　3□本科　4□硕士研究生　5□博士研究生
4. 您的职称：1□助教　2□讲师　3□副教授　4□教授　5□其他
5. 您的专业：
6. 您所属学校名称：
7. 您学校属于什么层次？1□国家级示范性（骨干）校　2□省级示范性（骨干）校　3□其他院校
8. 您是否获得过：国家或省（市）级骨干教师/教学名师/学科带头人/优秀教师/模范教师等称号？1□是　2□否
9. 您是否获得过：国家或省（市）级教学成果奖/科研成果奖/精品课程建设等？1□是　2□否
10. 您是否主持过：国家或省（市）级教研项目/科研项目？1□是　2□否
11. 您是否有直接参与企（事）业单位实践的经历？1□是　2□否

第二部分：单选题（1~5代表题目描述符合自己的程度，1代表非常不符合，2代表比较不符合，3代表有时符合，4代表比较符合，5代表非常符合，请在相应的数字上面画"√"。）

序号	题目描述	1	2	3	4	5
1	我会在学情分析的基础上合理地制定教学目标					
2	我会依据高等职业教育的需求安排教学内容					
3	我善于将新出现的信息技术应用到教学中					
4	我能根据教学实际需要编写教材					
5	学生在我的课堂上互动积极性高					
6	我经常在教学后进行教学反思					
7	我能通过科学考核引导学生重视学习过程体验					
8	我能将自己的科研成果应用到教学活动中					
9	我善于开发新的教学方法，勇于进行教学改革					
10	我经常将翻转课堂等新型教学模式引入课堂					
11	我善于进行课程内容的项目化改造					
12	我善于应用信息技术创新教学模式					
13	我经常参与人才培养模式改革实践					
14	我很明确所教课程在本专业中的作用					
15	我能经常对专业建设提出新的想法					
16	我熟练掌握本专业的知识并在授课过程中熟练运用					
17	我能很好地将教育学、心理学知识运用到教学中					
18	我具备较强的理实一体化教学能力					
19	我对高职学生的特性非常了解					
20	我很关注学生学习状态和学习结果，并及时向学生提供表现反馈和改进意见					
21	我运用多种手段激励学生努力奋进，帮助学生克服困难					
22	我经常担任班主任或学生导师					
23	我主动给学生介绍学习经验和就业机会					
24	我指导学生制订并实施个人规划					
25	我经常利用闲暇时间专注于写论文、编写教材、申请科研课题等工作					

续表

序号	题目描述	1	2	3	4	5
26	我的科研主题与教学内容紧密结合					
27	我经常申报企业横向课题					
28	我在行业中具备一定的影响力					
29	我经常参加行业协会组织的学术交流活动					
30	我非常了解本专业所对应产业的发展需求					
31	我所教课程内容符合企业实际用工需求					
32	我能为企业提供专业化咨询诊断服务，参与企业研发或管理创新项目					
33	我积极参与企业培训，帮助企业培养人才					
34	我多次承担并完成校企合作项目					
35	我主动与企业沟通获取信息					
36	我能根据企业岗位流程和任务目标选取典型性的工作任务作为教学项目					
37	我能根据岗位（行业）需求和标准设计课程考核方案					
38	我经常带学生到企业见习、实习					
39	我有丰富的生产实践经验来指导教学实践					
40	我经常指导学生参加技能大赛					
41	我指导学生参加技能大赛多次获奖					
42	我善于跨学校、跨学科组建团队					
43	我经常带领团队完成教学或科研任务					
44	我善于识人用人					
45	我善于培养新人，帮助他们成长					
46	我善于激发团队成员的凝聚力					
47	我在工作中与他人发生矛盾时能及时沟通解决					
48	我善于通过沟通来协调各方资源					
49	学生乐于听从我的教导					
50	我习惯于先制订详细计划再具体实施工作任务					
51	我善于掌握学科或专业的发展趋势，提前谋划布局					
52	我善于与其他课程任课老师联合起来进行项目教学					
53	我善于跟企业合作进行课程开发和教学设计					

续表

序号	题目描述	1	2	3	4	5
54	我愿意和团队成员分享我的工作经验和成果					
55	对应该要做的事我会马上去做					
56	我总是在规定时间前完成任务					
57	我在工作中敢想敢干、雷厉风行					
58	我善于发现工作中存在的问题并找到解决问题的办法					
59	我善于总结工作经验、提炼工作特色					
60	我善于制定工作制度和规范					
61	我主动寻找学习和交流培训的机会					
62	我经常关注与专业相关的新闻、学术期刊以及学术会议					
63	我能紧跟本学科动态,不断学习更新自己的专业知识					
64	我积极收集新知识与新技能的资料并应用于教学和科研实践					
65	我的知识结构和实践水平在不断提升					
66	我具备创新思维,在工作中善于提出新思路、新方法					
67	我敢于挑战没有做过的事情					
68	我善于通过科学的方法分析解决教学科研中的难题					
69	我经常能想出新颖的方法管理团队/教师/学生					
70	我对本职工作有强烈的责任心					
71	我愿意付出时间精力去承担集体的工作					
72	我经常在工作中承担别人不愿意做的事					
73	我在工作中任劳任怨,乐于奉献					
74	我善于调节心态和情绪					
75	我要求自己不断进步和提升					
76	我对人对事要求比较严格,希望事情做到尽善尽美					
77	我经常想方设法改善工作绩效					
78	我做事喜欢有始有终					
79	我总是想法设法攻克工作中遇到的困难					
80	我总能坚持完成有挑战性的工作					
81	我在经历失败后能够重新开始					
82	我很喜欢高职院校教师这个职业					
83	我认为爱岗敬业是教师的基本要求					

续表

序号	题目描述	1	2	3	4	5
84	我认为教好每一位学生是我义不容辞的责任					
85	我积极投入科研并以此为乐趣					
86	我积极投入教学并以此为乐趣					
87	我经常从工作中获得成就感					
88	我认为成为一名优秀教师能很好体现我的人生价值					
89	我有清晰的职业生涯规划					
90	我经常为自己和组织设定挑战性的目标					
91	我有符合社会和教育事业发展的理想抱负并愿意为之持续奋斗					

附录四 高职院校教师成长影响因素调查问卷

尊敬的老师：

您好！为了解影响高职院校教师成长的主要因素，诚邀您参加本次问卷调查。问卷共5题，均为排序题。您的评价对课题完成非常重要，请您按照自己的真实情况选择。问卷无需填写姓名，答案无对错之分。感谢您的支持与配合！

《高职院校教学名师能力素质模型构建及应用研究》课题组

排序题（请按照重要性程度在括弧内填写序号，如32145）

1. 您认为最能促进高职院校教师成长的平台因素依次为（　　）
（1）学校层次　（2）重点发展学科　（3）高级别团队
（4）岗位或职务资源　（5）高级别的教学科研项目
（6）其他，请注明_____

2. 您认为最能促进高职院校教师成长的环境因素依次为（　　）
（1）职教发展背景　（2）行业发展变化　（3）学校政策引导
（4）团队共建氛围　（5）其他，请注明：_____

3. 您认为最能促进高职院校教师成长的关键人物依次为（　　）
（1）领导　（2）专家　（3）同事　（4）导师　（5）亲人
（6）其他，请注明：_____

4. 您认为最能促进高职院校教师成长的关键事件依次为（　　）
（1）学历提升　（2）职称提升　（3）职级提升　（4）机遇
（5）其他，请注明：_____

5. 您认为最能促进高职院校教师成长的主要因素依次为（　　）
（1）平台　（2）环境　（3）关键人物　（4）关键事件
（5）其他，请注明：_____

后　记

本书是我在博士学位论文的基础上修改而成的，其能出版，得益于求学路上良师益友的关心、帮助和鼓励。

感谢南京师范大学在治学研究方面给予我厚重的滋养。在这里，我有幸遇到了一批如张新平、顾建军、吴康宁、冯建军、王建华、张乐天、齐学红、徐文彬、李如密、陈学军等博学多才、品德清逸的名师，他们不仅为我传授专业知识、开阔学术视野，更是通过自身的学术精神、学者风范为我树立了学习榜样，使我终身受益。

感谢我的导师胡建华。胡老师对高等教育的敏锐观察，对发展趋势的准确把握，对学术研究的精辟见解，以及深厚的文字功底，都令我深深折服又深受启发。在我写博士论文期间，从研究主题的选定、研究思路的设计到论文框架的构建和最后的修改定稿，胡老师都给予了悉心指导与不断鼓励，帮助我顺利地完成研究任务。

感谢在研究过程中给予帮助的所有朋友，特别在访谈和问卷调查期间，得到了无锡职业技术学院、江苏农牧科技职业学院、江苏农林职业技术学院、常州机电职业技术学院、常州信息职业技术学院、常州工程职业技术学院、常州工业职业技术学院、常州纺织服装职业技术学院、扬州工业职业技术学院、徐州工业职业技术学院、苏州工业职业技术学院、苏州农业职业技术学院、江阴职业技术学院、江苏信息职业技术学院、江苏经贸职业技术学院等领导和老师的大力支持。

感谢我的领导和同事，他们在工作上为我分担了很多，在学习上给予我真诚的关切与不懈的鼓励，为我创造了良好的学习条件。

感谢家人对我全力的支持，使我有充分的时间和精力潜心向学，完成学业。

感谢对论文提出过宝贵意见的各位评审专家、答辩专家。感谢各位师兄、师姐、师弟、师妹在我学习过程和论文写作过程中的支持和帮助。

  要感谢的人还有很多，无法一一列举，在此一并致谢。

  由于我学识能力有限，书中的学术观点必然存在疏漏甚至错误，恳请各位专家、同行批评指正。

著　者